KB195308

군주론

(IL Principe)

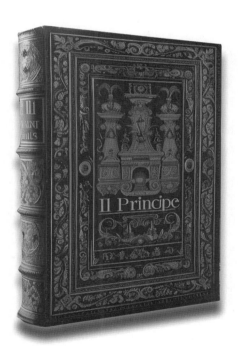

* 삽입된 일부 이미지는 생성형 AI의 도움을 받아 제작되었습니다.

NICCOLÒ MACHIAVELLI

마키아벨리가 바라보는 권력의 본질과 기술

군 주 론

니콜로 마키아벨리 지음　　　　　랭브릿지 옮김

500년 전
"악마의 책"
금서 지정

500년 후
"하버드, 서울대"
필독서 지정

리프레시

군주는 사자의 용맹함과
여우의 교활함을 겸비해야 한다.

- 마키아벨리-

역자의 말

500년 전, 악마의 책으로 불리며 금서로 지정되었던 마키아벨리의 〈군주론〉은 오늘날 하버드와 옥스퍼드를 비롯한 세계 유수의 대학들과 서울대 등 국내 명문대학에서 필독서로 지정되어 왔습니다. 이미 뛰어난 역량을 가진 여러 전문가들에 의해 수많은 번역본이 출간되었음에도 불구하고, 저희 랭브릿지팀이 〈군주론〉 번역에 도전한 이유는 이 고전을 처음 접하는 독자들이나 오랜만에 다시 읽는 이들이 보다 쉽게 이해할 수 있는 입문서를 제공하기 위해서입니다.

〈군주론〉을 깊이 있게 이해하려면, 1430년부터 1530년까지 이탈리아에서 벌어진 주요 사건들을 이해하는 것이 필수적입니다. 마키아벨리가 언급한 사례와 인물들은 당시의 역사적, 정치적 상황과 밀접하게 연결되어 있으며 이 책이 집필된 시기는 이탈리아가 여러 독립된 도시 국가와 공국들로 분열되어 있었고, 이탈리아 반도는 프랑스, 스페인, 신성 로마 제국 등의 외세에 의해 빈번히 침략과 간섭을 받던 시기였습니다. 이러한 정치적 혼란 속에서 마키아벨리는 실용적이고 현실적인 통치 원칙과 군사 전략을 제시했습니다. 따라서 이 책을 온전히 이해하기 위해서는 당시의 역사적 배경을 아는 것이 필수적입니다.

마키아벨리의 〈군주론〉은 16세기 이탈리아의 혼란 속에서 탄생한 걸작으로, 오늘날에도 정치학, 군사 전략, 통치 이론에 깊은 영향을 미치고 있습니다. 이탈리아의 역사적 맥락을 이해함으로써, 독자들은 마키아벨리의 주장과 전략이 어떤 배경에서 비롯되었는지를 명확히 파악할 수 있을 것입니다.

〈군주론〉은 단순한 과거의 통치 이론을 넘어, 오늘날에도 수많은 지도자와 통치자들에게 중요한 통찰을 제공하고 있습니다. 마키아벨리의 사상은 정치학, 경영학, 군사학 등 다양한 분야에서 학자들에 의해 연구되고 논쟁의 대상이 되어 왔으며, 그 영향력은 여전히 강력합니다. 이 책은 그의 작품인 〈군주론〉이 다양한 분야에 미친 영향을 쉽게 이해할 수 있도록 구성되었습니다.

이번 번역본에서는 각 장의 핵심 내용을 요약하여 독자들이 쉽게 이해할 수 있도록 했으며, '오늘날의 시각에서 해석해 본 〈군주론〉의 주요 내용'이라는 섹션을 추가하여 현대적 관점에서 마키아벨리의 사상을 재조명했습니다. 이를 통해 마키아벨리의 사상이 오늘날의 정치 및 사회적 상황에서도 여전히 적용될 수 있음을 명확히 이해할 수 있기를 바랍니다.

또한, 부록으로 W. K. Marriott이 작성한 〈군주론〉에 대한 고찰과 더불어, 이해를 돕기 위한 역사적 배경과 마키아벨리의 인물에 관한 내용을 포함했습니다. 이 번역본이 독자 여러분께 마키아벨리의 〈군주론〉을 쉽게 이해하고, 그가 제시한 통치와 군사 전략의 핵심을 파악하는 데 도움이 되기를 바랍니다.

-랭브릿지 번역팀-

〈군주론〉주요사건 연대기 (1430-1450)

1430

• **메디치가 피렌체 복귀(1434)**
  코시모 데 메디치가 피렌체로 돌아와
  메디치 가문의 권력을 회복.

• **앙기아리 전투 (1440)**
  피렌체와 밀라노 간의 중요한 전투

• **프란체스코 스포르차가 밀라노
  공작이 됨 (1447)**
  스포르차 가문이 밀라노를 지배

• **로렌초 데 메디치 탄생 (1449)**
  피렌체의 중요한 후원자이자 정치
  지도자

1440

• **프란체스코 스포르차가 밀라노를 점령
  (1450)**
  프란체스코 스포르차가 밀라노를 점령하여
  밀라노 공작이 됨.

• **콘스탄티노플 함락 (1453)**
  오스만 제국이 콘스탄티노플을 함락
• **로디 평화조약 (1453)**
  이탈리아의 주요 도시 국가들 간의
  평화 조약

1450

• **로디 조약 (1454)**
  이탈리아 내 평화를 유지하기 위한 조약

〈군주론〉주요사건 연대기 (1460-1480)

1460

1470

1480

• **만투아 회의 (1459-1460)**
교황 피우스 2세가 오스만 제국에 대한
십자군 원정을 위해 소집한 회의

• **로렌초 데 메디치 피렌체 통치 (1469)**
피렌체 공화국의 실질적 통치자로서
예술과 문화의 후원자

• **미켈란젤로 탄생 (1475)**
르네상스 예술의 거장이 탄생

• **파치 음모 사건 (1478)**
메디치 가문을 암살하려는 음모가
피렌체에서 실패

• **오트란토 공성전 (1480)**
오스만 제국이 오트란토를 점령

• **페라라 전쟁 (1482)**
베네치아 공화국과 교황령이 페라라를
두고 전쟁

• **콩도티에로 전쟁귀족 (1485)**
나폴리 왕국 내 반란 진압

• **바뇰로 조약 (1487)**
페라라 전쟁을 종결짓는 평화 조약

〈군주론〉주요사건 연대기 (1490-1510)

1490

• **로렌초 데 메디치 사망 (1492)**

• **프랑스의 이탈리아 침공 (1494)**
샤를 8세의 군대가 이탈리아 침공
이탈리아 전쟁이 시작됨

• **포르노보 전투 (1495)**
프랑스군과 이탈리아 동맹군 사이의 중요한
전투

• **사보나롤라 처형 (1498)**
피렌체에서 종교적 개혁 운동을
주도하던 사보나롤라가 처형됨

1500

• **체사레 보르자 작전 (1500)**
체사레 보르자가 이탈리아 중부를 정복하기
위해 군사 작전을 펼침

• **알렉산데르 6세 사망 (1503)**
체사레 보르자의 아버지였던
알렉산데르 6세 교황의 사망

• **성 베드로 대성당 재건 (1506)**
교황 율리우스 2세의 지시로 성 베드로
대성당 재건 시작

• **교황 율리우스 2세 선출 (1503)**
율리우스 2세가 교황으로 선출됨

• **캉브레 동맹 결성 (1508)**
프랑스, 신성 로마 제국, 교황령이 베네치아
공화국을 공격하기 위해 동맹을 결성

1510

• **라벤나 전투 (1512)**
프랑스군과 스페인-교황 동맹군 간의 전투

• **메디치 가문의 피렌체 복귀 (1512)**
메디치 가문이 피렌체에서 다시 권력을 잡음

• **마키아벨리 〈군주론〉 저술 (1513)**

• **마리냐노 전투 (1515)**
프랑스군과 스위스 용병 간의 전투

• **마틴루터 95개조 반박문 (1517)**
종교개혁의 시작

〈군주론〉주요사건 연대기 (1520-1530)

1520

• 교황 레오 10세 사망 (1521)

• 이탈리아 전쟁 시작 (1521)
  프랑스와 신성 로마 제국 간의 전쟁이
  재개됨

• 로마 약탈 (1527)
  신성 로마 제국군이 로마를 약탈, 교황
  클레멘스 7세가 성 베드로 대성당에
  피신

• 파비아 전투 (1525)
  프랑스군이 신성 로마 제국군에 패배,
  프랑스 왕 프랑수아 1세가 포로로 잡힘

• 캉브레 조약 (1529
  프랑스와 신성 로마 제국간의 평화조약 체결

1530

• 카를 5세 신성 로마 황제 대관식 (1530)

• 카를 5세의 밀라노 정복 (1536)

〈군주론〉의 역사적 배경

니콜로 마키아벨리의 〈군주론〉은 1513년에 집필되었으며, 그가 살던 시대적 배경과 정치적 상황을 깊이 반영하고 있습니다. 당시 이탈리아는 여러 도시 국가들로 나뉘어 있었으며, 각 지역은 내부적으로 분열되고 외세의 침략을 받고 있었습니다. 이러한 상황은 마키아벨리의 정치 사상 형성에 중요한 역할을 했습니다. 피렌체, 베네치아, 밀라노, 나폴리, 로마 교황령 등 주요 도시국가들은 서로 경쟁하며 때로는 동맹을 맺고 때로는 전쟁을 벌였습니다. 이러한 분열은 외세의 간섭을 쉽게 허용하는 결과를 낳았습니다. 프랑스, 스페인, 신성 로마 제국 등 유럽의 강대국들은 이탈리아 내정에 깊숙이 개입하여 각 도시국가의 정치적 상황을 더욱 복잡하게 했습니다.

마키아벨리가 살던 피렌체는 특히나 정치적 격동의 중심지였습니다. 피렌체는 오랫동안 메디치 가문이 지배하였으나, 1494년 메디치 가문이 추방된 이후 공화정 체제가 들어섰습니다. 마키아벨리는 공화정 하에서 제2서기관으로 임명되어 외교관으로서 활동하며 다양한 정치적 경험을 쌓았습니다. 그러나 1512년, 메디치 가문이 다시 권력을 잡으면서 마키아벨리는 공직에서 추방당하고, 심지어 투옥되기도 했습니다. 고문 끝에 석방된 그는 정치적 재기에 실패하고 산 카시아노의 농장에서 은둔 생활을 하게 되었습니다.

마키아벨리는 메디치 가문에게 자신의 충성을 증명하고 다시 공직에 복귀하기를 희망하며 〈군주론〉을 집필했습니다. 그는 이 책을 통해 메디치 가문에 자신의 정치적 통찰력과 경험을 보여주고자 했습니다. 〈군주론〉은 당시 피렌체를 비롯한 이탈리아 도시국가들이 직면한 정치적 불안정과 외세의 위협 속에서, 군주가 어떻게 권력을 유지하고 국가를 안정시킬 수 있는지에 대한 실용적인 조언을 제공합니다. 마키아벨리는 인간 본성의 어두운 면을 인정하고, 군주가 도덕적 이상보다는 현실적 필요에 따라 행동해야 한다고 주장합니다. 그는 군주가 사랑받기보다는 두려움의 대상이 되는 것이 더 안전하다고 말하며, 필요하다면 잔혹한 수단도 사용해야 한다고 강조합니다.

마키아벨리는 체사레 보르자를 이상적인 군주의 모델로 제시하며, 그의 정치적 수완과 냉혹한 결단력을 높이 평가했습니다. 체사레 보르자는 마키아벨리가 외교관으로 활동하던 시기에 만난 인물로, 그의 냉혹한 권력 행사는 마키아벨리에게 깊은 인상을 남겼습니다. 마키아벨리는 군주가 어떻게 외적 위협을 극복하고 내부의 반란을 진압하며, 권력을 공고히 할 수 있는지에 대한 구체적인 사례로 체사레 보르자의 행적을 분석했습니다.

〈군주론〉은 단순한 통치 지침서를 넘어서, 당시 유럽의 정치적 현실을 이해하는 데 중요한 자료가 됩니다. 마키아벨리는 권력의 본질과 정치의 현실을 날카롭게 분석하며, 이상과 현실 사이의 간극을 명확히 인식했습니다. 그의 현실주의적 접근은 이후 정치학과 철학에 큰 영향을 미쳤으며, 오늘날까지도 〈군주론〉은 정치적 논의에서 중요한 참고 자료로 여겨집니다. 이처럼 〈군주론〉은 마키아벨리가

살던 시대적 배경과 정치적 상황, 그리고 그의 개인적 경험과 좌절
이 결합되어 탄생한 작품입니다. 그 목적은 메디치 가문에게 자신의
능력을 인정받아 다시 공직에 복귀하고자 하는 것이었으나, 그 내
용은 시대를 초월하여 오늘날까지도 유효한 정치적 통찰을 제공
합니다.

| 목 차 |

역자의 말
<군주론> 주요사건 연대기
<군주론> 역사적 배경

군주론

헌정사 --- 17

(1장) 다양한 통치 형태와 그에 이르는 길 ---------------- 19

(2장) 상속된 군주국에 대하여 ---------------------- 23

(3장) 혼합된 통치에 대하여 ------------------------- 28

(4장) 알렉산더 사후 다리우스의 제국이 후계자들에게 반란을

　　　일으키지 않은 이유 -------------------------- 41

(5장) 자치 정부 형태를 가진 도시와 군주국을 다루는 방법 ---- 48

(6장) 자신의 무기와 용기로 쟁취한 새로운 통치에 대하여 ---- 53

(7장) 외부 지원과 운으로 얻어진 새로운 군주국에 대하여 ----- 60

(8장) 범죄로 인해 권력을 잡은 자들에 대하여 ------------ 72

(9장) 백성에 의해 이양된 통치 ---------------------- 80

(10장) 군주국의 힘을 평가하는 방법 ------------------ 88

(11장) 영적 군주국에 대하여 ------------------------ 94

(12장) 군대의 다양한 유형에 대하여 ------------------ 101

(13장) 보조 병력에 대하여 ------------------------- 110

(14장) 군주가 전쟁에서 지켜야 할 것들 --------------- 118

(15장) 군주가 칭찬과 비난을 얻는 방법 --------------- 124

(16장) 관대함과 인색함에 대하여 ----------------- 129

(17장) 잔인함과 온화함에 대하여 ----------------- 135

(18장) 군주는 언제 자신의 말을 지켜야 하는가 ---------- 142

(19장) 멸시와 증오는 피해야 한다 -------------------- 149

(20장) 요새와 기타 보안 시설은 군주에게 유용한가 해로운가 --- 163

(21장) 군주가 어떻게 행동해야 위대한 명성을 얻을 수 있는가 -- 171

(22장) 장관들에 대하여 ------------------------ 178

(23장) 아첨꾼은 피해야 한다 --------------------- 183

(24장) 이탈리아 군주들은 어떻게 자신들의 영토를 잃었는가 ---- 189

(25장) 운명이 인간 사건에 미치는 영향 ----------------- 194

(26장) 이탈리아를 외세로부터 해방시키기 위한 호소 ------- 201

〈군주론〉이 갖는 현대적 의의와 영향

● 〈군주론〉의 현대적 의의 ------------------------ 210

● 주요 학자들의 해석 ---------------------------- 213

● 논쟁점과 비판 ------------------------------- 216

● 〈군주론〉의 영향력 ---------------------------- 219

부록

● 〈군주론〉에 관한 고찰 --------------------------- 224

● 마키아벨리 인물소개 --------------------------- 253

● 알아두면 유익한 〈군주론〉의 배경지식(인물편) --------- 256

● 알아두면 유익한 〈군주론〉의 배경지식(용어,지명,사건편) -- 291

군주론

헌정사

군주의 호의를 얻으려는 사람들은 자신이 소유한 것 중에서 가장 소중하거나 군주가 가장 마음에 들어 할 것 같은 것으로 접근합니다. 그래서 종종 군주의 위엄에 어울리는 말, 무기, 양탄자, 보석, 그 밖의 장식품들을 선물로 제공합니다. 저는 제가 가진 것 중에서 가장 소중하다고 생각하고 가장 높이 평가하는 것, 즉 현대의 경험과 고대의 경험을 끊임없는 독서를 통해 얻은 위대한 사람들의 행동에 대한 지식을 위대하신 폐하께 제 충성의 증거로 드리고자 합니다. 저는 이 지식을 오랜 시간 동안 열심히 생각하고 검토한 끝에 작은 책으로 정리했으며, 이 책을 폐하께 바칩니다. 비록 이 책이 폐하께 내놓기에 부족하다고 느낄지라도, 제가 드릴 수 있는 가장 큰 선물이 바로 이 책이라는 점을 감안하여 주시고, 폐하의 친절한 성품으로 볼 때 잘 받아주시리라 기대합니다. 이 책은 수많은 위험과 고난을 겪으며 수년간에 걸쳐 배우고 이해한 모든 것들을 짧은 시간 안에 깨닫게 해줄 것입니다.

이 작품은 다른 많은 저자들이 그들의 작품을 쓰고 장식하는 방식처럼 화려한 말이나 다른 장식으로 꾸미지 않았습니다. 내용의 진실과 실행의 진지함만으로 책을 추천하고 싶었기 때문입니다. 그러나 하찮은 사람인 제가 감히 위대한 사람들의 행동을 판단하고 그들을 책망하는 것으로 해석되지 않도록 해주십시오. 풍경을 그리는 사람들이 산을 바라보기 위해 평원으로 내려가고 계곡을 관찰하기 위해 산으로 올라가는 것처럼, 위대한 사람들은 백성의 본성을 가장 잘 알지만, 군주들을 알기 위해서는 백성 중의 하나여야 합니다. 그러므로 위대하신 폐하, 제가 드리는 이 작은 선물을 받아주십시오. 이 선물을 통해 저는 폐하께서 운과 남다른 능력으로 위대함에 도달하시기를 간절히 바랍니다. 그러나 폐하께서 고귀한 위치에서 제가 처한 낮은 곳을 내려다보실 때, 제가 끊임없이 불운을 견뎌야 하는 것이 얼마나 부당한지를 알게 되실 것입니다.

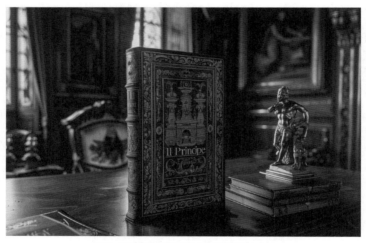

로렌초 메디치에게 헌정된 〈군주론〉(Il Principe).

1장

다양한 통치 형태와 그에 이르는 길

　모든 국가와 권력은 사람들을 통치하였고 지금도 계속 통치하고 있으며, 이들은 공화국이거나 군주국입니다. 군주국은 상속을 통해 오랜 기간 동안 통치해 온 통치자의 가문에서 이어지거나, 새롭게 설립됩니다. 새롭게 설립된 군주국은 프란체스코 스포르차가 밀라노에서 세운 것과 같이 완전히 새로운 것이거나, 스페인의 군주인 경우 네아폴리 군주국과 같이 상속된 국가에 추가된 부분입니다. 이러한 새로 획득된 국가들은 통치에 이미 익숙하거나 자유가 도입된 곳들입니다. 이들은 외부 힘에 의해, 혹은 자체의 힘으로. 운에 의해, 혹은 용기에 의해 획득됩니다.

마키아벨리가 알려주는 핵심내용 정리

1. 군주의 종류

군주국은 크게 세습 군주국과 신생 군주국으로 나누어집니다.

2. 세습 군주국

세습 군주국은 오랜 기간 동안 한 가문이 통치해 온 경우로, 기존의 제도와 통치 방식이 자리 잡혀 있어 통치가 비교적 쉽습니다. 이러한 군주국에서는 전통을 유지하는 것이 중요합니다.

3. 신생 군주국

신생 군주국은 새로운 통치자가 권력을 잡는 경우로, 기존 질서를 무너뜨리고 새로운 체제를 확립해야 합니다. 따라서 통치자는 더 많은 어려움을 겪게 됩니다.

4. 통치자의 능력과 전략

신생 군주국에서는 통치자의 능력과 전략이 매우 중요합니다. 새로운 체제를 확립하고 권력을 유지하기 위해서는 뛰어난 능력과 현명한 전략이 필요합니다.

오늘날의 시각에서 해석해 본 〈군주론〉의 주요 내용

-제1장-

(현대의 리더십 유형 : 권력의 기원과 다양성)

다양한 유형의 군주국(principalities)에 대한 개요를 제공하며, 각각의 유형에 따른 통치 방법을 소개합니다. 그는 군주국을 크게 세습 군주국(hereditary principalities)과 신생 군주국(new principalities) 두 가지로 구분합니다. 세습 군주국은 한 가문이 대대로 통치하는 나라를 의미하며, 신생 군주국은 군주가 새로운 정복이나 운명을 통해 얻은 나라를 뜻합니다.

마키아벨리는 세습 군주국이 신생 군주국보다 통치하기 쉽다고 주장합니다. 세습 군주가 기존의 질서와 전통을 유지하며, 국민들이 그에게 익숙하기 때문에 안정적인 통치가 가능하다는 이유입니다. 반면, 신생 군주국은 더 많은 도전에 직면하게 됩니다. 새로운 군주는 기존의 질서를 바꾸고 자신의 권위를 확립해야 하며, 이는 종종 저항과 반란을 초래할 수 있습니다.

이러한 구분과 주장은 현대에도 일부 유효합니다. 현대 정치에서도 안정적인 정부와 지속 가능한 정치 체제는 종종 장기적인 전통과 제도에 기반을 두고 있습니다. 예를 들어, 오랜 민주적 전통을 가진 국가들은 일반적으로 정치적 안정성과 국민의 신뢰를 유지하는 데 유리합니다. 이는 마키아벨리가 세습 군주국의 안정성을 강조한 것과 유사합니다. 현대의 세습 군주국들, 예를 들어 영국과 일본과 같은 국가들은 오랜 역사와 전통을 통해 안정성을 유지하고 있습니다.

　그러나 현대 사회에서는 신생 군주국의 개념이 다소 변형되었습니다. 신생 민주주의 국가나 신생 독립국들은 여전히 많은 도전에 직면하지만, 글로벌화된 세계에서는 국제적 지원과 협력을 통해 안정성을 구축할 수 있는 기회도 많아졌습니다. 이는 마키아벨리 시대와는 다른 현대의 정치 환경을 반영합니다. 국제 기구와 비정부 기구들의 지원, 경제적 원조, 그리고 국제 사회의 협력은 새로운 국가들이 안정적으로 성장할 수 있는 기반을 제공합니다.

　또한, 현대 정치에서는 군주국보다 공화국과 민주주의 국가가 더 일반적입니다. 마키아벨리의 이론은 군주국을 중심으로 하지만, 그의 통찰은 공화국과 민주주의 체제에서도 적용될 수 있습니다. 예를 들어, 새로운 지도자가 기존의 정치 질서를 바꾸려 할 때 직면하는 도전은 여전히 중요합니다. 정치적 전환기나 혁신을 시도하는 민주주의 국가에서도 마찬가지입니다.

　다양한 군주국의 유형과 그 통치 방법에 대한 논의는 현대에도 여전히 유효한 면이 많습니다. 안정적인 정부와 전통의 중요성, 새로운 정권이 직면하는 도전 등은 오늘날에도 중요한 정치적 이슈입니다. 그러나 현대 정치 환경은 국제 협력과 민주주의의 확산 등으로 인해 마키아벨리의 시대와는 다소 다른 양상을 보이고 있습니다. 따라서 그의 주장은 현대에 맞게 일부 보완되고 적용될 필요가 있습니다.

2장

상속된 군주국에 대하여

공화국에 대해서는 이미 다른 작품에서 자세히 서술하였기에 여기서는 언급하지 않겠습니다. 저는 독재에 대해 논의하고자 하며, 위에서 언급한 순서대로 그러한 군주국이 어떻게 획득되고 유지될 수 있는지 설명할 것입니다. 저는 상속된 군주국에서는 백성들이 주인의 군주국에 익숙하기 때문에 새로운 군주국보다 유지하고 보존하는 데 훨씬 수월하다고 말합니다. 중요한 것은 조상들의 시대와 같은 관계를 유지하고 모든 사건에서 기회를 포착하는 것입니다. 그러한 군주는 보통 자리를 유지할 것이며, 매우 이례적이고 비범한 외부 힘이 그를 왕좌에서 몰아내어 그가 자신의 통치권을 빼앗긴 경우, 왕좌를 차지한 사람에게 불리한 일이 일어나게 되면 그는 그것을 다시 얻을 수 있습니다.

우리는 이탈리아의 페라라 공작이 1484년 베네치아인들과 그 후 율리우스 2세 교황에 맞서 오랜 기간 공고히 자리 잡은 통치를 통해 저항한 사례를 볼 수 있습니다. 왜냐하면 태생적 군주는 자극을 덜 받고, 모욕할 필요가 드물기 때문입니다. 따라서 그는 더욱 사랑받고, 특별하게 미움을 살 일이 없다면 자연스럽게 그의 백성들의 호의를 얻습니다. 통치가 계속되는 동안 혁신의 계기와 기억은 잊혀지는 반면, 하나의 혁신은 항상 그 자체로 다른 후속 혁신의 계기를 남깁니다

마키아벨리가 알려주는 핵심내용 정리

1. 세습 군주국의 안정성

세습 군주국은 오랜 기간 동안 동일한 가문이 통치해 왔기 때문에 안정적입니다. 백성들은 기존의 통치 방식을 받아들이고, 전통과 연속성을 중요시합니다.

2. 백성들의 충성심

세습 군주국의 주민들은 군주에 대한 자연스러운 충성심을 가지고 있습니다. 이는 새로운 통치자가 등장하는 신생 군주국과 비교하여 군주가 권력을 유지하는 데 유리한 점입니다.

3. 통치의 용이성

세습 군주국에서는 군주가 백성들의 마음을 얻기 위해 큰 노력을 기울일 필요가 없습니다. 군주는 단지 기존의 제도를 유지하고 안정적인 통치를 이어 나가면 됩니다.

4. 반란의 위험 감소

세습 군주국에서 반란이 발생할 가능성은 적습니다. 백성들은 기존의 질서에 익숙하며, 군주에 대한 불만이 생기더라도 새로운 통치자를 받아들이기보다는 현 군주를 따르는 경향이 있습니다.

오늘날의 시각에서 해석해 본 〈군주론〉의 주요 내용

-제2장-

(가문의 힘 : 현대의 세습적 리더십)

세습 군주국과 신생 군주국의 차이를 강조하며, 특히 세습 군주국의 장점과 통치의 용이함을 설명합니다. 세습 군주국이 기존의 전통과 법률에 의해 지배되므로, 군주가 통치하기 더 쉽고 국민들이 새로운 변화를 받아들이는 데 적응하기 어렵지 않다고 주장합니다. 마키아벨리는 세습 군주국의 군주가 전통과 가문에 의해 권력을 정당화할 수 있기 때문에 비교적 안정적인 통치를 할 수 있다고 봅니다.

이러한 주장들은 이후 시대에도 부분적으로 적용될 수 있습니다. 예를 들어, 세습 군주국이 현대에도 존재하며, 이러한 국가들은 대체로 안정적인 정치 체제를 유지하고 있습니다. 영국, 일본, 스페인 등의 입헌 군주국들은 전통과 법률에 의해 군주의 지위가 확립되어 있고, 이는 국민들에게 익숙한 체제로 안정성을 제공합니다. 이러한 맥락에서 마키아벨리의 주장은 현대에도 유효합니다. 세습 군주국의 군주들은 전통적인 권위와 국민들의 존경을 기반으로 통치하고 있으며, 이는 정치적 안정성을 높이는 요소로 작용합니다.

그러나 현대 정치 환경은 마키아벨리의 시대와는 상당히 다릅니다. 민주주의와 공화정이 대세인 현대 사회에서 세습 군주국의 개념은 제한적인 적용 범위를 가집니다. 많은 현대 국가들은 지도자를 선출하는 민주적 절차를 채택하고 있으며, 이는 군주의 세습적 권위보다는 국민의 지지와 선거에 의해 정당화됩니다. 따라서 마키아벨리가 제시한 세습 군주국의 장점은 민주주의 사회에서는 직접적으로 적용되기 어렵습니다.

또한, 현대 사회에서는 법치주의와 헌법에 의한 통치가 강조됩니다. 세습 군주국에서도 군주의 권력은 헌법과 법률에 의해 제한되며, 이는 절대적 권력보다는 상징적 역할로 변모하게 합니다. 예를 들어, 영국의 군주는 국가의 상징적 수장이지만, 실제 정치적 권력은 의회와 정부에 있습니다. 이러한 변화는 마키아벨리의 주장과는 다른 현대 정치의 양상을 보여줍니다.

세습 군주국의 장점과 통치의 용이함에 대한 주장은 일부 현대에도 유효하지만, 그 적용 범위는 제한적입니다. 현대 정치 환경에서는 민주주의와 법치주의가 강조되며, 세습 군주국의 군주는 상징적인 역할을 맡는 경우가 많습니다. 따라서 마키아벨리의 주장은 현대적 맥락에 맞게 보완되고 조정될 필요가 있으며, 세습 군주국의 개념은 현대 정치의 다양한 체제 속에서 재해석되어야 합니다.

3장

혼합된 통치에 대하여

새로운 통치는 전혀 다른 어려움이 있습니다. 제국 전체가 새로운 것이 아니라 일부만 새로운 경우, 이를 혼합된 제국이라고 할 수 있습니다. 그런 경우 자연스럽게 생기는 어려움으로 인해 폭력적인 변화가 발생하는데, 이는 모든 새로운 통치에 공통적인 문제로, 사람들은 더 나아질 것이라는 희망으로 통치자를 바꾸길 원하며 무기를 들게 되지만, 곧바로 상황이 더 악화될 수 있음을 깨닫게 됩니다. 새로운 통치자는 군인을 동원하고 여러 방법으로 백성을 억압할 수 밖에 없기 때문에 발생하는 자연스러운 현상입니다. 따라서 군주는 정복을 통해 해를 입힌 모든 사람들을 적으로 돌리게 되며, 동시에 당신을 권력자로 만들어 준 사람들을 친구로 유지할 수 없게 됩니다. 왜냐하면 그들의 기대를 충족시키지 못하고, 또한 그들에게 감사해야 한다는 이유로 강력한 조치를 취할 수 없기 때문입니다. 외부의 지원이 없다면 강력한 지역 인물들의 호의가 필요하기 때문입니다.

이러한 이유로 프랑스의 루이 12세는 밀라노를 매우 빠르게 정복했지만 또한 빠르게 잃었습니다. 첫 번째는 추방된 공작 루도비코 스포르차의 힘이 충분했기 때문입니다. 밀라노의 사람들이 새로운 통치에 대한 반감을 견디지 못했고, 새로운 통치가 그들의 기대를 충족시키지 못했다고 느꼈습니다. 하지만 두 번째로 다시 정복된 땅은 쉽게 다시 잃어버리지 않습니다. 왜냐하면 통치자는 반란을 기회로 삼아 엄격한 조치를 통해 자신을 보호하고 범죄자를 처벌하며 의심을 해소하고 약한 부분을 보완하기 때문입니다. 밀라노를 프랑스로부터 탈환하기 위해 첫 번째는 국경에서 루도비코 공작의 소문만으로도 충분했지만, 두 번째는 전 세계가 연합하여 프랑스 군대를 파괴하거나 추방해야 했습니다. 그 원인은 위에서 설명했습니다. 그럼에도 불구하고 프랑스는 두 번째로 밀라노 지역을 다시 잃었습니다. 첫 번째 사건의 일반적인 원인은 이미 설명되었으므로, 두 번째 원인을 고려하고 프랑스 군주가 했던 것보다 이 상황에서 어떻게 더 잘 유지할 수 있는지 방법을 제시할 필요가 있습니다.

저는 정복자가 자신의 영토에 추가된 새로운 지방들을 정복하고 유지하려면, 그 지방이 같은 나라에 속하고 같은 언어를 사용하는지 아닌지를 고려해야 한다고 말합니다. 첫 번째 경우에는 그들을 유지하기가 매우 쉽습니다. 특히 그들이 독립에 익숙하지 않았다면 더욱 그렇습니다. 그들을 안전하게 지배하기 위해서는 첫째, 그 지역의 이전 통치자 가문을 소멸시키는 것으로 충분합니다. 왜냐하면 주민들은 그들의 오래된 습관과 관계를 유지하고 그 외에도 새로운 동료 주민들과 비슷한 관습을 가지고 있기 때문에 평화롭게 살 수 있습니다. 이는 브르타뉴, 가스코뉴, 노르망디에서 볼 수 있었던 것처럼, 이

지방들이 오랫동안 프랑스와 연결되어 있기 때문입니다. 이 지방들 사이의 언어는 프랑스의 나머지 지역과 약간 다르지만, 관습은 거의 동일하며 따라서 쉽게 어울립니다. 이러한 지방을 정복한 사람이 그것들을 유지하고자 한다면 두 가지를 고려해야 합니다. 첫째, 이전 통치자의 가문을 소멸시키고, 둘째, 오래된 법률과 제도를 변경하지 않아야 합니다. 그러면 오래된 지방과 새로운 지방이 가능한 한 빨리 하나로 융합됩니다. 그러나 언어, 관습, 제도가 다른 국가의 지방을 정복할 경우 문제가 발생하고, 그것들을 유지하기 위해서는 많은 운과 커다란 노력이 필요합니다. 가장 강력한 방법은 정복자가 그곳에 직접 거주하며 거기에 거처를 마련하는 것입니다. 이를 통해 소유가 보장되고 지속됩니다. 그 예로, 튀르키예인들이 그리스 제국을 점령했을 때 모든 다른 노력에도 불구하고 콘스탄티노플에 거주지를 마련하지 않았다면 그들은 그것을 유지할 수 없었을 것입니다. 왜냐하면 통치자가 직접 거기에 있으면 모든 문제를 발생 초기에 보고 빠르게 해결할 수 있기 때문입니다. 그가 현장에 없으면 문제가 심각해질 때까지 알 수 없고, 그때는 더 이상 도움이 되지 않습니다. 또한, 통치자의 공무원들이 그 땅을 약탈하지 않게 되고, 주민들이 그에게 직접 호소할 수 있게 됩니다. 그가 좋은 사람이라면 사랑받게 되고, 그렇지 않다면 적어도 두려워하게 됩니다. 외부 세력이 그 국가를 공격하고자 할 때는 더 많은 고려를 해야 합니다. 통치자가 거기에 거주하는 동안 그를 자리에서 몰아내기는 어렵습니다.

두 번째의 경우는 나라의 핵심 지역 중 하나 또는 두 개의 식민지를 설립하는 것입니다. 이것은 필수적입니다. 그렇게 하지 못한다면 적어도 그 지역에 충분한 군사력을 유지해야 합니다. 식민지는 군주에게 많은 비용이 들지 않습니다. 많은 비용 없이 그곳을 점령하며, 새로운 거주자들을 위해 터전을 잃은 소수의 사람들에게만 해를 끼치게 됩니다. 이렇게 된 사람들은 흩어져 살며 가난하므로 큰 해를 끼칠 수 없고, 나머지 사람들은 쉽게 회유되거나, 움직일 경우 자신들도 해를 입게 될까 두려워합니다. 기억해야 할 것은 사람들을 회유하거나 멸망시켜야 한다는 것입니다. 왜냐하면 사소한 모욕에 대해서는 복수하려 하지만, 큰 모욕에 대해서는 그럴 능력이 없기 때문입니다. 따라서 복수를 걱정하지 않아도 될 만큼의 피해를 가해야 합니다. 식민지 대신 주둔군을 유지하면 그 비용이 새로운 국가의 수입을 모두 소모하게 되어 정복이 오히려 손해가 되고 더 많은 사람에게 해를 끼치게 됩니다. 왜냐하면 전체 새로운 국가가 영향을 받기 때문에 모든 사람이 주둔군의 부담을 느끼고 모두가 적이 되어버립니다. 이러한 적들은 패배하더라도 자신의 집에 남아 있습니다. 따라서 모든 면에서 주둔군은 해롭고 식민지는 유익합니다. 또한 이러한 독립된 별개의 지방군주는 더 약한 이웃의 수장이 되고, 그들 중 강력한 이들을 약화시키려 해야 하며, 무엇보다도 자신만큼 강력한 다른 외국인이 침입하는 것을 막아야 합니다. 그런 사람들은 항상 야망이나 두려움 때문에 불만을 품고 들어옵니다.

한때 로마인들이 에톨리아인들에 의해 그리스로 들어갔던 것을 보았습니다. 마찬가지로 로마인들은 들어간 모든 국가에서 주민들에 의해 초대되었습니다. 이와 같이 외국인이 어떤 나라에 발을 들여놓으면, 그 나라의 덜 강력한 사람들이 그에게 매달리게 됩니다.

이는 그 나라에서 가장 강력한 사람에 대한 질투 때문입니다. 따라서 이 덜 강력한 사람들에 대해 할 일은 거의 없습니다. 그들은 쉽게 얻을 수 있으며, 새로운 침입자와 협력합니다. 이 침입자는 그들이 더 강력해지지 않도록 주의해야 하며, 머리를 쳐들고 있는 이들을 쉽게 진압하여 스스로 우위를 점할 수 있습니다. 이러한 관계를 잘 관리하지 못하는 사람은 정복을 잃게 되고, 그것을 유지하는 동안 끝없는 고생과 고통을 겪게 됩니다.

로마인들은 정복된 지방에서 아주 잘해왔습니다. 그들은 식민지를 보내고, 약자들을 지원했지만 그들이 너무 강해지지 않도록 했고, 강력한 자들을 굴복시켰으며, 강력한 외국인들의 영향력이 생기는 것을 막았습니다. 그리스가 좋은 사례입니다. 그들은 아카이아인과 에톨리아인들을 지지했고, 마케도니아의 군주들을 굴복시켰으며, 안티오코스를 추방했습니다. 아카이아인과 에톨리아인은 그들의 공로에도 불구하고 어떤 국가도 그들과 결합할 수 있는 허락을 얻지 못했습니다. 로마인들은 필립의 모든 아첨에도 불구하고 그를 제압하지 않고 그의 친구가 되는 것도 허락하지 않았으며, 안티오코스는 그의 모든 권력으로도 그리스에 확고히 발을 들일 수 있는 허락을 얻지 못했습니다. 로마인들은 모든 통치자가 신중하게 해야 할 일을 했으며 현재의 문제뿐 아니라 미래의 혼란에도 주의를 기울이고 이에 대처했습니다. 멀리서 다가오는 문제는 쉽게 해결할 수 있습니다. 그러나 문제가 발생할 때까지 기다리면 치료가 너무 늦습니다. 의사들이 폐결핵에 대해 말하는 것처럼, 초기에는 치료하기 쉽지만 인식하기 어렵고, 나중에는 인식하기 쉽지만 치료하기가 어렵습니다. 국가도 마찬가지입니다. 멀리 있는 문제를 인식할 수 있는 사람(이는 지혜로운 사람만이 가능)은 쉽고 빠르게 대처할 수 있지만, 문제가 커져서 모두가 인식할 수 있을 때까지 방치하게 되면 더 이상 대처할 방법이 없습니다.

로마인들은 문제가 발생하기 전에 멀리서 문제를 파악하고 당분간 전쟁을 피하기 위해 가까이 다가오지 못하게 했습니다. 결국 전쟁은 이런 식으로 피할 수 없으며 상대에게 유리한 쪽으로 연기될 수 있다는 것을 알고 있었기 때문입니다. 그래서 그들은 이탈리아 자체에서 싸울 필요가 없도록 그리스의 필립, 안티오코스와 전쟁을 벌이기로 결정했습니다. 로마인들은 그 시기에 전쟁을 피할 수 있었지만, 오늘날 우리 시대의 현명한 사람들이 종종 말하는 것처럼 '시간을 벌면 모든 것을 얻는다'라는 것을 그들은 좋아하지 않았습니다. 로마인들은 오히려 자신들의 용기와 지혜를 믿었습니다. 왜냐하면 시간은 모든 것, 좋은 것과 나쁜 것을 앞당기기 때문입니다. 나쁜 것도 좋은 것만큼 쉽게 가져옵니다.

이제 프랑스로 돌아가서 루이 12세의 정책을 살펴보고자 합니다. 샤를 8세가 아닌 루이 12세에 대해 말하는 이유는 그가 이탈리아에 더 오래 머물렀기 때문이며, 그의 업적 경로가 더 명확하기 때문입니다. 우리는 그가 외국 땅에서 지방을 유지하기 위해 해야 할 모든 것의 정반대를 했다는 것을 알게 될 것입니다. 루이 12세는 베네치아인들의 야망에 의해 이탈리아에 소개되었으며, 그들은 그렇게 함으로써 밀라노의 절반을 획득할 수 있을 것으로 기대했습니다. 이 전략을 비난하고 싶지는 않습니다. 한 번 이탈리아에 발을 들여놓고 싶었고, 선조인 샤를 8세의 행동으로 인해 이 땅에서 친구가 없었기 때문에, 가능한 그의 인맥들을 활용해야 했습니다. 그리고 이 일은 그가 다른 실수를 하지 않았다면 성공했을 것입니다. 군주가 롬바르디아를 정복하자, 샤를이 잃었던 명성은 곧 회복되었고, 제노바가 함락되었으며, 피렌체인들이 그의 편에 섰습니다. 만투아의 마르케세, 페라라의 공작, 벤티볼리오(볼로냐를 다스린), 포를리의 여주인, 파에자, 페자로, 리미니, 카메리노, 피옴비노의 영주들, 루카, 피사, 시에나 공화국 등 모든 이들이 그의 우호를 구했습니다. 베네치아인들이 두 도시를 차지하기 위해 그를 전체 이탈리아의 3분의 2의 군주로 만들었을 때 그들이 얼마나 성급하게 행동했는지 이미 알 수 있었습니다.

군주가 언급된 원칙을 따르고 자신의 많은 친구들에게 보호를 제공함으로써 이탈리아에서 그의 영향력을 유지하는 것이 얼마나 쉬웠는지 누구나 알 수 있습니다. 그들은 대체로 약했고 일부는 교황청을 두려워하고 다른 이들은 베네치아인들을 두려워했기 때문에 많은 동맹자들이 그에게 의지할 수밖에 없었습니다. 이들을 통해 그는 국내에서 아직 강력하고 영향력 있는 모든 것을 통제할 수 있었습니다. 그러나 루이 12세는 밀라노의 주인이 되자마자 알렉산데르 6세 교황이 로마냐 지방에서 지배권을 갖도록 도와주는 정반대의 행동을 했습니다. 이 결정으로 그는 친구와 동맹들을 빼앗기고 교황에게 강력한 영적 명성에 더해 현세적 권력까지 부여함으로써 교황의 위상을 높인다는 사실을 깨닫지 못했습니다. 이 첫 번째 실수는 다른 실수로 이어졌고 결국 그는 알렉산데르의 권력에 한계를 설정하고 그가 토스카나의 주인이 되는 것을 막기 위해 이탈리아로 직접

와야 했습니다. 그가 자신의 희생으로 교황을 강하게 만든 것도 모자라, 나폴리 군주국을 얻고자 하는 욕망으로 스페인 군주와 나폴리 군주국을 나누었습니다. 이탈리아의 운명은 전적으로 그의 손에 달려 있었습니다. 이로써 그는 자신에게 불만을 품은 사람들이 의지할 수 있는 경쟁자가 생기게 되었습니다. 그는 군주국에 군주를 두어 그에게 의존하게 했어야 했지만, 오히려 그를 쫓아낼 수 있는 사람을 끌어들였습니다.

정복욕은 자연스럽고 일반적인 것이며, 사람들은 그것을 수행할 때 칭찬을 받고 실패하면 비난을 받습니다. 프랑스가 나폴리를 공격할 힘이 있다면 공격할 수 있습니다. 그렇지 않다면 그 땅을 나누어서는 안 됩니다. 베네치아인들과 롬바르디아를 나누는 것이 이탈리아 진입을 가능하게 했기 때문에 타당했다면, 두 번째 나누는것은 필요하지 않았기 때문에 비난받을 만합니다. 그래서 루이왕은 다섯 가지 실수를 저질렀습니다. 그는 약자들을 파괴했고, 강력한 이들의 힘을 증가시켰으며, 매우 강력한 외국인을 불러들였고, 그 땅에 자신의 거주지를 두지 않았으며 식민지를 설립하지 않았습니다.

그럼에도 불구하고 베네치아를 무너뜨린 여섯 번째 잘못이 추가되지 않았다면 그의 삶에서 이 다섯 가지 잘못은 그에게 아무런 해를 끼치지 않았을 것입니다. 그는 교황청을 강하게 하고 스페인인들을 불러들인 후에는 베네치아인들을 모욕하지 말아야 했습니다. 베네치아인들이 강력했더라면 그들은 다른 이들이 롬바르디아를 공격하는 것을 막았을 것입니다. 베네치아인들은 그 땅이 자신들에게 주어지지 않는 한 공격에 동의하지 않았을 것이고, 다른 나라들 역시 프랑스에서 빼앗아 베네치아인들에게 넘겨주지 않았을 것이며, 감히 두 나라에 동시에 맞서 싸우지도 않았을 것입니다. 만약 루이왕이 교황 알렉산데르에게 로마냐와 나폴리를 스페인인들에게 내주어 전쟁을 피하려 했다고 한다면, 나는 이렇게 답할 것입니다. 이미 위에서 언급된 이유로, 전쟁을 피하기 위해 결코 나쁜 관계를 맺어서는 안 됩니다. 왜냐하면 전쟁은 피할 수 없고, 단지 당신에게 불리하게 연기될 뿐입니다.

루이 12세의 이혼에 동의하고 루앙 대주교가 추기경 모자를 요청한 대가로 교황이 로마냐로 가는 것을 허락하겠다는 군주의 지시를 누군가가 나에게 반대한다면, 나는 반론할 것입니다. 앞으로는 군주들의 신의와 그들이 약속을 지켜야 하는 방식에 대해 말씀드리겠습니다. 루이 12세는 다른 사람들이 정복하고 땅을 지키는 모든 것을 지키지 않기 때문에 롬바르디아를 잃었습니다. 그것은 전혀 놀랍지도 않고, 충분히 이해할 수 있으며 자연스러운 일입니다.

나는 낭트에서 루앙의 추기경 다보와 대화를 나누었을 때, 발렌티노 공작(알렉산데르 6세 교황의 아들 체사레 보르자를 부르는 이름)이 로마냐의 주권을 행사하던 시절을 논했습니다. 추기경은 이탈리아인들이 전쟁에 대해 이해하지 못한다고 비난했습니다. 하지만 나는 프랑스인들이 정치를 이해하지 못한다고 대답했습니다. 그렇지 않다면 그들은 교황청을 그토록 강력하게 하지 않았을 것입니다. 경험이 이를 증명했습니다. 프랑스는 교황과 스페인인들을 이탈리아에서 강대하게 했고, 결국 이탈리아를 잃었습니다. 여기서 하나의 일반적인 규칙을 도출할 수 있습니다. 그것은 거의 혹은 결코 실패하지 않습니다.

다른 사람을 강하게 만드는 사람은 자신이 파멸합니다. 그것은 두 가지 방법, 즉 능숙한 노력이나 힘을 통해서만 이루어질 수 있으며, 둘 다 강해진 사람에게 의심을 불러일으킵니다.

마키아벨리가 알려주는 핵심내용 정리

1. 혼합 군주국의 개념정립

혼합 군주국은 기존 영토에 새로운 영토를 추가로 정복한 형태의 군주국을 의미합니다. 이는 신생 군주국과 세습 군주국의 요소를 모두 포함합니다.

2. 주민들의 불만 가능성 고조

새로운 영토의 주민들은 기존의 통치 방식을 그리워하고, 새 군주에 대해 불만을 가질 수 있습니다. 이로 인해 반란과 저항이 발생할 위험이 높습니다.

3. 기존 엘리트층의 저항

새로운 영토의 기존 엘리트층은 자신의 권력과 특권을 지키기 위해 새 군주에 저항할 수 있습니다. 이를 해결하기 위해서는 엘리트층을 적절히 관리하거나 교체할 필요가 있습니다.

4. 적응과 통합의 필요성

새로운 영토의 통치에 성공하기 위해서는 주민들을 새로운 질서에 적응시키고 통합하는 전략이 필요합니다. 이를 위해서는 기존 제도를 존중하면서도 새로운 체제를 효과적으로 도입해야 합니다.

5. 군주의 능력 발휘 필요

혼합 군주국을 효과적으로 통치하려면 군주의 능력과 전략적 판단이 중요합니다. 특히, 주민들의 신뢰를 얻고 반란을 예방하기 위한 현명한 조치가 필요합니다.

오늘날의 시각에서 해석해 본 〈군주론〉의 주요 내용

-제3장-

(혼합 권력 구조 : 새로운 환경에서의 적응)

새로운 군주국을 획득하고 유지하는 방법에 대해 다루고 있습니다. 군주가 새로운 영토를 정복하고 통치할 때 직면하는 도전과 이를 극복하는 방법을 설명합니다. 마키아벨리는 새로운 영토를 안정시키기 위해서는 기존의 권력 구조를 철저히 파괴하고 새로운 체제를 구축해야 한다고 주장합니다. 또한, 정복지의 국민들을 설득하고, 그들의 지지를 얻기 위해 노력해야 한다고 강조합니다.

마키아벨리의 이러한 주장은 이후 시대에도 부분적으로 적용될 수 있습니다. 새로운 지역이나 국가를 통합하거나 식민지화를 시도하는 경우, 기존의 권력 구조와 사회 시스템을 재편성하는 것이 중요합니다. 예를 들어, 19세기 유럽 강대국들의 식민지 확장 과정에서 식민 지배자들은 현지의 권력 구조를 해체하고 새로운 행정 시스템을 구축하려 했습니다. 이는 마키아벨리의 주장이 유효함을 보여줍니다.

그러나 현대 사회에서는 이러한 접근 방식이 적절하지 않거나 비현실적일 수 있습니다. 현대 국제 정치와 법률 체계에서는 영토 정복이 불법으로 간주되며, 기존의 주권 국가를 침해하는 행위는 국제법 위반으로 처벌받습니다. 또한, 현대 국가들은 정복보다는 국제 협력과 평화로운 통합을 추구합니다. 이는 마키아벨리의 시대와는 크게 다른 점입니다 또한, 현대 사회에서는 강압적인 통치보다는 민주주의와 자치권을 존중하는 방식이 더 선호됩니다. 새로운 영토나 지역을 통합할 때, 현지 주민들의 자치권과 문화를 존중하며 통합을 추진하는 것이 더 효과적입니다. 이는 마키아벨리가 제안한 기존 권력 구조의 철저한 파괴와는 다른 접근 방식입니다. 예를 들어, 유럽 연합은 회원국들의 자치권을 존중하면서도 공동의 규범과 제도를 통해 통합을 이루어 나가고 있습니다.

  마키아벨리는 또한 새로운 군주국의 통치자가 정복지의 국민들의 지지를 얻기 위해 노력해야 한다고 강조했습니다. 이는 현대에도 여전히 유효한 주장이며, 정치 지도자들이 국민들의 지지를 얻기 위해 노력하는 것은 필수적입니다. 민주주의 국가에서는 선거를 통해 국민의 지지를 받는 것이 정당성의 중요한 요소이며, 이는 마키아벨리의 주장을 현대적 맥락에서 재확인하는 것입니다.

  새로운 군주국의 획득과 유지에 대한 주장은 일부 현대에도 적용될 수 있는 통찰을 제공합니다. 그러나 현대 국제 정치와 법률 체계, 민주주의와 자치권 존중의 가치 등을 고려할 때, 그의 주장은 현대적 맥락에 맞게 조정되고 보완될 필요가 있습니다. 강압적인 정복보다는 평화적 통합과 협력, 현지 문화와 자치권 존중이 현대 정치에서 더 효과적이고 적절한 접근 방식입니다.

4장

알렉산더 사후
다리우스의 제국이 후계자들에게
반란을 일으키지 않은 이유

　새로 획득한 지배권을 유지하는 데 따르는 어려움을 고려한다면, 알렉산더 대군주가 몇 년 만에 정복한 아시아 제국 전체가, 그가 죽었을 때 거의 소유하지 못했고 따라서 그의 후계자들이 반기를 들 것이라고 믿어야 했던, 그럼에도 불구하고 그들 스스로의 불화가 초래한 것 외에는 다른 어려움 없이 유지된 것이 어떻게 가능했는지 궁금할 수 있습니다.

　모든 지배체제는 두 가지 방식으로 통치되어 왔다는 것이 정설입니다. 하나는 군주의 특혜로 권력을 부여받은 신하들을 이용하여 통치하는 방식이고, 또는 군주의 특혜가 아닌 자신의 혈통에 의해 자신의 지위를 얻은 군주와 소군주들을 통해 통치하는 것입니다. 이러한 고위 관리들은 자신의 땅과 신하를 소유하고 있으며, 이들은 군주로 인정받으며 그들에게 소속되어 있습니다. 오직 자신이 임명한 관리들을 통해서만 통치하는 통치자들은 훨씬 더 큰 명성을 가지고 있는데, 이는 온 나라에서 이 명성을 인정하지 않는 사람이 없기 때문이며, 만일 그가 다른 사람에게 복종한다면 그 역시 군주의 대리인이자 종일 뿐입니다. 그러나 이런 사람들은 일반 백성들의 큰 사랑을 받지 못합니다.

이 두 가지 통치 형태의 예로는 튀르키예와 프랑스가 있습니다. 튀르키예 전체는 한 명의 군주가 통치하고, 다른 모든 사람들은 그의 신하들입니다. 제국은 술탄이 마음대로 임명하고 해임하는 개인이 관리하는 지역으로 나뉩니다. 반면 프랑스 군주는 자신의 백성들에 의해 인정받고 사랑받는 오래된 군주가문들로 둘러싸여 있습니다. 이 군주가문들은 프랑스 군주가 쉽사리 건드릴 수 없는 특권을 가지고 있습니다. 이 두 통치 형식을 살펴보면, 튀르키예 제국을 정복하기는 어렵지만, 일단 정복하면 유지하기는 쉽다는 것을 알 수 있습니다. 정복의 어려움은 다음과 같습니다. 정복자는 내부의 군주들에 의해 추대될 수 없으며, 위에서 언급한 이유로 반란군의 지원을 기대할 수도 없습니다. 그들 모두가 군주의 신하이기 때문에 매수하기 어렵고, 매수되었다 해도 그들이 백성들을 자신들의 이익에 끌어들일 수 있는 능력이 없기 때문에 도움이 거의 되지 않습니다. 따라서 튀르키예를 공격하는 자는 튀르키예가 단결되어 있음을 알아야 하며, 자신의 힘만 믿어야 하고, 상대의 불화도 거의 기대할 수 없습니다. 그러나 적이 패배하여 다시 군대를 조직할 수 없게 되면, 더 이상 두려워할 것은 없습니다. 정치 가문이 사라지고 난 후에는 백성 가운데 누구도 성공적으로 저항할 만큼의 권위를 가진 사람이 없습니다. 승리하기 전에는 아무도 기대할 수 없었지만 승리한 후에는 더 이상 두려워할 사람이 없습니다.

반면 프랑스와 같이 통치되는 제국은 침입하기 쉽습니다. 고위 관리 중 하나를 이길 수 있다면, 항상 불만을 가진 사람들과 혁신을 추구하는 사람들을 찾을 수 있기 때문입니다. 이들은 앞서 언급한 이유로 그 나라로 들어가 승리를 쉽게 할 수 있게 합니다. 그러나 그 후에는 지원을 제공한 사람들과 패배한 사람들 모두에게 끊임없이 어려움을 당하게 됩니다. 정치 가문을 파괴하는 것만으로는 충분하지 않습니다. 왜냐하면 권력을 잡을 수 있는 귀족들이 남아 있기 때문입니다. 그들은 기회가 오면 언제든지 나라를 정복자로부터 빼앗을 수 있습니다.

페르시아 제국의 구조를 고려할 때, 현재의 튀르키예와 많은 유사점을 발견할 수 있습니다. 따라서 알렉산더는 전투에서 승리하기만 하면 되었고, 다리우스가 죽자 승리자는 제국을 완벽하게 유지할 수 있었습니다. 그의 후계자들도 그들 스스로의 불화를 제외하고는 완전한 평화 속에서 그것을 유지할 수 있었습니다. 그러나 프랑스와 같은 제도를 가진 나라는 평화롭게 소유할 수 없습니다. 스페인, 프랑스, 그리스에서 로마인들에 대한 끊임없는 반란이 발생했는데, 그것은 많은 현지 귀족들 때문입니다. 이 귀족들에 대한 기억이 지속되는 동안 소유권은 불확실했습니다. 그러나 그 기억이 사라진 후, 로마인들은 그들의 권력과 오랜 시간 동안 평화롭게 그들의 소유를 유지할 수 있었습니다. 그 후 로마인들이 서로 분열되었을 때, 그들 각자는 자신이 얻은 명성에 따라 각 지방의 일부를 자신의 이익에 맞게 끌어들일 수 있었습니다. 왜냐하면 그들은 자신의 귀족들을 완전히 잃었고, 로마 외에는 다른 상위 권위를 인정하지 않았기 때문입니다. 이 모든 것을 고려할 때, 알렉산더가 아시아를 쉽게 지배할 수 있었던 반면, 피루스와 같은 다른 사람들은 그들의 정복을 유지하는데 많은 어려움을 겪었다는 사실에 놀랄 필요가 없습니다. 그 이유는 정복자의 영웅적 능력보다는 정복의 다양한 특성에 더 많이 기인합니다.

마키아벨리가 알려주는 핵심내용 정리

1. 알렉산더 대왕의 정복과 통치

알렉산더 대왕이 다리우스 왕국을 정복한 후, 이 거대한 제국을 효과적으로 통치할 수 있었던 이유를 분석합니다.

2. 중앙집권화된 강력한 권력 구조

다리우스 왕국은 강력한 중앙집권화된 권력 구조를 가지고 있었기 때문에, 알렉산더는 기존의 통치 체제를 유지하면서 통치할 수 있었습니다. 이러한 구조는 새로운 군주가 통치하기에 더 쉬운 환경을 제공합니다.

3. 귀족과 지방 세력의 약화

중앙집권화된 권력 구조 덕분에, 귀족이나 지방 세력의 반란 위험이 줄어들었습니다. 이는 새 군주가 통치하는 데 유리한 점입니다.

4. 기존 체제의 유지

알렉산더는 다리우스 왕국의 기존 체제를 크게 변경하지 않고, 현지의 관습과 제도를 존중하면서 통치했습니다. 이는 주민들의 저항을 줄이고 통치의 안정성을 높이는 데 기여했습니다.

5. 통치체제의 연속성 유지

기존 통치 체제의 연속성을 유지함으로써, 알렉산더는 새로운 제국을 효과적으로 통합하고 안정시킬 수 있었습니다.

오늘날의 시각에서 해석해 본 〈군주론〉의 주요 내용

-제4장-

(정복 후 지속가능한 통치 : 역사적 사례, 현대적 적용)

정복한 지역을 다스리는 방법에 관한 것입니다. 그는 정복한 영토를 효율적으로 통치하기 위해 두 가지 기본적인 방법을 제안합니다. 첫째, 정복된 영토에 군주가 직접 거주하여 통치하는 방법입니다. 둘째, 기존의 법과 제도를 유지하면서 충성스러운 현지인을 통해 간접적으로 통치하는 방법입니다. 이 두 가지 방법은 이후 시대에도 다양한 방식으로 적용되었습니다.

직접 통치의 개념은 제국주의 시대와 현대의 몇몇 국가들의 외교 정책에서도 찾아볼 수 있습니다. 예를 들어, 19세기와 20세기 초의 식민지 시대에는 종주국이 직접 식민지에 관리를 파견하여 통치하는 경우가 많았습니다. 현대에는 미국이 군사적인 또는 정치적인 이유로 다른 나라에 군대를 주둔시키거나 영향력을 행사하는 사례가 있습니다. 직접 통치의 장점은 즉각적인 권력 행사와 안정적인 통치가 가능하다는 점입니다. 그러나 이는 비용이 많이 들고, 현지 주민들의 반발을 초래할 수 있다는 단점도 있습니다. 현대에는 이러한 점이 인권 문제와 국제 관계의 긴장을 유발할 수 있습니다.

간접 통치는 보다 유연하고 현지의 문화를 존중하는 방식으로, 이는 현대의 외교 정책과 국제 관계에서 더욱 빈번하게 적용됩니다. 예를 들어, 미국이나 유럽 국가들이 다른 나라에 경제적, 군사적 지원을 제공하며 그 나라의 지도자와 협력하여 간접적으로 영향력을 행사하는 경우가 많습니다. 이 방법은 현지 주민들의 저항을 줄이고, 상대적으로 적은 비용으로 안정적인 통치를 가능하게 합니다. 그러나 충성스러운 현지인의 배신이나 예상치 못한 정치적 변화로 인해 통치가 불안정해질 수 있다는 위험도 있습니다.

마키아벨리의 주장들이 모든 시대에 적절하게 적용된 것은 아니며, 특히 현대에는 인권, 민주주의, 국제법 등의 가치가 중요시되면서 그의 방법들이 한계에 부딪히기도 합니다. 예를 들어, 현대 국제 사회에서는 군사적 강제력보다는 외교적 협상과 경제적 제재가 더 선호됩니다. 또한, 마키아벨리의 권모술수적인 통치 방식은 민주주의 국가에서는 비판받을 수 밖에 없습니다. 이는 현대의 윤리적 기준과 가치들이 마키아벨리의 시대와 크게 달라졌기 때문입니다.

통치 방법들은 역사적으로 다양한 방식으로 적용되어 왔으며, 현대에도 일부 유사한 사례가 존재합니다. 하지만 현대의 정치적, 윤리적 기준과는 상충되는 부분도 있어 전적으로 동일하게 적용되기는 어렵습니다. 이는 시대와 환경의 변화에 따라 통치 전략이 적절히 변형되고 조정되어야 함을 시사합니다.

5장

자치 정부 형태를 가진 도시와 군주국을 다루는 방법

정복된 국가가 자체 법률에 따라 독립적으로 살아왔다고 가정할 때, 그것을 다루는 세 가지 방법이 있습니다. 첫 번째 방법은 그것을 완전히 파괴하는 것이고, 두 번째 방법은 군주가 그곳에 거주하는 것이며, 세 번째 방법은 자체 법률에 따라 계속 살도록 허용하되 연간 세금을 받고 올리가르키 정부를 통해 그 지역을 지배하는 것입니다. 왜냐하면 이런 정부는 그것을 유지할 수 없다는 것을 알고 있으므로 지원 없이 모든 것을 해야 하며 그가 권력을 확보할 수 있도록 해야 합니다. 자유롭게 살아왔던 도시는 가장 쉽게 그곳의 백성들을 통해 통치할 수 있습니다. 예로 스파르타인과 로마인들이 있습니다. 스파르타는 아테네와 테베를 점령하고 소수에게 통치권을 넘겼으나 정복에 실패했습니다. 로마인들은 카푸아, 카르타고, 누만티아를 파괴하고 그곳을 점령했습니다. 그들은 스파르타가 그랬던 것처럼 자유를 선포하고 원주민의 법을 그대로 두어 그리스를 통치하려 했지만 실패했고, 그리스의 많은 도시를 파괴한 후에야 그리스에 대한 지배권을 주장할 수 있었습니다. 파괴하는 것보다 더 확실한 수단은 없습니다. 그리고 자유 속에서 사는 데 익숙한 도시를 완전히 해체하지 않고 스스로 주인이 된 사람은 누구나 그 도시에 의해 파괴될 것으로 예상할 수 있습니다.

자유라는 이름은 항상 반란의 구실로 사용되며 오래된 국가 체제는 시간이 지나거나 혜택을 받아도 잊히지 않습니다. 예를 들어 피사가 피렌체의 지배 하에 오랜 시간 동안 있었음에도 불구하고 그러했듯이, 어떠한 조치를 취하더라도 백성들이 분리되고 흩어지지 않는 한 항상 오래된 이름과 오래된 체제는 다시 나타나게 됩니다. 그러나 도시나 국가가 군주 아래 살아왔고 그 군주가 제거되었으며 그의 혈통이 사라졌다면, 그들은 새로운 군주를 세우지 못하고 자유롭게 살 수도 없습니다. 따라서 그들은 쉽게 무기를 들지 않으며, 군주는 그들을 어렵지 않게 장악하고 쉽게 복종시킬 수 있습니다. 그러나 공화국은 더 많은 증오와 잃어버린 자유에 대한 기억을 간직하고 있습니다. 그러므로 공화국을 가장 안전하게 다루는 방법은 그들을 파괴하거나 그곳에 거주지를 선택하는 것입니다.

마키아벨리가 알려주는 핵심내용 정리

1. 정복한 공화국내 다양한 어려움 발생

공화국을 정복한 후, 그 지역을 통치하는 것이 특히 어렵다는 점을 설명합니다. 공화국의 자유에 대한 강한 열망과 기억이 반란의 씨앗이 됩니다.

2. 공화국 통치의 세 가지 방법

마키아벨리는 공화국을 통치하는 세 가지 방법을 제시합니다: 완전히 파괴하기, 직접 통치하기, 기존 법과 자유를 유지하면서 통치하기입니다. 이 중 가장 확실한 방법은 완전히 파괴하는 것입니다.

3. 완전한 파괴의 필요성

마키아벨리는 공화국의 자유와 독립에 대한 기억을 없애기 위해 완전한 파괴가 필요하다고 주장합니다. 이는 반란의 가능성을 근본적으로 제거하는 방법입니다.

4. 직접 통치

새로운 군주가 직접 공화국을 통치하는 방법은 더 많은 자원을 필요로 하지만, 직접적인 통제를 통해 반란을 억제할 수 있습니다.

5. 기존 법과 자유 유지

기존의 법과 자유를 유지하면서 통치하는 방법은 공화국의 주민들이 군주의 통치를 받아들이게 하는 장점이 있지만, 반란의 위험이 계속 존재합니다.

6. 사례 분석

고대 로마와 스파르타의 사례를 통해, 각기 다른 통치 방법의 장단점을 설명하고, 완전한 파괴의 필요성을 강조합니다.

오늘날의 시각에서 해석해 본 〈군주론〉의 주요 내용

-제5장-

(인수합병 후의 관리 : 현대적 접근법)

정복된 국가를 안정적으로 통치하는 방법에 대해 논의합니다. 그는 세 가지 주요 방법을 제시합니다. 첫째, 정복된 국가의 기존 지배 계층을 완전히 제거하는 것입니다. 둘째, 정복된 국가의 법과 제도를 바꾸고 그 지역을 새로운 질서로 재편성하는 것입니다. 셋째, 기존의 법과 제도를 유지하면서 충성스러운 지배자를 세우는 것입니다.

첫 번째 방법, 즉 기존 지배 계층의 완전한 제거는 역사적으로 여러 제국에서 사용된 방식입니다. 예를 들어, 몽골 제국이나 오스만 제국은 정복지의 지배 계층을 제거함으로써 반란의 위험을 줄였습니다. 현대에서도 유사한 사례가 있긴 하지만, 이러한 방식은 국제법과 인권의 관점에서 비판받을 수밖에 없습니다. 대규모 숙청이나 인종 청소는 국제 사회의 강력한 비난을 초래하며, 이는 정복국의 정치적, 경제적 고립을 불러일으킬 수 있습니다. 따라서 현대에는 이 방법이 거의 사용되지 않습니다.

두 번째 방법, 즉 정복된 국가의 법과 제도를 바꾸는 방식은 상대적으로 자주 사용되었습니다. 예를 들어, 제2차 세계대전 이후 연합국은 독일과 일본의 정치 체제를 민주적으로 개혁하였습니다. 이러한 방법은 정복지의 통치 안정성을 높이는 데 효과적일 수 있지만, 현지 주민의 문화와 전통을 무시할 경우 반발을 초래할 수 있습니다. 현대에는 이러한 변화가 더 복잡해졌으며, 현지의 전통과 문화를 존중하면서도 새로운 질서를 도입하는 균형 잡힌 접근이 필요합니다.

세 번째 방법, 기존의 법과 제도를 유지하면서 충성스러운 지배자를 세우는 방식은 가장 유연하고 현지 저항을 최소화할 수 있는 방법입니다. 이는 현대의 외교 정책에서도 자주 사용되며, 예를 들어 미국은 여러 차례 외국의 친미 정권을 지원하여 간접적으로 통치하거나 영향력을 행사해 왔습니다. 그러나 이러한 접근도 지배자의 배신이나 예상치 못한 정치적 변화로 인해 불안정해질 수 있다는 위험이 있습니다. 또한, 민주주의와 인권의 관점에서 비판받을 가능성이 큽니다.

통치 방법들은 역사적으로 다양한 방식으로 적용되었으며, 현대에도 일부 유사한 사례가 존재합니다. 그러나 현대의 정치적, 윤리적 기준과 인권 존중의 원칙에 비추어볼 때, 그의 방법들이 그대로 적용되기는 어렵습니다. 이는 시대와 환경의 변화에 따라 통치 전략이 적절히 변형되고 조정되어야 함을 시사합니다. 현대에는 국제법과 인권을 준수하면서도 안정적인 통치를 이루기 위한 새로운 접근 방식이 요구됩니다.

6장

자신의 무기와 용기로 쟁취한 새로운 통치에 대하여

　모든 새로운 국가와 통치자, 일반적인 국가들에 대해 말할 때 중요한 사례들을 인용하는 것에 놀라지 마십시오. 왜냐하면 사람들은 거의 항상 고정된 길을 걷고 다른 사람들의 행동을 모방하기 때문에, 모방하는 사람들과 같은 수준에 도달하지는 못한다고 해도, 지혜로운 사람은 항상 가장 훌륭한 모범을 따라야 합니다. 그의 덕성이 목표에 도달하지 못한다 하더라도 그의 존재에서는 어떤 좋은 향기가 남게 됩니다. 그는 똑똑한 궁수처럼 행동해야 합니다. 궁수는 목표가 너무 멀고 활이 약하다는 것을 알고 있기 때문에 더 높은 방향을 향해 조준합니다. 그의 노력으로 그곳에 도달하기 위함이 아니라, 그렇게 함으로써 적어도 목표에 도달할 수 있기 때문입니다.

　새로운 군주는 그가 가진 정신력의 정도에 따라 권력을 유지하는 데 어려움이 더 많을 수도 적을 수도 있습니다. 용기와 행운이 사람을 왕좌에 올릴 때, 그가 새로운 지위를 유지하는 데 발생하는 어려움도 마찬가지로 운이나 다른 방법으로 피하거나 줄일 수 있습니다. 운이 적은 사람이 더 오래 유지되는 경우가 종종 있습니다. 또한 완전히 새로운 영토에 살도록 강요받는 군주들이 그곳을 유지하는 데 종종 도움이 됩니다. 그러나 운으로 왕좌에 오른 사람들보다, 자신의 용기로 왕좌에 오른 사람들을 살펴보자면, 모세, 키루스, 로물루스, 테세우스와 같은 사람들이 가장 탁월했습니다. 모세에 대해서는 여기서 많이 언급할 필요가 없습니다. 왜냐하면 그는 하나님의 명령을 단순히 수행했기 때문이고, 그가 하나님의 명령을 받을 만큼 가치가 있다고 인정받았기 때문입니다. 그러나 키루스와 다른 새로운 영토를 설립한 사람들을 살펴보면, 그들이 정말로 경이롭다는 것을 알 수 있습니다. 그들은 신의 가르침을 받은 모세와 크게 다르지 않습니다. 그들의 삶과 행동을 살펴보면, 그들이 생각한 것을 실현할 수 있는 기회를 얻은 것보다 운에 더 많은 빚을 졌다는 것을 알 수 있습니다. 기회가 부족했다면 그들의 지성의 힘은 낭비되었을 것이고, 운이 부족했다면 기회는 헛되었을 것입니다. 모세는 이집트 노예로 살던 이스라엘 백성들이 기꺼이 자신을 따를 수 있도록 그들을 찾아야 했습니다. 로물루스는 로마를 설립하고 군주가 되려는 생각을 가질 수 있도록 버려져야 했습니다. 키루스는 페르시아인들이 메디아의 통치에 불만을 가지고 있어야 했고, 메디아인들은 긴 평화로 인해 여성적이고 부드러워져 있어야 했습니다. 테세우스는 아테네인들이 분산되어 있지 않았다면 그의 재능을 보여줄 수 없었을 것입니다. 이러한 기회들은 그 위대한 사람들을 행운아로 만들었고, 그들의 위대한 지성으로 인해 기회를 인식했으며 그 결과 그들의 조국은 행복하고 유명해졌습니다.

　비슷한 능력으로 군주가 된 사람들은 통치하기 위해 극복해야 할 어려움을 가지고 있지만, 그것을 유지하는 것은 의외로 쉽습니다. 그들이 극복해야 할 어려움은 새로운 제도를 도입해야 하기 때문이며, 그것은 새로운 체제와 자신의 안전을 확립해야 하기 때문입니다. 이때, 이것을 고려해야 합니다. 새로운 국가 체제의 수장이 되는 것은 매우 어렵고 결과도 불확실한 일입니다. 왜냐하면 모든 사람들, 특히 기존 질서에서 잘 지내던 사람들은 새로운 질서에 적대적이며, 이익을 얻기를 기대하는 사람들은 미지근하게 지지하기 때문입니다. 부분적으로는 반대파들이 법을 가지고 있기 때문에 두려워하고, 또한 인간은 본성적으로 의심이 많고 새로운 것을 실제로 그들 앞에서 명확하게 볼 때까지 믿지 않기 때문입니다. 따라서 새로운 질서에 적대적인 사람들은 기회가 있을 때마다 부분적으로 그것을 공격하는 반면, 그 친구들은 그 수장이 그들과 함께 위험에 처할 수 있을 정도로 미지근한 태도로 그것을 방어한다는 것입니다.

　여기서 올바른 판단을 내리려면, 혁신가들이 스스로 서 있느냐, 아니면 다른 사람들에게 의존하느냐를 잘 살펴봐야 합니다. 그들이 자신의 발로 서 있고 자신의 힘으로 폭력을 행사할 수 있다면 거의 실패하지 않습니다. 모든 무장한 예언자들은 승리를 거두었습니다. 반면에 무장하지 않은 예언자들은 멸망했습니다. 왜냐하면 위에서 언급한 이유들 외에도, 사람들은 쉽게 설득되지만 변덕스럽기 때문에 그것을 고수하기는 매우 어렵습니다. 따라서 계획은 다음과 같아야 합니다. 믿음을 멈출 때, 폭력을 사용하여 그들을 설득할 수 있어야 합니다. 모세, 키루스, 테세우스, 로물루스도 무력을 사용할 수 없었다면 그들의 명령을 오래 유지할 수 없었을 것입니다.

바로 이런 일이 우리 시대의 지롤라모 사보나롤라에게 일어났습니다. 사람들이 더 이상 그를 믿지 않게 되었고, 추종자들을 믿음에서 붙들어두거나 불신자들을 설득할 수단이 없었기 때문에 그의 새로운 정부와 함께 멸망했습니다. 따라서 새로운 군주는 극복해야 할 큰 어려움을 가지고 있으며, 이 모험을 그들의 용기로 극복해야 합니다. 그러나 그들이 승리하고 높은 존경을 받기 시작하면 시기하는 사람들이 사라지고, 강력해지고 안전하며 명예롭고 행복해집니다.

이러한 위대한 사례들에 추가할 작지만 비교될 수 있는 또 다른 사례를 들겠습니다. 이것은 다른 모든 비슷한 예들을 대신할 수 있습니다. 이것은 시라쿠사의 히에로 2세입니다. 그는 민간인에서 시라쿠사의 군주가 되었는데, 억압받던 시라쿠사 사람들이 그를 지도자로 선택했고, 이 자리에서 그는 공로를 통해 군주의 존엄을 얻었기 때문에 운은 그 기회를 가져다준것 외에는 아무런 역할도 하지 못했습니다. 그의 자질은 매우 고귀하여 민간인으로서도 통치할 것이 부족하지 않았다는 말이 있을 정도로 실제 통치 자체에는 부족함이 없었습니다. 그는 낡은 군대를 해체하고 새로운 군대를 창설했으며, 옛 인맥을 버리고 새로운 인맥을 구축했습니다. 많은 친구와 전사들이 그에게 의지했으며, 그들의 도움으로 그는 어떤 체제도 설립할 수 있었습니다. 따라서 그는 얻기 위해 많은 노력을 기울여야 했지만, 얻은 것을 유지하는 데는 그리 어렵지 않았습니다.

1. 새로운 군주국의 획득

마키아벨리는 새로운 군주국을 획득하는 데 필요한 덕목과 역량에 대해 설명합니다. 이는 개인의 능력과 기회를 활용하여 새로운 영토를 얻는 것을 의미합니다.

2. 능력과 덕목의 중요성

군주가 새로운 영토를 획득하고 유지하는 데 있어 능력과 덕목(비르투)이 매우 중요합니다. 이러한 덕목은 군주의 용기, 지혜, 결단력을 포함합니다.

3. 역사적 사례

마키아벨리는 모세, 키루스, 로물루스, 테세우스와 같은 역사적 인물들을 예로 들어, 이들이 뛰어난 능력과 덕목을 통해 새로운 군주국을 획득하고 통치했다고 설명합니다.

4. 혁신의 어려움

새로운 질서를 확립하는 것은 매우 어렵지만, 군주는 자신의 능력을 통해 이를 극복해야 합니다. 혁신을 시도할 때 군주는 기존 권력 구조의 저항에 직면할 수 있습니다.

5. 백성의 지지

새로운 군주국을 안정적으로 통치하기 위해서는 백성의 지지가 필요합니다. 군주는 백성의 신뢰를 얻기 위해 공정하고 현명하게 통치해야 합니다.

6. 기회의 활용

군주는 기회를 잘 활용해야 합니다. 이는 운명(포르투나)의 영향을 최소화하고 자신의 능력을 최대한 발휘하는 것을 의미합니다.

오늘날의 시각에서 해석해 본 〈군주론〉의 주요 내용

-제6장-

(신생 리더십 : 혁신과 변혁의 길)

새로운 국가를 창설하거나 기존 국가를 혁신하는 방법에 대해 논의합니다. 특히 위대한 군주들이 새로운 국가를 창설할 때 혁신을 통해 권력을 공고히 했다고 주장합니다. 마키아벨리는 이러한 군주들이 기존의 질서를 뒤엎고 새로운 법과 제도를 도입하며, 자신의 권위를 확립하기 위해 강력한 리더십과 결단력을 발휘해야 한다고 강조합니다. 이는 이후 시대에도 다양한 방식으로 적용되어 왔습니다.

혁신을 통한 권력 확립은 역사적으로 많은 지도자들에게서 찾아볼 수 있습니다. 예를 들어, 나폴레옹 보나파르트는 프랑스 혁명 이후 새로운 법제도를 도입하고 국가를 재편성하여 자신의 권력을 확립했습니다. 비슷하게, 메이지 유신 기간 동안 일본의 지도자들은 서양의 문물을 받아들여 국가를 현대화하고 강력한 중앙집권적 정부를 세웠습니다. 이러한 사례들은 마키아벨리의 주장이 현대 역사에서도 유효함을 보여줍니다.

그러나 마키아벨리의 혁신과 권력 확립 방법은 현대 민주주의 사회에서는 일부 한계가 있습니다. 현대 사회는 독재적 권력보다는 협력적 리더십과 대의 민주주의를 중시합니다. 강력한 리더십과 결단력은 여전히 중요하지만, 이는 민주적 절차와 시민의 동의를 얻는 방식으로 발휘되어야 합니다. 예를 들어, 프랭클린 D. 루스벨트는 대공황 시기에 새로운 경제 정책을 도입하여 미국을 혁신했지만, 이는 의회와 국민의 지지를 바탕으로 이루어졌습니다 또한, 현대에는 인권과 법치주의의 중요성이 더욱 강조되고 있습니다. 마키아벨리처럼 권력 확립 방법이 지나치게 강압적이거나 폭력적일 경우, 이는 국제사회와 국민의 강한 반발을 초래할 수 있습니다. 따라서 현대의 지도자들은 혁신을 추구할 때 더욱 신중해야 하며, 시민의 권리를 존중하면서도 효율적인 변화를 이끌어내야 합니다.

혁신을 통한 권력 확립 방법은 역사적으로 많은 지도자들에게 영향을 미쳤으며, 현대에도 여전히 유효한 측면이 있습니다. 그러나 현대의 정치적, 윤리적 기준과 민주주의 원칙을 고려할 때, 그의 방법은 신중하게 조정되고 변형될 필요가 있습니다. 현대의 지도자들은 강력한 리더십을 발휘하면서도 민주적 절차와 인권을 존중하는 균형 잡힌 접근이 요구됩니다.

7장

외부 지원과 운으로 얻어진 새로운 군주국에 대하여

　행운만으로 군주국을 얻은 자들은 쉽게 군주자리에 오르지만, 그 자리를 유지하기는 어렵습니다. 군주자리에 오르기까지는 어려움이 없었지만, 정상에 올랐을 때 비로소 문제가 시작됩니다. 이는 돈이나 다른 군주의 은혜로 군주가 된 사람들에게 해당됩니다. 예를 들어, 다리우스는 그리스인들을 이오니아와 헬레스폰트의 군주로 삼아 그의 안전과 명성을 높였습니다. 마찬가지로 많은 황제들이 군인들에게 뇌물을 주어 자신들의 지위에 올랐습니다. 이들은 자신들의 승진을 도와준 이들의 좋은 의지와 운명에 전적으로 의존합니다.

　이 두가지, 돈이나 호의는 지구상에서 가장 변덕스러운 것이며 군주의 지위 상승은 빚진 자의 선의와 운에 달려 있습니다. 그들은 자리를 유지하는 방법을 알지 못하며, 그럴 능력도 없습니다. 왜냐하면 그들이 만약 훌륭한 정신과 힘을 가진 사람이 아니라면, 평민으로서 살아왔던 사람이 갑자기 지휘하는 법을 알 리가 없기 때문입니다. 그들은 또한 자신에게 충성하고 신뢰할 수 있는 병력도 없습니다. 갑작스럽게 생긴 지배력은 마치 빠르게 자라고 성장하는 모든 것들처럼 깊은 뿌리를 내리지 못하므로 첫 번째 시련을 만나면 바로 쓰러질 수 있습니다. 다만, 운이 좋은 사람이 충분한 지혜와 재능까지 가지고 있어 우연히 품에 안긴 것을 보존하고 다른 이들은 군주가 되기 전에 마련했던 기반을 스스로 마련할 수 있다면 그렇지 않을 수도 있습니다. 이 두 가지 방법으로 군주가 될 수 있는 각각의 사례를 우리 시대의 역사에서 들어 보겠습니다.

그 사례로는 프란체스코 스포르차와 체사레 보르자입니다. 전자는 위대한 용기와 적절한 수단의 신중한 사용으로 밀라노의 공작이되었습니다. 그 시기의 상황으로 볼 때 그는 자신이 많은 노력을 기울여 얻은 것을 쉽게 보존할 수 있었습니다. 후자, 즉 발렌티노 공작으로 불리는 체사레 보르자는 아버지의 운 덕분에 높은 위치에 올랐지만, 아버지와 함께 그 위치를 잃었습니다. 그는 가능한 모든 노력을 기울였고, 다른 이의 무기와 운으로 얻은 국가에 깊은 뿌리를 내리기 위해 할 수 있는 모든 일을 했습니다. 이미 말했듯이, 누군가가 기초를 다지지 않았다면, 그는 위험을 감수하면서 엄청난 노력으로 그것을 보완할 수 있을 것입니다. 공작의 모든 진전을 살펴보면 그가 자신의 미래의 위대함을 위한 견고한 기반을 마련하기 위해 얼마나 많은 것을 했는지 알 수 있습니다. 저는 새로운 군주에게 그의 사례를 따를 것을 권하는 것보다 더 나은 조언은 없다고 생각합니다. 그의 계획이 목표를 달성하지 못했다면, 그것은 그의 탓이 아니라 매우 특별하고 극도로 불리했던 운명 때문이었습니다.

알렉산데르 6세는 현재와 미래 모두에서 아들의 지위를 높이려는 계획에 큰 어려움을 겪었습니다. 무엇보다도 그는 교황청에 있는 재산 외에는 아들을 도울 방법이 없다고 생각했습니다. 그러나 파엔차와 리미노는 이미 베네치아의 보호 아래 있었기 때문에 밀라노 공작과 베네치아가 이를 허용하지 않을 것이라는 사실을 잘 알고 있었습니다. 게다가 그는 이탈리아의 무기, 특히 자신이 사용할 수 있는 무기는 교황청의 위대함을 두려워하는 자들의 소유라는 것을 알았습니다. 그들은 모두 오르시니가문과 콜론나가문에 충성했기 때문에 신뢰할 수 없었습니다. 따라서 이러한 관계를 방해하고 이탈리아 국가의 일부를 점령하기 위해 이탈리아 국가의 모든 것을 동요시켜야 했습니다. 베네치아인들은 다른 이유로 프랑스인을 이탈리아로 끌어들이느라 바빴기 때문에 이것은 그에게 쉬웠습니다. 알렉산데르는 이에 반대하지 않고 오히려 루이 12세의 이혼 승인과 루앙 대주교의 추기경 모자를 허용함으로써 이를 더욱 촉진시켰습니다.

그 후 알렉산데르는 베네치아와 교황의 동의를 얻어 이탈리아를 침공했고 프랑스의 강력한 명성으로 로마냐 지역에 대한 업적을 시작할 수 있는 충분한 병력을 갖추게 되었습니다. 이 지역을 정복하고 콜론나 가문을 물리친 후, 그는 이를 확보하고 더 나아가려 했지만 두 가지 문제에 부딪혔습니다. 첫째는 병사들의 불안정한 충성도였고, 둘째는 프랑스 군주의 태도였습니다. 그는 자신이 고용한 오르시니 부대가 배신할 것을 두려워했으며, 이들이 추가 정복을 방해할 뿐만 아니라 이미 정복한 지역마저 빼앗을 수 있다고 생각했습니다. 프랑스 군주에 대한 두려움도 같았습니다. 오르시니 가문에 대한 그의 판단은 파엔차 정복 후 볼로냐를 포위하기 시작했을 때 명확히 드러났습니다. 우르비노 공작국을 점령하고 토스카나를 공격했을 때, 프랑스 군주가 그의 계획을 중단하도록 강요하면서 프랑스 군주에 대한 문제도 명확해졌습니다. 이후 발렌티노 공작(체사레 보르자)은 외부의 운이나 무기에 의존하지 않기로 결정했습니다. 그는 로마에서 오르시니와 콜론나 가문의 영향력을 약화시키기 시작했으며, 그들에게 충성하던 모든 귀족들을 자신의 편으로 끌어들였습니다. 그는 그들에게 직위, 돈, 명예를 제공함으로써 몇 달 안에 그들의 충성심을 전 공작에게서 자신에게로 옮겼습니다. 그 후 오르시니를 파괴할 수 있는 기회를 포착했습니다. 그는 이미 콜론나 가문을 분열시켰고, 오르시니를 무너뜨리는 데에 더 큰 성공을 거두었습니다. 오르시니는 자신들의 몰락을 매우 늦게 깨닫고 페루자 근처 마조네에서 모였습니다. 이로 인해 우르비노의 반란과 로마냐 지역의 폭동이 발생했고, 발렌티노 공작은 프랑스인의 도움으로 여러 위험을 견뎌냈습니다. 하지만 그가 명예를 회복한 후에도 그는 프랑스인을 신뢰하지 못했으며, 다른 외국 군대에 대해서도 마찬가지였습니다. 공작은 그들을 속이기로 결심했고, 실제로 파올로 오르시니의 중재를 통해 오르시니와 화해하는 척하면서 그들을 속였습니다. 그는 그들에게 옷, 돈, 말을 선물하면서 그들이 자신의 계획에 속아 넘어갈 때까지 아무것도 놓치지 않았습니다. 그가 시니갈리아에서 그들의 리더들을 제거하고 그들의 추종자들을 제압한 후 그는 로마냐와 우르비노 공작국을 자신의 통제하에 두었고 백성들이 안정을 느끼기 시작하면서 통치의 견고한 기반을 마련했습니다.

특히 이 부분은 주목하고 참고할 만한 가치가 있습니다. 발렌티노 공작이 로마냐를 장악한 후, 그는 이 지역이 약하고 무기력한 주인들의 것이었으며, 그들은 자신의 주민들을 다스리기보다는 착취하고 무질서를 조장했다는 것을 발견했습니다. 따라서 이 지역을 진정시키고 당국에 복종시킬 필요가 있었습니다. 이를 위해 그는 레미로 데 오르코라는 결단력 있고 잔인한 남자를 지도자로 임명했습니다. 그에게 전권을 부여했고, 단기간에 이 지역을 평화롭고 안전하게 하면서 큰 명성을 얻었습니다. 하지만 그 후 공작은 이런 지나친 권력이 더 이상 적절하지 않다고 느꼈습니다. 왜냐하면 그것이 미움을 사게 될 수 있기 때문입니다. 그는 나라 한가운데에 각 도시에서 대표를 뽑아 뛰어난 사람이 주재하는 법원을 설립했습니다. 그러나 이전의 엄격함이 어느 정도 증오를 낳았기 때문에, 증오를 없애고 백성들을 완전히 확보하기 위해 모든 잔혹행위가 그의 지시가 아니라 대리인의 거친 성격에서 비롯된 것임을 그들에게 보여주었습니다. 그는 첫 번째 기회에 체세나의 공공장소에서 그를 두 동강 낸 채로 전시함으로써 이를 달성했습니다. 그 옆에는 한 조각의 나무와 피투성이의 칼이 놓여 있었습니다. 이 끔찍한 광경은 백성들에게 어느 정도의 만족감을 주었고, 침묵을 유지하게 했습니다.

그는 충분한 병력을 모집하고 근처에서 위험할 수 있는 그들의 군대를 파괴함으로써 모든 위험에 대해 충분히 강해졌습니다. 추가적인 정복을 시도할 수 있었지만, 프랑스에 대한 고려가 남아 있었습니다. 군주가 저지른 실수를 늦게나마 깨달았기 때문에 프랑스의 동의를 얻기는 어려웠습니다. 그래서 그는 새로운 우정을 구하고 프랑스와 모호한 태도를 취하기 시작했습니다. 프랑스 군대가 스페인인들과 가에타를 포위하면서 네아폴리 군주국으로 이동할 때였습니다. 그의 목표는 이 후자를 확보하는 것이었고, 알렉산데르 6세만 살아 있었다면 성공했을 것입니다. 그는 현재 상황에 이르기까지 많은 일을 했습니다. 미래에 후임 교황이 자신에게 우호적이지 않을까 봐 두려웠고, 알렉산데르가 그에게 준 것을 빼앗아갈 수도 있었습니다. 이에 대비하여 그는 네 가지 방법으로 자신을 보호하려고 했습니다. 첫째, 영토를 빼앗긴 귀족 가문을 모두 제거하여 교황이 그에게 대항할 기회를 제거하는 것이었습니다. 둘째, 로마의 모든 귀족을 유혹하여 그들을 이용해 교황 자체를 통제하는 것이었습니다. 셋째, 추기경단에서 가능한 한 많은 친구를 만드는 것이었습니다. 넷째, 교황이 죽기 전에 충분히 큰 영토를 확보하여 첫 번째 공격을 자체적으로 충분히 방어할 수 있도록 하는 것이었습니다. 알렉산데르가 사망했을 때, 이 네 가지 중 세 가지를 완전히 수행했고, 마지막 하나는 거의 완료된 상태였습니다.

그는 강탈한 영주들을 가능한 한 많이 죽였고 도망친 사람은 거의 없었으며, 로마 귀족들의 마음을 사로잡았고, 추기경들도 대부분 자기 편으로 만들었습니다. 정복에 관해서는, 그는 토스카나를 자신의 지배 하에 두려고 했습니다. 페루자와 피롬비노는 실제로 소유하고 있었고, 피사는 그의 보호를 받았습니다. 마치 그가 더 이상 프랑스를 고려할 필요가 없는 것처럼(실제로 스페인이 프랑스로부터 나폴리 군주국을 빼앗은 후, 이제 두 진영 모두 그의 우정을 구해야 했기 때문에), 그는 피사의 주인으로 자처했고, 부분적으로는 피렌체에 대한 질투와 두려움 때문에 루카와 시에나는 몰락해야 했습니다. 피렌체 자체는 다른 선택의 여지가 없었습니다. 이 계획이 성공했다면(알렉산데르 6세가 사망한 같은 해에 성공해야만 했습니다), 그는 그 이름과 힘을 얻었을 것이며, 다른 이의 운명이나 힘에 의존하지 않고, 오로지 자신의 힘과 용기에만 의존하여 스스로를 유지할 수 있었을 것입니다.

그러나 알렉산데르 교황은 검을 뽑은 지 5년 후에 사망했습니다. 그의 아들이었던 발렌티노 공작은 로마냐에서만 통치를 확립했고 그 외의 모든 것은 아직 불안정하며, 두 강력한 적대 군대 사이에 있었고 게다가 그 역시 중병에 걸렸습니다. 하지만 발렌티노 공작은 대담한 용기와 뛰어난 정신력을 지녔고, 사람들을 어떻게 자신의 편으로 만드는지 잘 알고 있었으며, 그가 짧은 시간에 세운 지배의 기초는 매우 튼튼해서, 그가 단지 그 두 적대 군대가 아니었거나, 건강했다면 모든 어려움을 극복했을 것입니다. 그의 영향력이 잘 확립되었다는 증거로는, 로마냐에서는 한 달 이상 그를 차분하게 기다렸고, 로마에서는 반쯤 죽은 상태로도 안전했으며, 로마에 온 바글리오니, 비텔리, 오르시니가 그에게 반대파를 만들 수 없었다는 사실에 있습니다. 그는 새 교황이 될 수는 없었지만, 원치 않는 사람이 교황이 되는 것을 막을 수는 있었습니다. 알렉산데르 6세의 사망 당시 그가 건강했다면 모든 것이 훨씬 쉬웠을 것입니다. 율리우스 2세가 교황으로 즉위하던 바로 그날, 그는 아버지가 죽었을 때 일어날 수 있는 모든 일을 생각했고, 모든 것에 대한 해결책을 찾았다고 말했는데, 유일하게 생각하지 못한 것은 자신이 동시에 죽음에 가까워질 수 있다는 것이었습니다.

발렌티노 공작의 모든 행동을 종합해 볼 때 저는 그를 비난할 수 없습니다. 오히려 그를 운과 외부의 힘으로 권력에 오른 사람들에게 본보기로 제시해야 합니다. 그의 높은 이상과 설정한 목표를 감안할 때, 그는 다르게 행동할 수 없었을 것입니다. 아버지의 조기 사망과 자신의 치명적인 병이 그의 계획을 방해한 유일한 요소였습니다. 그러므로 새로운 왕좌에 오른 사람이 필요로 하는 것은, 적들로부터 안전을 확보하고, 친구를 얻고, 승리를 거두며, 그것이 폭력이든 교활함이든 백성들 사이에서 사랑받고 두려움을 불러일으키고, 군인들 사이에서 영향력과 지지를 얻으며, 해를 끼칠 수 있는 사람들을 제거하고, 필요에 따라 새로운 질서를 자신의 방식대로 새롭게 하고, 엄격하고 자비로우며, 관대하고 후하게 행동하고, 불성실한 군대를 해산하고, 새로운 군대를 모집하며, 군주들의 우정을 얻어 그들이 기꺼이 협력하고 자신을 해치지 않게 하는 사람인 이 사람의 행동보다 더 생생한 사례를 찾지 못할 것입니다. 그에게 할 수 있는 유일한 비난은 율리우스 2세의 교황 선출에서 그가 한 역할입니다. 왜냐하면 그가 위에서 말했듯이 자기 마음대로 교황을 세울 수는 없었지만, 그를 모욕한 추기경 중 한 명이 교황으로 선출되는 것을 막을 수 있었고, 결코 동의할 수도 없었습니다. 왜냐하면 사람들은 증오나 두려움 때문에 적대적인 태도를 취하기 때문입니다. 그를 모욕한 사람들 중에는 산 피에트로 인 빈콜리(줄리아노 델라 로베레, 후에 교황 율리오 2세가 되었다.) 추기경, 콜론나, 산 조르지아, 아스카니아가 있었습니다. 그러나 루앙과 스페인을 제외한 다른 모든 이들은 교황이 되자마자 그를 두려워해야 했습니다. 전자는 친족 관계와 의무 때문에, 후자는 프랑스 군주와의 관계로 인해 그가 너무 강력했기 때문입니다. 따라서 공작은 무엇보다도 스페인 추기경 중 한 명을 교황으로 선출해야 한다고 주장해야 했습니다. 만약 그가 이것을 달성할 수 없다면, 그는 산 피에트로 인 빈콜리가 아닌 루앙 추기경에게 동의를 주어야 했습니다. 위인들과 함께한 새로운 선행이 오래된 범죄를 잊게 해준다고 믿는 사람은 착각한 것입니다. 따라서 공작은 이 선택에서 실수를 저질렀고, 이는 자신의 몰락의 원인이 되었습니다.

마키아벨리가 알려주는 핵심내용 정리

1. 타인의 무력이나 행운으로 얻은 군주국의 특징

타인의 무력이나 행운으로 새로운 군주국을 얻은 경우의 특징을 설명합니다. 이러한 군주국은 내부 기반이 약하여 통치가 어렵습니다.

2. 문제점과 도전

타인의 도움이나 행운으로 권력을 잡은 군주는 자신만의 군사력이나 지지 기반이 부족하여 안정적인 통치가 어렵습니다. 이러한 군주국은 쉽게 무너질 수 있습니다.

3. 사례 분석: 체사레 보르자

타인의 무력과 행운으로 권력을 잡은 후 이를 유지하기 위해 겪은 어려움과 그의 전략을 분석합니다. 체사레는 아버지 교황 알렉산데르 6세의 도움으로 권력을 얻었지만, 그 후 스스로 권력을 유지하려고 노력했습니다.

4. 자립의 필요성

타인의 무력이나 행운으로 얻은 군주국이 성공하기 위해서는 결국 자립해야 한다고 주장합니다. 이는 군주가 독자적인 군사력과 지지 기반을 확립해야 함을 의미합니다.

5. 권력 유지 전략

군주는 자신의 군사력을 강화하고, 백성의 지지를 얻으며, 현명한 정치적 결정을 통해 권력을 유지해야 합니다. 이로써 외부의 영향력에서 벗어나 자립할 수 있습니다.

6. 운명과 능력의 조화

운명(포르투나)과 군주의 능력(비르투)이 조화를 이루어야 성공적인 통치가 가능하다고 강조합니다. 군주는 자신의 능력을 통해 운명의 변덕을 극복해야 합니다.

오늘날의 시각에서 해석해 본〈군주론〉의 주요 내용

-제7장-

(행운과 외부 요인 : 현대 사회에서의 권력 확보)

권력을 획득하는 다양한 방법과 그에 따른 어려움에 대해 논의합니다. 그는 특히 자신의 능력이나 덕목이 아닌 타인의 호의나 운에 의해 권력을 얻은 군주들이 권력을 유지하는 데 있어 많은 어려움을 겪을 것이라고 주장합니다. 이러한 군주들은 자신의 능력으로 권력을 유지하는 것이 아니라, 외부의 지원에 의존하기 때문에 안정적인 통치가 어렵다는 점을 강조합니다.

이러한 관점은 이후 시대에도 다양한 사례를 통해 확인할 수 있습니다. 예를 들어, 20세기 중반의 많은 독재자들은 외국의 지원이나 군사 쿠데타를 통해 권력을 잡았지만, 자신의 정당성과 능력 부족으로 인해 장기적으로 권력을 유지하는 데 실패했습니다. 이는 마키아벨리의 주장대로 타인의 호의에 의존한 권력이 얼마나 불안정한지를 보여줍니다. 외부 지원에 의존한 정권은 외부 세력의 변화에 따라 쉽게 흔들릴 수 있으며, 이는 내부적인 정당성과 지지 기반이 약하기 때문입니다.

그러나 현대의 정치 환경에서는 이러한 주장이 완전히 적용되기 어렵습니다. 현대의 많은 국가에서는 권력의 정당성과 안정성을 확보하기 위해 국제적 협력과 외부 지원이 필수적입니다. 예를 들어, 많은 개발도상국은 국제기구와의 협력, 외국의 경제적 지원을 통해 국가를 발전시키고 안정성을 유지합니다. 이는 외부 지원이 반드시 불안정성을 초래하는 것이 아니라, 올바르게 활용될 경우 국가의 발전과 안정에 기여할 수 있음을 보여줍니다.

또한, 현대 민주주의 국가에서는 지도자의 정당성이 국민의 지지와 선거를 통해 결정됩니다. 이는 마키아벨리가 강조한 개인의 능력과 덕목이 여전히 중요하지만, 민주적 절차와 제도가 이를 보완하고 강화하는 역할을 합니다. 따라서 현대의 지도자들은 자신의 능력을 발휘하면서도 민주적 절차를 준수하고 국민의 지지를 얻어야 합니다.

타인의 호의에 의한 권력 획득의 어려움은 역사적으로 많은 사례를 통해 확인될 수 있으며, 이는 여전히 유효한 경고입니다. 그러나 현대의 정치 환경에서는 국제적 협력과 외부 지원이 긍정적인 역할을 할 수 있으며, 민주적 절차와 제도가 이를 보완합니다. 따라서 현대의 지도자들은 마키아벨리의 통찰을 참고하면서도 시대의 변화에 맞는 균형 잡힌 접근을 취해야 합니다.

범죄로 인해
권력을 잡은 자들에 대하여

재산이나 자신의 힘과 미덕에 전적으로 의존하지 않고 개인적인 지위에서 군주의 존엄성을 얻는 방법에는 두 가지가 있습니다. 따라서 여기서는 이 두 가지를 언급하겠지만, 그 중 하나는 공화국에 대해 이야기할 때 더 자세히 다룰 것입니다. 그 내용은 다음과 같습니다. 누군가가 범죄와 사악한 수단으로 권력을 잡을 때, 그리고 자유 국가의 시민이 백성들의 호의로 왕좌에 올랐을 때, 여기서는 우선 첫 번째 방법에 대해 두 가지 사례를 들겠습니다. 하나는 고대의 예이고 다른 하나는 현대의 예입니다. 하지만 이에 대해 더 깊이 파고들 필요는 없습니다. 왜냐하면 내 생각에 이 방법을 모방해야 할 상황에 처한 사람에게는 이미 충분히 명확하기 때문입니다. 시칠리아의 아가토클레스는 단순한 민간 위치에서 벗어나 가장 비천하고 멸시받는 상황에서 시라쿠사의 군주가 되었습니다. 그는 금세공사의 아들이었고, 모든 운의 단계에서 악명 높은 삶을 살았습니다. 게다가 군인에서 시라쿠사의 법무관으로 성장할 정도로 정신과 육체의 장점을 가지고 있었습니다. 그 후 그는 군주가 되기로 결심하고 자신에게 부여된 권력을 폭력으로 유지하기로 하였습니다. 그는 시실리에 주둔하고 있던 카르타고 군대의 아밀카르와 음모를 꾸몄습니다. 시라쿠사의 상원과 백성을 모이게 하여 공공 문제에 대해 논의할 것처럼 가장했지만, 병사들이 모든 상원 의원과 주요 백성들을 살해하도록 지시했습니다. 이 일이 끝나자, 그는 권력을 장악하고 국내에서는 어떤 동요도 없이 권력을 유지했습니다. 그는 카르타고인들에게 두 번 패배하고 마지막에는 포위당하기도 했지만, 도시를 방어하고 일부 군대를 이끌고 아프리카를 공격하여 시라쿠사를 신속하게 해방시키고 카르타고인들을 궁지에 몰아넣는 데 성공했습니다. 카르타고인들은 결국 그와 협상을 하여 아프리카를 포기하고 시실리를 그에게 넘겨주었습니다. 그의 행동과 용기를 고려할 때, 이것이 운에 의한 것이라고 보기는 어렵습니다. 그는 다른 이의 호의가 아닌, 많은 고난과 위험을 겪으며 군대에서 점차 승진하여 군주의 지위에 도달했으며, 위험한 상황에서도 큰 결단력과 대담함을 유지했습니다. 백성들을 살해하고, 친구들을 배신하며, 신의와 충성을 버리고, 인간적인 감정이나 종교 없이 행동하는 것을 미덕이라 부를 수는 없습니다. 이런 방식으로 권력에 오를 수는 있지만, 명예를 얻을 수는 없습니다. 만약에 우리가 아가토클레스의 위험을 무릅쓰고 이를 극복했던 군사적 덕목만을 고려한다면, 그가 가장 위대한 장군들보다 크게 뒤떨어진다고 볼 이유가 없습니다. 하지만 잔혹함, 인간적 감정의 결핍, 그리고 수없이 많은 악행들은 그를 탁월한 인물들 사이에 두기 어렵게 합니다.

그래서 그가 이룬 것들을 운이나 덕으로 돌릴 수 없습니다.

　최근 알렉산데르 6세의 통치 기간 동안, 올리베로토 디 페르모는 몇 년 전까지 매우 어렸으며, 어머니 쪽의 삼촌인 조반니 포글리아니에게 키워졌습니다. 그는 초기 청소년기부터 폴 비텔리 밑에서 군 복무를 시작하여 이 훈련을 통해 중요한 군사 직책에 오르기를 바랐습니다. 폴의 사후, 그는 폴의 형 비텔로초 밑에서 복무했으며, 총명하고 육체적, 정신적으로 뛰어난 재능을 가진 사람으로서, 매우 빠른 시간안에 군대에서 최고위급으로 부상했습니다. 하지만 그는 군주가 되고 싶었기에 조국이 자유로워지는 것을 보느니 차라리 종이 되기를 원하는 일부 페르모 백성들의 도움과 비텔로초의 지원을 받아 페르모시를 자신의 통제하에 두려고 노력했고, 오랜 세월이 지난 후 집으로 돌아와 유산을 확인해보겠다고 조반니 포글리아니에게 편지를 보냈습니다. 그는 지금까지 명예만을 추구했기 때문에 백성들이 그의 시간을 헛되이 보내지 않았다는 것을 보도록, 100명의 기병과 함께 품위 있게 등장하고 싶었습니다. 그래서 페르모의 백성들이 그를 존중해서 맞이해줄 것을 부탁했습니다. 이것은 그를 키운 삼촌 자신에게도 영광이 될 수 있었습니다. 조반니는 결코 소홀히 하지 않았고 페르모 백성들이 올리베로토를 존경할 수 있게 준비했으며, 그를 자신의 집에서 맞이했습니다. 그곳에서 올리베로토는 며칠 동안 준비를 하고, 조반니와 페르모의 유력자들을 초대한 연회를 열었습니다. 식사와 그런 축제에서 일어나는 일들이 끝난 후, 올리베로토는 의도적으로 진지한 대화를 시작했고, 알렉산데르 교황과 그의 아들 체사레의 일에 대해 이야기했습니다. 조반니와 다른 사람들이 이에 관여하자, 올리베로토는 갑자기 일어서서 이런 일은 비밀리에 논의되어야 한다며 다른 방으로 들어갔고, 조반니와 다른 백성들도 따라갔습니다. 그러나 그들이 앉자마자 숨어있던 군인들이 나타나 조반니와 다른 모든 사람들을 살해했습니다. 이 살인 후 올리베로토는 말을 타고 도시를 질주하며 시의 관리들을 시청에 가두었습니다. 이들은 공포로 인해 그에게 복종하고 그를 국가의 수반으로 삼았습니다. 그가 적들을 모두 죽인 후, 그는 새로운 조치들로 그의 통치를 강화했습니다. 그가 통치를 유지한 해 동안 그는 페르모뿐만 아니라 이웃 모든 사람들로부터 안전했습니다. 사실상 그를 제압하기는 어려웠습니다. 하지만 그가 오르시니와 비텔리와 함께 체사레 보르자의 시니갈리아에서 음모에 빠졌고, 그곳에서 그와 그의 스승 비텔로초는 목이 졸려 죽었습니다. 누군가는 어떻게 올리베로토, 아가토클레스와 같은 이들이 많은 배신과 잔혹함 끝에 고향에서 안전하게 살아갈 수 있으며, 외부의 적들로부터 방어할 수 있고, 백성들의 음모에도 노출되지 않았는지 물어볼 수 있습니다. 반면에 다른 이들은 잔혹함으로 인해 평화로운 시기에는 고사하고 전쟁의 위험한 시기에도 자리를 지키지 못했습니다.

　나는 이것이 잔혹함을 올바르게 혹은 잘못 사용한 결과라고 믿습니다. 적절하게 사용된 잔혹함은 자신의 안전을 위해 한 번 행해지고, 이후 가능한 한 많이 백성의 이익을 위해 사용됩니다. 부적절하게 사용된 잔혹함은 작게 시작하지만 시간이 지남에 따라 줄어들기보다는 오히려 늘어납니다. 첫 번째 방법을 선택한 이들은 하나님이 허락하시면 다른 사람들의 도움으로 그들의 상황을 개선할 수 있습니다. 하지만 다른 이들은 자리를 유지할 수 없습니다. 따라서 국가에서 권력을 장악하려는 자는 모든 잔혹한 일을 한 번에 해내야 하고, 매일 다시 시작하지 않도록 해야 하며, 권력을 이용해 사람들에게 해를 끼치지 않음으로써 사람들의 신임을 얻는 것이 좋습니다. 다르게 행동하는 이들은 두려움 때문이든 좋은 조언이 부족해서든, 항상 칼을 들고 있어야 하며, 자신의 백성들을 절대 신뢰할 수 없습니다. 왜냐하면 지속적으로 갱신되는 모욕 때문에 백성들이 그에 대한 신뢰를 가질 수 없기 때문입니다. 다른 이들에 대한 모든 폭력은 한 번에 일어나야 하며, 그로 인해 사람들이 덜 생각하고 논의하며 덜 깊게 느끼게 됩니다. 반면에 혜택은 점진적으로 제공되어야 하며, 사람들이 계속해서 그것에 대해 생각할 수 있도록 해야 합니다. 그러나 무엇보다도 군주는 충분히 고려된 계획을 세워야 하며, 그 계획이 좋은 결과를 가져오거나 나쁜 결과를 가져오더라도 그로 인해 흔들리지 않아야 합니다. 왜냐하면 나쁜 시기가 찾아오면 그때는 엄격한 조치를 취할 때가 아니며, 자비로운 법령은 강요된 것처럼 보이기 때문에 감사할 마음이 없습니다.

마키아벨리가 알려주는 핵심내용 정리

1. 사악한 수단으로 얻은 군주국

사악한 수단, 즉 범죄와 배신을 통해 권력을 얻은 군주에 대해 설명합니다. 이러한 군주국은 도덕적 정당성이 결여되어 있습니다.

2. 아가토클레스의 사례

시라쿠사 출신의 아가토클레스는 잔혹한 방법으로 권력을 장악한 예시로 언급됩니다. 그는 무자비하게 경쟁자들을 제거하고 군주 자리에 올랐습니다.

3. 사악한 수단의 효과

사악한 수단은 빠르게 권력을 얻을 수 있지만, 이러한 방법으로는 지속적인 안정과 지지를 얻기 어렵습니다. 마키아벨리는 이러한 수단이 결국 군주국의 불안정성을 초래한다고 경고합니다.

4. 잔혹함 사용의 신중함

군주가 잔혹함을 사용할 때, 이를 신중하고 제한적으로 사용해야 한다고 조언합니다. 무분별한 잔혹함은 백성의 반발을 초래할 수 있습니다.

5. 도덕적 고려와 정치적 현실

도덕적 고려보다 정치적 현실을 중시합니다. 그는 군주가 권력을 유지하기 위해 때로는 비도덕적인 방법을 사용할 필요가 있다고 주장합니다.

6. 권력 유지를 위한 백성의 신뢰와 지지의 필요성

사악한 수단으로 권력을 얻은 군주는 이후 백성의 신뢰와 지지를 얻기 위해 노력해야 합니다. 이를 위해 공정한 통치와 현명한 정책이 필요합니다.

오늘날의 시각에서 해석해 본 〈군주론〉의 주요 내용

-제8장-

(비윤리적 성공 사례 : 현대 리더십의 교훈)

악행을 통해 권력을 획득한 군주들에 대해 논의합니다. 폭력과 배신을 통해 권력을 얻는 경우, 단기적으로는 효과적일 수 있지만 장기적으로는 정당성과 안정성을 확보하기 어렵다고 주장합니다. 마키아벨리는 이러한 군주들이 두려움을 통해 권력을 유지하려고 하지만, 이는 지속 가능한 통치 방법이 아니며, 결국에는 반란이나 내부 붕괴로 이어질 수 있다고 경고합니다.

이러한 주장은 이후 시대에도 다양한 사례를 통해 검증되었습니다. 예를 들어, 20세기 중반의 독재자들, 특히 스탈린이나 히틀러와 같은 인물들은 폭력과 공포를 통해 권력을 유지하려 했습니다. 그들은 단기적으로는 강력한 통제력을 발휘했지만, 장기적으로는 내부의 불만과 외부의 압력으로 인해 결국 권력의 붕괴를 맞이했습니다. 이는 마키아벨리의 주장이 여전히 유효함을 보여줍니다. 폭력과 배신은 일시적인 권력 유지에는 도움이 될 수 있지만, 지속 가능한 통치를 위한 정당성과 국민의 지지를 얻는 데는 실패할 가능성이 큽니다.

그래서 현대의 정치 환경에서는 이러한 방식이 거의 받아들여지지 않습니다. 오늘날 대부분의 국가에서는 인권과 법치주의가 중요한 가치로 자리 잡고 있습니다. 따라서 폭력과 배신을 통한 권력 획득은 국제 사회와 국민의 강한 비난을 받을 수밖에 없습니다. 현대 민주주의 국가에서는 권력의 정당성이 국민의 지지와 합법적인 절차를 통해 확보되기 때문에, 폭력적인 방법은 통용되지 않습니다. 예를 들어, 현대의 많은 국가에서는 정권 교체가 평화적이고 민주적인 선거를 통해 이루어지며, 이는 권력의 안정성과 정당성을 보장하는 중요한 요소입니다.

악행을 통한 권력 획득의 문제점은 역사적으로나 현대적으로나 유효한 경고입니다. 폭력과 배신을 통한 권력 유지의 단기적인 효과는 인정되지만, 장기적인 안정성과 정당성을 확보하기 어렵습니다. 현대 정치에서는 이러한 방식이 거의 용납되지 않으며, 민주적 절차와 국민의 지지를 바탕으로 한 정당한 통치가 중요시됩니다. 이는 시대의 변화에 따라 통치 방법이 어떻게 적응해야 하는지를 잘 보여줍니다.

9장

백성에 의해 이양된 통치

이번에는 두 번째 경우에 대해 이야기하겠습니다. 즉, 범죄와 악행이 아니라 백성들의 호의로 고향에서 군주가 되는 경우입니다. 이런 유형의 군주국은 부르주아 공국이라고 할 수 있습니다. 이는 단순히 재능이나 운에 의해서가 아니라, 오히려 운과 교묘한 기술에 의해 얻어집니다. 이는 백성이나 지역 귀족들의 호의에 의해 이루어집니다. 왜냐하면 모든 국가에는 두 가지 다른 감정이 있는데, 백성들은 귀족의 통치와 억압을 견디지 못하는 반면, 귀족들은 백성을 통치하고 억압하려고 하기 때문입니다. 이러한 다양한 노력의 충돌에서 독재, 자유, 또는 무법 상태가 생깁니다. 통치는 백성 또는 귀족에 의해 이루어집니다. 왜냐하면 어느 한쪽이 그렇게 할 기회를 가질 때입니다. 귀족들이 백성들에게 저항할 수 없다고 보면, 그들 중 하나를 중요한 인물로 만들어 군주로 세우고 자신들의 욕망을 충족시키기 위해 그의 명성을 이용합니다. 마찬가지로 백성들도 귀족들에게 저항할 수 없다고 보면, 특히 존경받는 사람을 군주로 만들어 보호받고

자 합니다.

귀족의 도움으로 군주가 된 사람은 백성들에 의해 만들어진 군주보다 유지하기가 더 어렵습니다. 왜냐하면 그는 자신과 비슷하다고 생각하는 많은 사람들에 둘러싸여 있으며, 자신의 의지대로 그들을 다루거나 명령할 수 없기 때문입니다.

그러나 백성들의 호의로 군주가 된 사람은 혼자서 높은 위치에 있으며, 거의 예외 없이 그에게 복종할 준비가 된 사람들에 둘러싸여 있습니다. 게다가 그는 다른 사람을 모욕하지 않고는 귀족들을 만족시킬 수 없습니다. 하지만 백성들은 그렇지 않습니다. 왜냐하면 백성들의 요구는 귀족의 요구보다 훨씬 합리적이기 때문입니다. 귀족들은 억압하려고 합니다. 하지만 백성들은 억압받지 않기만 바랍니다. 백성들에게 적대적인 군주는 백성들이 너무 많기 때문에 자신을 보호할 수 없지만 일부 소수의 귀족들에 대해서는 자신을 보호할 수 있습니다.

백성들에게 적대적인 사람이 가장 두려워해야 할 것은 백성들에게 버림받는 것입니다. 하지만 귀족들에게 적대적인 사람은 귀족들이 그를 버리는 것뿐만 아니라 그에게 반기를 들 가능성도 있습니다. 왜냐하면 그들은 더 많은 통찰력과 교활함을 가지고 있으며, 자신들의 안전을 미리 생각하고 승리할 것으로 보이는 사람에게 인정을 받으려고 하기 때문입니다.

군주는 꾸준히 같은 백성들과 연결되어 있어야 합니다. 그는 귀족 없이도 해낼 수 있습니다. 왜냐하면 그는 마음대로 그들을 승진시키거나 강등시키고, 명성을 부여하거나 빼앗을 수 있기 때문입니다. 이를 더 명확히 하기 위해, 귀족을 다루는 두 가지 방법이 있다고 말씀드리겠습니다. 그들은 자신을 완전히 당신에게 의존하거나 그렇지 않거나 둘 중 하나입니다. 당신에게 의존하고 탐욕스럽지 않은 사람들은 존경받아 마땅하며 큰 사랑을 받아야 합니다.

반면에 당신에게 의존하려 하지 않는 사람들은 다시 두 가지로 나눠서 생각해야 합니다. 그들이 겁쟁이이거나 본성적으로 용기가 부족하기 때문이면 그들을 이용해야 합니다. 특히 그들이 이성적인 판단을 한다면 더욱 그렇습니다. 왜냐하면 상황이 좋을 때 그들은 당신을 존경하며, 불안한 상황에서는 그들을 두려워할 필요가 없기 때문입니다. 하지만 그들이 야망 때문에 당신에게 의존하지 않는다면, 그들이 당신보다 스스로를 더 생각한다는 것을 보여줍니다. 따라서 군주는 그들을 조심해야 합니다. 항상 역경에서 공격하고 그를 전복시킬 준비가 되어 있기 때문에 그들을 비밀의 적으로 취급해야 합니다.

하지만 백성에 의해 군주가 된 사람은 백성들을 친구로 삼으려고 해야 합니다. 백성들은 억압받지 않는 한 만족하기 때문에 쉽습니다. 하지만 귀족의 도움으로 백성의 뜻에 반하여 군주가 된 사람은 무엇보다 백성들을 얻으려고 해야 합니다. 민심을 얻는 것은 그가 백성들을 보호하기만 하면 되기에 매우 쉽습니다. 보호받은 사람들은 악행을 일삼으리라 생각했던 군주에게 더욱 감사하게 되므로, 백성들은 직접 선출했을 때보다 군주에게 더 복종하게 됩니다. 군주가 백성을 얻을 수 있는 수단과 방법은 다양하며, 상황에 따라 다르므로 여기서는 자세히 다루지 않겠습니다. 하지만 일반적으로 결론을 내리자면, 불안한 상황에서는 구제책이 없으므로 백성을 자기 편으로 만들어야 합니다.

스파르타의 군주 나비스는 모든 그리스인과 승리한 로마 군대의 포위를 견뎌냈고, 그와 그의 국가를 방어했습니다. 그러기 위해서는 소수의 사람들의 지지로 충분했습니다. 백성이 그에게 적대적이었다면 그것으로는 충분하지 않았을 것입니다. 또한, '백성에게 의지하는 것은 모래 위에 집을 짓는 것과 같다'는 잘 알려진 속담을 제기하지 마십시오. 왜냐하면 이것은 백성이 백성들의 도움을 요청하여 자신의 적들이나 권위에 대한 억압에 대항할 때만 사실입니다. 이 경우, 군주는 쉽게 헛된 희망으로 속을 수 있습니다. 로마의 그라쿠스와 피렌체의 조르조 스칼리가 그랬던 것처럼 말입니다. 명령을 내릴 줄 알고 마음이 있는 군주는 역경에 직면할 때 포기해서는 안 되며, 계속해서 행동을 취하고 대담하게 명령을 지시하고 백성에게 활력을 불어넣으려고 노력해야 합니다. 그러면 그는 백성에 대한 기대에서 실망하지 않을 것입니다.

이러한 통치는 제한된 헌법에서 자유로운 독재로 올라가려고 할 때 위험에 처하게 됩니다. 왜냐하면 이러한 군주들은 직접 또는 법관을 통해 자신의 일을 처리합니다. 후자의 경우, 그들의 힘은 불안정하고 약합니다. 왜냐하면 그들은 관리를 담당하는 사람들에게 매우 의존하기 때문입니다. 이들은 특히 불안한 상황에서 수반에게 저항하거나 단순히 복종을 거부함으로써 쉽게 수반을 전복시킬 수 있습니다. 하지만 군주는 위험한 순간에 독재 권력을 차지하려고 해서는 안 됩니다. 왜냐하면 권위 있는 사람들에게 복종하는 데 익숙한 백성들과 부하들은 그를 따르지 않을 것이고, 그에게 신뢰할 수 있는 사람들을 찾기 어려울 것이기 때문입니다. 이러한 군주들은 평화로운 시기에 백성들이 필요로 하는 공공 질서를 알지 못합니다. 그때는 모든 사람이 달려와 모든 것을 약속하며 그를 위해 목숨을 바칠 것처럼 보입니다. 하지만 불안한 시기에, 국가가 백성들을 필요로 할 때는 거의 아무도 나타나지 않습니다. 이런 실험은 매우 위험합니다. 왜냐하면 한 번 밖에 시도할 수 없기 때문입니다. 현명한 군주는 따라서 자신의 부하들이 언제나 그의 통치를 필요로 하도록 만드는 방법을 생각해야 합니다. 그러면 그들은 군주에게 충성할 것입니다.

1. 시민 군주국의 개념

시민의 지지를 통해 권력을 얻은 군주를 설명합니다. 이러한 군주국은 귀족과 백성 간의 갈등에서 백성의 지지를 받으며 성립됩니다.

2. 백성의 지지를 통한 권력획득

시민 군주국에서 군주는 백성의 지지를 통해 권력을 잡습니다. 백성의 지지는 군주에게 안정성과 정당성을 부여합니다.

3. 귀족들과의 관계 유지 필요성

귀족들은 자신의 특권을 유지하려 하며, 백성은 억압에서 벗어나기를 원합니다. 군주는 귀족들과의 관계를 조율하면서 백성의 지지를 유지해야 합니다.

4. 민의를 반영한 통치 전략

군주는 백성의 신뢰를 얻기 위해 공정한 법과 질서를 유지해야 합니다. 백성에게 혜택을 제공하고, 그들의 요구를 반영하는 정책을 시행해야 합니다.

5. 불만과 위험 요소의 최소화

시민 군주국에서는 백성의 기대에 부응하지 못하면 지지를 잃을 수 있습니다. 군주는 백성의 불만을 최소화하고, 그들의 지지를 유지하기 위해 지속적으로 노력해야 합니다.

6. 사례 분석

로마의 여러 사례를 통해 시민 군주국의 장점과 단점을 설명하고, 이를 통해 군주가 어떤 전략을 취해야 하는지 조언합니다.

오늘날의 시각에서 해석해 본 〈군주론〉의 주요 내용

-제9장-

(시민 중심의 리더십 : 민주적 가치와 권력의 균형)

시민적 군주가 되는 방법과 그 유지 방법을 다루고 있습니다. 시민적 군주는 시민들의 지원으로 권력을 잡은 지도자를 의미합니다. 마키아벨리는 시민적 군주가 되기 위해서는 특정한 전략과 방법을 사용해야 한다고 주장합니다. 그의 주장은 현대에도 적용될 수 있는 부분이 많지만, 일부는 시대적 변화와 정치적 환경의 변화로 인해 적절하지 않을 수 있습니다.

마키아벨리는 시민적 군주가 되기 위해서는 대중의 지지와 귀족들의 지지 사이에서 균형을 잘 잡아야 한다고 말합니다. 그는 대중이 일반적으로 더 신뢰할 수 있으며, 그들의 지지는 더 안정적이라고 주장합니다. 현대 정치에서도 대중의 지지를 얻는 것은 매우 중요합니다. 민주주의 사회에서는 특히 선거를 통해 권력을 얻기 때문에 대중의 지지는 필수적입니다. 따라서 마키아벨리의 주장은 여전히 유효합니다. 정치 지도자들은 대중의 요구와 기대에 부응하기 위해 노력해야 하며, 이를 통해 안정적인 지지를 확보할 수 있습니다.

그러나 현대 사회에서는 귀족 계층이 존재하지 않으며, 대신 다양한 이익집단과 정치 세력이 존재합니다. 이들은 정치 지도자들에게 중요한 영향을 미칠 수 있습니다. 따라서 현대의 시민적 군주는 마키아벨리가 주장한 것처럼 단순히 대중과의 관계뿐만 아니라, 다양한 이익집단과의 관계도 잘 관리해야 합니다. 이익집단은 경제적, 사회적 권력을 가지고 있으며, 정치적 결정에 큰 영향을 미칠 수 있습니다. 따라서 현대 정치에서는 대중의 지지와 함께 이익집단과의 협력도 중요합니다.

마키아벨리는 또한 군주가 되기 위해서는 운명을 잘 활용해야 한다고 주장합니다. 이는 현대 정치에서도 적용될 수 있는 부분입니다. 예를 들어, 정치 지도자들은 기회가 있을 때 이를 잘 활용하여 자신의 위치를 강화할 수 있습니다. 그러나 현대 정치에서는 정보와 기술의 발달로 인해 예측 불가능한 요소가 더 많아졌습니다. 따라서 운명뿐만 아니라 데이터와 정보에 기반한 전략적 계획이 더욱 중요해졌습니다. 정치 지도자들은 데이터를 분석하고 미래를 예측하여 더 나은 결정을 내릴 수 있어야 합니다.

많은 원칙들은 여전히 현대 정치에 적용될 수 있습니다. 대중의 지지를 얻고 유지하는 것, 기회를 잘 활용하는 것 등은 여전히 중요합니다. 그러나 현대의 정치 환경은 훨씬 복잡하고 다양한 요소들이 존재하므로, 마키아벨리의 주장을 단순히 적용하는 것보다는 현대적인 맥락에 맞게 조정하고 보완해야 합니다. 특히 이익집단과의 관계 관리, 데이터 기반의 전략적 계획 등이 추가적으로 고려되어야 합니다.

10장

군주국의 힘을 평가하는 방법

　이러한 모든 통치의 특성을 고려할 때, 군주가 필요할 때 스스로를 방어할 수 있는 충분한 능력이 있는지, 아니면 외부의 도움이 필요한지의 여부도 중요합니다. 명확하게 말하자면, 자신들의 통치를 스스로 유지할 수 있는 사람들은 충분한 인력이나 자금을 가지고 있어 적절한 군대를 조직하고 자신을 공격하는 자들과 전투를 벌일 수도 있습니다. 반면, 적과 전장에서 맞설 수 없고 뒤로 물러나 도시 방어에만 집중해야 하는 사람들은 항상 외부의 도움을 필요로 합니다. 첫 번째 경우에 대해서는 이미 위에서 언급했고, 앞으로 더 자세히 다룰 것입니다. 두 번째 경우에는 군주에게 할 수 있는 조언은 도시를 강화하고 땅은 포기하는 것입니다.

　자신의 도시를 잘 강화하고 이전에 언급한 대로 이웃과 자신의 백성들과 잘 지내는 사람은 쉽게 공격받지 않을 것입니다. 왜냐하면 아무도 어려움을 겪는 일을 기꺼이 하지 않으며, 강화된 상태이고 자신의 백성들을 친구로 두고 있는 사람을 공격하는 것은 쉽지 않기 때문입니다. 독일의 도시들은 큰 자유를 누리고 있으며, 영토는 작습니다. 하지만 그들은 기분 좋을 때만 황제에게 복종하며 주변국가나 다른 세력들을 두려워하지 않습니다. 왜냐하면 그들은 성벽과 도랑, 충분한 양의 포탄, 그리고 연료로 사용될 목재를 포함하여 일 년치 식량을 비축하는 방식으로 강화되어 있기 때문입니다. 또한, 그들은 백성들이 생계를 유지할 수 있도록 일 년 동안 일할 수 있는 조치도 마련했습니다. 그들은 또한 군사 훈련을 존중하고 이를 위한 여러 가지 조치를 가지고 있습니다. 백성에게 미움 받지 않고 요새를 가진 군주는 공격받지 않을 것이며, 만약 공격한다면 적은 치욕스럽게 물러날 것입니다. 왜냐하면 이 세상의 사건들은 너무 다양하기 때문에 적이 일 년 동안 전쟁터를 유지하며 포위하는 것은 거의 불가능하기 때문입니다.

만약 누군가가 백성이 자신의 영토가 황폐해지는 것을 보고 지쳐 군주를 부정할 것이라고 답한다면, 나는 강력하고 결단력 있는 군주는 항상 이런 어려움을 극복할 것이라고 답합니다. 왜냐하면 그는 백성에게 곧 끝날 것이라는 희망을 불러일으키거나 적의 잔혹함에 대한 공포를 심어주고, 너무 대담해 보이는 이들을 능숙하게 안심시켜 이를 극복하기 때문입니다. 게다가 적들은 백성이 아직도 방어 의지가 충분할 때 땅을 불태우고 칼로 위협하기 시작해야 합니다. 그러므로 군주는 망설일 필요가 더욱 적습니다. 왜냐하면 의지가 수그러들면 이미 피해가 발생했기 때문이고, 불평하는 것은 헛된 일이며, 사람들은 자신들의 재산과 재산을 희생한 군주와 더욱 긴밀하게 단합할 것이기 때문입니다. 누군가에게 베푼 좋은 것이 그것을 받은 것만큼 사람들을 결속시킨다는 것은 인간 본성입니다. 이 모든 것을 고려하면, 군주가 공성전을 치루는 동안 자신의 백성들의 마음을 유지하는 것이 어렵지 않다는 것을 알 수 있습니다. 단지 충분한 식량과 방어 수단만 있으면 됩니다.

마키아벨리가 알려주는 핵심내용 정리

1. 군주의 힘과 능력 객관적으로 평가

군주는 자신의 힘과 능력을 객관적으로 평가하는 것이 중요하다고 설명합니다. 이는 군주의 안정성과 통치력에 직접적인 영향을 미칩니다.

2. 강한 군대의 중요성

군주는 강한 군대를 보유해야 하며, 이는 외부의 위협을 방어하고 내부의 반란을 진압하는 데 필수적입니다. 군대는 군주의 권력의 기초입니다.

3. 요새의 필요성과 역할

요새가 군주에게 중요한 방어 수단이 될 수 있지만, 요새에만 의존해서는 안 된다고 조언합니다. 군주는 백성의 지지를 확보하는 것이 더 중요합니다.

4. 백성의 지지는 강력한 방어수단

군주는 백성의 지지를 받아야 하며, 이를 통해 외부의 침략과 내부의 반란에 효과적으로 대처할 수 있습니다. 백성의 지지는 군주에게 가장 강력한 방어 수단이 됩니다.

5. 자원관리를 통한 전쟁대비

군주는 자원을 효율적으로 관리하고, 항상 전쟁에 대비한 준비를 갖춰야 합니다. 이는 군주의 힘을 유지하고 적의 공격을 방어하는 데 필수적입니다.

6. 전략적 판단의 필요성

군주는 자신의 힘과 외부의 위협을 고려하여 전략적 결정을 내려야 합니다. 현명한 판단과 결단력은 군주의 생존과 성공에 중요합니다.

오늘날의 시각에서 해석해 본 〈군주론〉의 주요 내용

-제10장-

(국가 안보와 군사력 : 현대 전략의 중요성)

군주가 외부 침입에 대비하는 방법과 시민군의 중요성에 대해 논의합니다. 그는 강력한 군사력의 필요성을 강조하며, 특히 시민군을 조직하고 유지하는 것이 군주의 중요한 임무라고 주장합니다. 마키아벨리는 외부세력의 침략에 대비하여 강력한 방어 체계를 구축하고, 이를 통해 국가의 독립과 안정을 유지해야 한다고 강조합니다.

마키아벨리의 주장은 이후 시대에도 다양한 방식으로 적용되었습니다. 특히 시민군의 중요성은 여러 국가에서 채택되었습니다. 예를 들어, 스위스는 오랜 기간 동안 시민군 제도를 유지하며 외부의 침략에 효과적으로 대응해 왔습니다. 스위스의 사례는 마키아벨리의 주장이 실제로 효과적일 수 있음을 보여줍니다. 시민군은 국가에 대한 충성심이 높고, 군사력의 유지 비용이 상대적으로 낮다는 장점이 있습니다.

또한, 18세기와 19세기의 유럽 국가들은 나폴레옹 전쟁과 같은 대규모 전쟁에서 시민군을 활용했습니다. 프랑스 혁명군은 시민군의 대표적인 예로, 혁명 이념에 충실한 군인들이 국가를 방어하고 확장하는 데 중요한 역할을 했습니다. 이는 마키아벨리의 주장이 당시의 역사적 맥락에서도 유효했음을 보여줍니다.

그러나 현대에는 마키아벨리의 시민군 개념이 그다지 적절하게 적용되지 않습니다. 현대의 군사 기술과 전략은 전문적인 직업 군인과 첨단 무기를 중심으로 발전해 왔습니다. 현대 군대는 높은 수준의 전문성과 기술을 요구하기 때문에, 단순히 시민군으로 구성된 군대는 이러한 요구를 충족시키기 어렵습니다. 예를 들어, 현대의 첨단 전투기, 드론, 사이버 전쟁 등은 고도의 전문성을 요구하며, 이는 전문 군인이 아니면 다루기 어렵습니다.

또한, 마키아벨리의 방어 중심 전략도 현대에는 수정이 필요합니다. 오늘날의 국제 관계와 군사 전략은 방어뿐만 아니라 적극적인 외교와 국제 협력을 포함합니다. 예를 들어, NATO와 같은 군사 동맹은 회원국 간의 협력을 통해 외부의 위협에 대응하며, 이는 단순히 강력한 군사력만으로는 달성할 수 없는 안정과 평화를 제공합니다. 따라서 현대 국가들은 방어를 넘어선 다각적인 접근을 통해 국가 안보를 유지하고 있습니다.

시민군의 중요성과 강력한 방어 체계 구축의 주장은 역사적으로 많은 사례를 통해 유효성을 입증받았지만, 현대의 군사 및 외교 환경에서는 완전히 적용되기 어렵습니다. 현대 군대는 고도의 전문성과 첨단 기술을 요구하며, 국제 협력과 외교가 국가 안보에 중요한 역할을 합니다. 따라서 마키아벨리의 주장은 현대적인 맥락에서 재해석되고 조정될 필요가 있습니다.

11장

영적 군주국에 대하여

이제 종교적 통치에 대해 논의할 차례입니다. 이러한 통치의 어려움은 소유권을 얻을 때까지 만입니다. 왜냐하면 그것들은 뛰어난 힘 또는 행운에 의해 획득되지만, 이후에는 그런 것 없이도 유지되기 때문입니다. 그들은 오래된 성스러운 종교의 제도에 기반을 두고 있으며, 이는 군주들이 어떻게 행동하든 그들을 자리에 유지할 수 있는 충분한 힘을 가지고 있습니다. 이러한 군주들은 높은 자리에 있고 방어할 필요도 없으며, 백성을 가지고 있지만 통치하지는 않습니다. 그들의 국가는 방어되지 않는데 그럼에도 빼앗기지 않습니다. 백성은 통치받지 않는다는 사실에 개의치 않으며, 탈출을 생각하지도, 할 수도 없습니다. 따라서 이러한 군주들은 안전하고 행복합니다.

그러나 이는 더 높은 원인에 의존하는 것이므로, 인간의 이해력을 초월하는 것에 대해 말하고자 하지 않습니다. 신이 그들을 보호하시니, 인간이 이에 대해 판단하는 것은 무모하고 뻔뻔스러울 것입니다. 그러나 만약 누군가가 나에게 교회가 어떻게 해서 그렇게 세속적인 국가로 발전하게 되었는지, 그리고 알렉산데르 6세 이전까지는 강력한 이탈리아 군주는 고사하고, 모든 남작과 자유 영주가 세속적인 문제에서 교회를 중요하게 여기지 않았는데, 현재는 프랑스의 왕이 교회 앞에서 두려워하고, 교회 때문에 이탈리아에서 쫓겨나게 되었으며, 또한 베네치아가 몰락한 이유를 묻는다면, 다음과 같이 이미 충분히 알려진 사실을 기억해 보도록 하겠습니다.

프랑스의 샤를 8세가 이탈리아에 오기 전, 이 나라는 교황, 베네치아, 나폴리 군주, 밀라노 공작, 그리고 피렌체인들에 의해 분할되었습니다. 이 권력들은 두 가지 사항에 주목해야 했습니다. 첫째, 외국의 세력이 무력으로 침입하지 않도록 하는 것이며, 둘째, 그들 중 어느 누구도 압도적인 권력을 얻지 않도록 하는 것이었습니다. 이를 가장 우려한 세력은 교황과 베네치아였습니다. 후자의 국가를 작게 유지하기 위해 나머지 모두가 연합해야 했고, 실제로 그들은 페라라를 방어하기 위해 연합했습니다. 오르시니와 콜론나의 두 파벌로 나뉘어 있던 로마 남작들은 교황을 견제하는 데 이용되었습니다. 그들 사이의 끊임없는 의견 불일치로 인해 항상 교황의 눈치를 보느라 교황청은 작고 약해졌습니다. 심지어 식스투스 4세 같은 지적인 남자가 교황으로 선출되었을 때에도 운이나 이성이 그들을 이런 상황에서 해방시킬 수는 없었습니다. 교황의 짧은 통치 기간도 한가지 원인이었습니다. 교황 통치 기간은 평균 10년 동안 지속되었는데 이 기간 동안 양쪽 파벌 중 하나를 제압하기는 거의 불가능했습니다. 예를 들어 콜론나와 교황의 지지자 중 한 사람이 오르시니를 모욕했다면, 오르시니에 적대적이었던 다른 사람이 뒤이어 단기간에 완전히 파괴할 수 없는 사람들을 일으켜 세웠습니다. 그 결과 이탈리아에서 교황의 세속적 권력이 존중받지 못하게 되었습니다.

그 사이에 알렉산데르 6세가 등장하여 그 어느 누구보다도 교황이 돈과 힘을 사용하여 얼마나 많은 일을 할 수 있는지를 더 잘 보여주었습니다. 프랑스 군대의 침입을 계기로 그는 아들 발렌티노 공작과 위에서 제가 공작의 행동 방식에 대해 설명했던 모든 것을 실행했습니다. 그의 목표는 교황청을 위대하게 만드는 것이 아닌 자신을 위한 위대하게 만드는 것이었습니다. 하지만 사태가 전개되면서 그의 죽음 이후 교황청은 공작의 모든 노력의 열매를 물려받았습니다. 그 뒤를 이어 율리우스 2세가 로마냐를 소유하고 모든 로마 남작들이 알렉산데르 6세의 노력에 무너졌기 때문에 교황청이 이미 크고 강력해졌다는 것을 알았습니다. 그는 또한 알렉산데르 이전에는 알려지지 않았던 방법으로 돈을 모으는 수단도 가지고 있었습니다. 율리우스는 그의 발자취를 따라 볼로냐를 획득하고, 베네치아를 무너뜨리며, 이탈리아에서 프랑스인들을 몰아내려 했습니다. 이 모든 것이 성공적으로 이루어졌고, 그는 이것을 자신의 사적 이익이 아닌 왕좌를 위해 행해졌기 때문에 더욱 큰 명예를 얻었습니다.

그는 콜론나와 오르시니 파벌을 있던 상태 그대로 유지했습니다. 그들 사이에 불화의 원인이 있었음에도 불구하고, 그들은 평화롭게 있어야 했습니다. 첫째, 그들은 교황청의 위엄에 압도당했고, 둘째, 그들은 모두 자신들 사이에 추기경을 두고 있지 않았기 때문입니다. 이 가문에서 추기경이 있을 때마다, 그들은 평화롭게 있을 수 없습니다. 왜냐하면 그들은 로마 내외에서 파벌을 유지하고, 남작들이 그들을 방어하도록 강요당하기 때문입니다. 따라서 이러한 추기경들의 야심으로 인해 남작들 사이의 불화와 폭동이 발생합니다. 그러므로 교황 레오는 이미 크고 강력한 교황청을 만들었으며, 그의 위에서 언급된 조상들이 무기로 그것을 끌어올린 것처럼, 그는 그의 위대한 개인적 특성과 온화함으로 교황청에 명성을 부여할 것으로 기대됩니다.

1. 교회 군주국의 특성

교회 군주국이 다른 군주국과 구별되는 특성을 설명합니다. 교회 군주국은 종교적인 권위를 기반으로 하며, 영적인 영향력이 큽니다.

2. 종교적 권위를 통한 교회의 안정성

교회 군주국은 종교적 신념과 교리로 인해 매우 안정적입니다. 종교적 권위는 교회의 권력을 공고히 하며, 외부와 내부의 도전에 대해 강력한 방어 수단이 됩니다.

3. 교황의 권력유지

교황은 교회의 최고 권위자로서, 종교적 신앙을 통해 군주국을 통치합니다. 이는 다른 군주들이 가지지 못한 특별한 통치 수단을 제공합니다.

4. 세속 군주와 교회 군주의 차이

세속 군주들은 교회 군주국과 달리, 권력을 유지하기 위해 군사력과 정치적 책략에 의존해야 합니다. 교회 군주국은 이러한 세속적 수단을 넘어서 종교적 신앙에 기반한 권위를 가지고 있습니다.

5. 교황권력의 역사적 사례

알렉산데르 6세와 율리우스 2세와 같은 교황들의 사례를 통해, 그들이 어떻게 교회 군주국을 강화하고 권력을 확장했는지 설명합니다.

6. 교회 군주국의 유지방법

교회 군주국은 종교적 신념과 교리로 인해 자연스럽게 유지됩니다. 이는 세속 군주국보다 더 안정적이고 지속 가능하다는 점을 강조합니다.

오늘날의 시각에서 해석해 본 〈군주론〉의 주요 내용

-제11장-

(종교와 권력 : 신성한 권위의 현대적 역할)

교회 국가의 통치와 관련된 내용을 다룹니다. 그는 교회 국가의 군주가 가진 독특한 위치와 권력에 대해 설명하면서, 교회 국가의 통치는 세속적인 통치와는 다른 방식으로 이루어진다고 주장합니다. 특히, 교회의 군주는 신앙과 종교적 권위를 바탕으로 권력을 유지하며, 이는 세속 군주들에게는 없는 강력한 도구라고 설명합니다. 마키아벨리는 이러한 종교적 권위가 군주에게 매우 유리하게 작용할 수 있다고 강조합니다.

마키아벨리의 이러한 주장은 이후 시대에도 여러 형태로 나타났습니다. 중세와 르네상스 시대에는 교회와 국가의 권력이 밀접하게 얽혀 있었으며, 교회의 권위는 정치적 권력의 중요한 요소였습니다. 예를 들어, 교황은 유럽 여러 나라의 군주들에게 강력한 영향력을 행사할 수 있었습니다. 이는 마키아벨리의 주장이 그 당시에는 매우 적절하게 적용되었음을 보여줍니다.

그러나 현대에 들어서면서 세속 국가와 종교 기관 간의 관계는 크게 변했습니다. 근대 이후 많은 국가들은 정교 분리 원칙을 채택하여, 종교가 정치에 미치는 영향을 줄이려 했습니다. 예를 들어, 미국의 헌법은 정교 분리의 원칙을 명시하고 있으며, 이는 정치와 종교의 독립성을 보장하기 위한 것입니다. 현대 민주주의 국가에서는 정치적 결정이 종교적 권위에 의해 좌우되지 않는 것을 중요하게 여기며, 이는 마키아벨리의 주장이 현대 정치 체제에서는 완전히 적용되기 어렵다는 것을 의미합니다.

또한, 현대 사회는 다원주의적이고 세속적인 경향이 강합니다. 다양한 종교와 문화가 공존하는 현대 사회에서는 특정 종교의 권위가 국가 통치에 직접적으로 영향을 미치는 것이 바람직하지 않다고 여겨집니다. 이는 사회의 통합과 평등을 저해할 수 있기 때문입니다. 예를 들어, 유럽의 많은 국가들은 교회와 국가를 분리하고, 종교가 공공 정책에 미치는 영향을 최소화하려고 합니다.

그러나 종교가 여전히 정치에 영향을 미치는 일부 사례도 존재합니다. 예를 들어, 이란과 같은 국가에서는 종교 지도자가 정치적 권력을 행사하며, 이는 마키아벨리의 주장이 여전히 유효한 측면이 있음을 보여줍니다. 이러한 국가들에서는 종교적 권위가 정치적 정당성과 통치의 중요한 요소로 작용합니다.

교회 국가의 통치 방식과 종교적 권위의 중요성은 역사적으로 유효했으며, 일부 현대 국가에서도 여전히 적용되는 측면이 있습니다. 그러나 현대의 다원주의적이고 세속적인 정치 환경에서는 이러한 주장이 완전히 적용되기 어렵습니다. 정교 분리 원칙과 다원주의는 현대 민주주의 국가에서 중요한 가치로 자리 잡고 있으며, 이는 정치와 종교의 관계를 재정립하는 데 중요한 역할을 합니다. 마키아벨리의 주장은 현대적인 맥락에서 재해석되고, 새로운 정치적 현실에 맞게 조정될 필요가 있습니다.

12장

군대의 다양한 유형에 대하여

제가 논의하기로 한 다양한 통치 형태와 그들이 잘되거나 잘못되는 원인, 그리고 그것들을 획득하고 유지하기 위해 시도된 수단을 고려한 후, 발생할 수 있는 공격과 방어 방식을 전반적으로 살펴볼 필요가 있습니다. 우리는 이미 통치가 좋은 근거 위에 있어야 한다고 언급했습니다. 그렇지 않으면 무너질 것입니다. 모든 국가(새로운 국가, 오래된 국가, 혼합된 국가)의 주요 지지대는 좋은 법률과 능력 있는 군사력입니다. 좋은 법률은 좋은 군사력 없이는 존재할 수 없습니다. 그 반대도 마찬가지입니다. 따라서 저는 법률을 논의하는 것을 제쳐두고 무장에 대해 말하겠습니다.

군주가 자신의 국가를 방어하는 데 사용하는 군사력은 자체 병력, 용병, 보조군으로 구성되거나 이 모든 것이 혼합된 형태일 수 있다고 말씀드립니다. 용병과 보조군은 쓸모없고 위험합니다. 자신의 통치를 용병에 의존하여 보호하려는 자는 결코 안정적이지 않으며, 그들은 내부적으로 불일치하고, 제어할 수 없으며, 규율이 없고, 친구에게는 거만하고 적에게는 겁쟁이이며, 신을 두려워하지 않고 사람들에게는 배신적으로 행동합니다. 따라서 파멸은 공격이 일어나는 순간까지만 연기됩니다. 평화시에는 용병들에 의해 약탈당하고 전쟁시에는 적에 의해 약탈당합니다. 그 이유는 그들이 애정이 있는것도 아니고 작은 보상을 위해서도 아니며 다른 이유 때문에 전장에 남아 있게 되었고 굳이 목숨을 걸지도 않기 때문입니다. 전쟁이 일어나지 않는 한 그들은 군인이 되길 원하지만 막상 전투가 시작되면 도망가거나 집으로 돌아갑니다. 이탈리아가 다른 이유 없이 몰락한 것은 수년 동안 용병에 의존해왔기 때문입니다. 가끔씩 서로에게 일부 승리를 거두며 매우 용감해 보였지만, 외국 군대가 오자 그들의 실체가 드러났습니다. 따라서 프랑스의 샤를 8세는 손에 분필을 들고 이탈리아를 신속하게 침략할 수 있었습니다. 이것이 우리의 죄 때문이라고 주장하는 사람들의 의견은 맞습니다. 그러나 일반적으로 이해되는 죄 때문이 아니라 제가 지적한 죄 때문입니다. 군주들은 실수를 저질렀고 그 대가를 치러야 했습니다. 이런 방어 계획의 불행한 결과를 더 잘 입증해보겠습니다.

고용된 장군들은 훌륭한 전쟁 영웅이건 아니건 둘 중 하나입니다. 첫 번째 경우에는 자신의 위대함을 위해 노력합니다. 따라서 자신을 고용한 사람이나 다른 사람들이 자신의 의지에 반하게 되면 억압하려고 하기 때문에 의지할 수 없습니다. 만약 그 장군이 진정한 전사가 아니라면, 그를 고용한 사람은 보통 멸망합니다. 여기에 대해 누군가가 군대를 이끄는 사람이 고용되었는지 아닌지는 중요하지 않으며, 어떤 경우이든 같은 방식으로 행동할 것이라고 응답할 경우,

나는 모든 군주는 직접 전장에 나가야 하며 자신이 직접 장군이 되어야 한다고 대답합니다. 그러나 공화국은 그들의 백성 중 한 명을 군대의 지휘자로 세워야 하며, 그가 충분히 유능하지 않다면 그를 소환하고, 그가 일에 적합하다면 법의 통제 하에 두어야 합니다. 경험은 군주와 공화국이 자체 병력만으로 진전을 이루며, 용병 군대는 오직 불안만을 초래한다는 것을 증명합니다. 자체 무기로 방어하는 공화국은 용병 군대를 보유한 경우보다 그들의 백성 중 한 명에 의해 정복당할 가능성이 훨씬 낮습니다. 로마와 스파르타는 수 세기 동안 무장 상태로 자유를 유지했습니다. 스위스인들은 매우 전투적이며 자유롭습니다.

용병 군대의 사례로는 카르타고가 있습니다. 카르타고는 자국의 시민들을 장군으로 임명했음에도 불구하고 첫 번째 로마와의 전쟁 이후 용병들에 의해 억압당했으며, 마케도니아의 필립은 에파미논다스가 사망한 후 테바인들에 의해 장군으로 선출되었지만, 승리를 거둔 후 그들의 자유를 빼앗았습니다. 밀라노인들은 필리포 비스콘티(Visconti) 공작 사후 프란체스코 스포르차를 고용하여 베네치아인들과의 전쟁을 벌였습니다. 그러나 그가 카라바조에서 그들을 이긴 후, 그는 베네치아인들과 연합하여 자신의 고용주인 밀라노인들에게 반역을 저질렀습니다. 그의 아버지 스포르차는 나폴리의 요하나 여군주를 위해 일하다가 그녀를 방어 수단 없이 내버려 두었고, 그녀는 자신의 군주국을 잃지 않기 위해 아라곤 군주에게 투항했습니다. 베네치아와 피렌체가 그런 무기로 확장했고, 그들의 지휘관들이 그들의 주인이 될 수 없었다면, 나는 이에 대해 피렌체는 용감한 장군들 중 일부는 전쟁에서 성공하지 못했고, 다른 이들은 다른 곳에서 저항을 받았으며, 또 다른 이들은 그들의 야심을 다른 곳에 두었다고 대답합니다.

예를 들어, 조반니 아쿠토는 승리하지 못했으므로, 그가 승리했다면 그를 얼마나 신뢰할 수 있었을 지 분명하지 않습니다. 그러나 모든 사람은 이 경우에 그가 피렌체에서 원하는 대로 할 수 있었다는 것을 인정해야 합니다. 프란체스코 스포르차는 항상 브라치오와 그의 부하들과 대치했습니다. 한 쪽은 다른 한 쪽을 억제했습니다. 프란체스코는 롬바르디아를, 브라치오는 교황청과 나폴리에 집중했습니다. 최근 시대를 살펴보겠습니다. 피렌체인들은 파올로 비텔리, 개인적으로 큰 명성을 얻은 용감한 남자를 그들의 장군으로 선택했습니다. 만약 그가 피사를 정복했다면, 그가 피렌체를 원하는 대로 통제할 수 있었음을 부정할 수 없습니다. 왜냐하면 그가 적들에게 넘어갔다면 피렌체인들은 아무것도 할 수 없었을 것이고, 그가 계속 함께 했다면 그들은 그에게 복종해야 했을 것입니다.

베네치아인들의 진전을 살펴보면, 그들이 자신들의 힘을 사용하는 동안에는 안전하고 행복했다는 것을 알 수 있습니다. 즉, 그들이 육지에서 과업을 시작하기 전까지 그들은 자신들의 귀족과 백성을 통해 용감하게 전쟁을 벌였습니다. 그러나 육지에서 전쟁을 시작하자, 그들은 다른 이탈리아인들처럼 행동하기 시작했습니다. 정복 초기에는 그들의 국가가 아직 그리 크지 않았기 때문에 장군들을 특별히 두려워할 필요가 없었고, 오히려 더 큰 명성을 누렸습니다. 카르마뇰라 용병시대에 상당한 진전을 이루기 시작하자, 그들은 잘못된 길을 가고 있음을 깨달았습니다. 그의 용기가 그들에게 얼마나 위험한지 보았고, 그의 지휘 아래 밀라노 공작을 물리치고 냉담해지는 것을 보자 그에게서 더 이상 이익을 바랄 수 없었습니다. 베네치아인들은 획득한 것을 잃지 않기 위해 그를 해고하고 싶었고, 자신들의 안전을 위해 그를 죽여야만 한다고 느꼈습니다. 이후 그들은 베르가모의 바르톨로메오, 산 세베리노의 로베르토, 피틸리아노 백작 등 다른 장군들을 고용했으며, 용병들이 패배할 것을 두려워할 뿐, 그들의 진전을 걱정할 필요는 없었습니다. 800년 동안 커다란 노력으로 일군 모든 것을 바일라 전투에서 잃었던 것처럼 이런 종류의 전쟁체계는 느리고 적은 진전을 가져다주지만 갑작스럽고 놀라운 손실도 초래하기 때문입니다.

이탈리아의 예를 들어보면, 이 나라는 수년 동안 용병들을 통해 모든 것이 이루어졌습니다. 따라서 더 거슬러 올라가 이 문제의 기원과 진전을 보여줌으로써 더 잘 대처할 수 있도록 해보겠습니다. 최근에 이탈리아에서 제국의 영향력이 약해지고 교황의 세속적 권력이 증가하면서, 이 나라는 여러 국가로 나뉘었습니다. 여러 큰 도시들이 황제의 지지를 받아 자신들을 억압하던 지배자들에 맞서 무기를 들었고, 교황청은 세속적 권력을 얻기 위해 그들을 지원했습니다. 다른 곳에서는 백성들이 군주의 지위에 올랐습니다. 그 결과 이탈리아는 교황청과 몇몇 공화국의 손에 넘어갔습니다. 그러나 사제들과 백성들은 무기에 익숙하지 않았고, 용병을 고용하기 시작했습니다. 이런 민병대를 명예롭게 만든 첫 사람은 알베리코 다 바르비아노였습니다. 그의 학교에서 브라치오와 스포르차가 나왔고, 그들은 그 시대에 이탈리아를 지배했습니다. 그 뒤를 이어 우리 시대까지 이탈리아 군대를 지휘한 모든 사람들이 있습니다. 그러나 그들의 영웅적 행위의 결말은 이탈리아가 샤를 8세에 의해 침략당하고, 루이 12세에 의해 약탈당하고, 아라곤의 페르디난드에 의해 정복당하고, 스위스인에 의해 모욕당했다는 것입니다. 용병의 지휘관들은 자신의 명성을 높이기 위해 보병의 명예를 빼앗기 시작했습니다. 그들은 땅이 없고 개인적 수단도 제한되어 있기 때문에 적은 수의 보병으로는 큰 명예를 얻을 수 없었고 많은 수의 보병을 먹일 수도 없었기 때문에 그렇게 했습니다. 따라서 그들은 기병에 집중했고, 그곳에서 더 적은 수로 생계와 명성을 얻을 수 있었습니다. 그 결과 20,000명의 군대에서 겨우 2,000명만이 보병이었습니다. 또한 그들은 자신과 병사들에게 불편함과 위험을 피하기 위해 모든 수단을 동원했습니다. 그들은 전투에서 서로를 죽이지 않고 부상 없이 포로로 잡았습니다. 밤에는 요새를 공격하지 않고, 요새에서 출격하지 않으며, 진지를 강화하지 않고 겨울에는 전장을 유지하지 않았습니다. 이 모든 것은 그들의 전쟁 규칙에 따른 것이었고, 제가 이미 말했듯이, 불편함과 위험을 피하기 위해 고안된 것이었습니다. 그 결과 이탈리아는 완전히 노예 상태와 수치에 빠졌습니다.

마키아벨리가 알려주는 핵심내용 정리

1. 군대의 중요성

군대는 군주의 권력을 유지하는 데 필수적임을 강조합니다. 군대는 국가의 안전과 통치 안정성의 핵심 요소입니다.

2. 용병의 문제점

용병은 자신의 이익을 위해 싸우며, 전투 중에 배신하거나 도망칠 가능성이 큽니다. 용병은 군주에게 충성심이 없고, 돈을 위해 싸우기 때문에 신뢰할 수 없습니다.

3. 보조군의 위험성

보조군은 외부 세력의 군대로, 군주에게 직접적인 충성을 바치지 않습니다. 보조군을 사용하는 것은 용병을 사용하는 것만큼 위험하며, 외부 세력에 의존하게 되는 단점이 있습니다.

4. 자국군의 중요성

자국군은 군주에게 충성하는 자국민들로 구성된 군대입니다. 자국군은 군주에게 더 높은 충성심과 헌신을 가지고 있어, 용병이나 보조군보다 훨씬 신뢰할 수 있습니다.

5. 군대의 조직과 훈련필요성

군주는 자국군을 잘 조직하고 훈련시켜야 합니다. 이는 군주의 권력을 공고히 하고, 외부의 위협에 효과적으로 대응할 수 있게 합니다.

6. 역사적 사례

역사적 사례를 통해 용병과 보조군의 위험성을 설명하고, 자국군의 중요성을 강조합니다. 그는 로마 제국의 성공을 자국군의 강력한 조직과 훈련 덕분으로 돌립니다.

오늘날의 시각에서 해석해 본 〈군주론〉의 주요 내용

-제12장-

(현대 군대와 보안 조직 : 선택과 전략)

군대의 유형과 군주의 안전을 보장하기 위해 어떤 군대를 사용하는 것이 가장 좋은지에 대해 논의합니다. 그는 용병군과 원군(외국 군대)의 위험성을 강조하며, 군주는 자신의 영토와 국민들로 구성된 자국 군대를 사용하는 것이 가장 안전하다고 주장합니다. 마키아벨리는 용병군과 원군이 충성심이 부족하고, 언제든지 배신할 수 있기 때문에 신뢰할 수 없다고 경고합니다. 반면, 자국 군대는 자신의 이익과 국가의 안정을 위해 싸우기 때문에 더 신뢰할 수 있다고 설명합니다.

마키아벨리의 주장은 이후 시대에도 여러 방식으로 적용되었습니다. 특히 근대 초기의 유럽에서는 용병군이 흔히 사용되었지만, 이들의 신뢰성 문제로 인해 많은 군주들이 자국 군대의 중요성을 인식하게 되었습니다. 예를 들어, 17세기와 18세기의 절대 군주들은 중앙집권적 국가를 강화하면서 상비군을 조직하고, 이를 통해 국가의 안정을 도모했습니다. 프랑스의 루이 14세는 강력한 상비군을 통해 자신의 권력을 공고히 했으며, 이는 마키아벨리의 주장이 실효성을 가졌음을 보여줍니다.

현대에도 마키아벨리의 자국 군대 중요성 주장은 여전히 유효합니다. 많은 국가들이 자국 군대를 통해 국가 안보를 유지하고 있으며, 외국 군대나 용병에 의존하는 것을 최소화하려고 합니다. 예를 들어, 미국은 자국의 군사력을 강화하고, 주요 군사 작전을 자국 군대에 의존합니다. 이는 자국 군대가 국가의 이익을 가장 잘 대표하고, 충성심이 높기 때문입니다.

　그러나 현대에는 용병이나 외국 군대의 역할이 완전히 사라진 것은 아닙니다. 민간 군사 회사(PMC)와 같은 용병 조직들은 현대 분쟁에서 여전히 중요한 역할을 하고 있습니다. 예를 들어, 미국은 이라크와 아프가니스탄 전쟁에서 민간 군사 회사를 활용하여 다양한 군사 및 보안 작업을 수행했습니다. 이러한 조직들은 전문성과 유연성을 제공할 수 있지만, 마키아벨리의 우려대로 충성심과 책임성 면에서 논란의 여지가 있습니다. 이들은 상업적 이익에 의해 움직이며, 이는 때때로 국가의 이익과 충돌할 수 있습니다.

　또한, 현대 국제 관계에서는 동맹과 협력이 중요해졌습니다. NATO와 같은 국제 군사 동맹은 회원국들이 상호 방위를 약속하고, 외부의 위협에 공동으로 대응하는 시스템을 구축했습니다. 이는 마키아벨리가 경고한 원군의 위험성을 일부 극복한 사례로 볼 수 있습니다. 동맹국 간의 신뢰와 협력을 통해 외부 위협에 효과적으로 대응할 수 있는 체제를 마련한 것입니다.

　자국 군대의 중요성과 용병군 및 원군의 위험성에 대한 주장은 역사적으로 많은 부분에서 유효합니다. 자국 군대는 높은 충성심과 안정성을 제공하며, 이는 국가 안보의 핵심 요소로 작용합니다. 그러나 현대의 민간 군사 회사와 국제 군사 동맹은 마키아벨리의 주장을 부분적으로 수정하고 보완하는 역할을 합니다. 따라서 현대의 지도자들은 이러한 다양한 군사적 자원을 적절히 활용하면서도, 마키아벨리의 경고를 염두에 두어야 할 필요가 있습니다.

13장

보조병력에 대하여

두 번째로 쓸모없는 군사력은 보조군입니다. 즉, 더 강력한 세력이 당신을 지원하고 방어하기 위해 그의 무기로 당신을 돕기 위해 요청될 때를 말합니다. 교황 율리우스가 페라라에서 용병들과 함께 비참한 경험을 한 후, 아라곤의 페르디난드 군주에게 도움을 요청한 것처럼 말입니다. 이런 종류의 군대는 보유한 사람에게는 도움이 될 수 있지만, 그들을 요청한 사람에게는 항상 해롭습니다. 왜냐하면 그들이 패배하면 당신도 패배하고, 승리하면 당신은 그들의 포로가 되기 때문입니다.

고대 역사는 이러한 예로 가득하지만, 최근의 교황 율리우스의 예를 들고 싶습니다. 그는 페라라를 얻기 위해 외부인에게 의지하는 나쁜 결정을 내렸습니다. 다행히 제3자가 개입하여 그의 실수로 인한 결과가 그에게 미치지 않았습니다. 라벤나에서 그의 동맹국이 패배했지만 스위스인들이 일어나 모두가 예상치 못한 승리를 거두었기 때문에 라벤나는 방금 패배한 적의 손에도, 친구의 손에도 들어

가지 않았습니다. 피렌체인들은 자신들의 군대가 없었고, 피사를 정복하기 위해 1만 명의 프랑스군을 이끌었습니다. 이로 인해 그들이 처한 위험은 지금까지 겪었던 어떤 위험보다도 컸습니다. 또 다른 예로 콘스탄티노플의 황제는 그리스를 방어하기 위해 1만명의 튀르키예군을 보냈습니다. 그러나 전쟁이 끝난 후 그들은 떠나기를 거부했고, 이것이 그리스가 불신자들에 의해 정복되기 시작한 원인이 되었습니다.

어떤 방법으로도 이길 수 없는 위치에 놓인다면 그러한 보조군을 사용해야 합니다. 하지만 그들과 함께 몰락은 미리 준비되어 있습니다. 그들은 서로 단결하고 다른 사람의 명령에 따르기 때문입니다. 용병들은 승리하더라도 시간이 좀 더 필요하고, 특별한 기회가 발생해야 합니다. 왜냐하면 그들은 단독 체제가 아니며, 당신에 의해 모이고 급여를 받기 때문입니다. 하지만 그들에게 총지휘를 맡긴 제3자가 즉시 그렇게 큰 영향을 끼치지 않기 때문에 당신에게 해를 끼칠 수 없습니다. 간단히 말해, 용병의 가장 큰 위험은 그들의 비겁함이며, 지원군의 가장 큰 위험은 그들의 용맹함입니다. 조금이라도 현명한 군주는 항상 이런 종류의 병력을 사용하는 것을 피하고 자신의 군대로 패배하는 것을 선호하며, 외부의 군대로 승리하는 것을 원하지 않았습니다. 왜냐하면 외부 군대로 얻은 승리를 진정한 이득으로 여기지 않았기 때문입니다.

나는 체사레 보르자, 그의 행동을 예로 들어도 무방하다고 생각합니다. 이 지휘관은 프랑스 군인들과 함께 로마냐로 진격하여 이몰라와 포를리를 점령했습니다. 그러나 이 군대를 안전하지 않다고 여겨

더 안전하다고 생각하는 용병인 오르시니와 비텔리를 고용했습니다. 이후 협상에서도 안전하지 않고 불성실하며 위험하다고 판단한 그는 이들을 해산하고 자신의 부하들을 동원했습니다. 오르시니와 비텔리가 있는 동안 공작이 어떤 평가를 받았는지, 그리고 자신의 병력이 생기자마자 얼마나 많은 것을 얻었는지 비교하면 두 가지 유형의 군사력의 차이를 쉽게 알 수 있습니다. 그는 자신이 전체 군대를 완전히 통제하고 있음을 모두에게 보여주고 나서야 비로소 큰 존경을 받게 되었습니다.

나는 새로운 이탈리아 역사를 떠나기가 아쉽지만, 시라쿠사의 히에로를 언급하지 않을 수 없습니다. 이미 언급했듯이, 시라쿠사인들은 히에로를 지휘관으로 선택했습니다. 그는 곧 용병들이 그에게 아무런 도움이 되지 않는다는 것을 깨달았습니다. 왜냐하면 그들은 우리 이탈리아 용병들처럼 자체 지휘관에 의해 고용되었기 때문입니다. 그는 용병들을 유지할 수도, 보낼 수도 없었기 때문에 모두 처형하였고 이후에는 외국군의 도움 없이 자체 병력만으로 전쟁을 수행했습니다.

구약성경에 나오는 한 가지 일화도 여기에 매우 적절하다고 생각합니다. 다윗이 사울의 요청으로 블레셋 사람 골리앗과 싸우겠다고 했을 때, 사울은 용기를 주기 위해 다윗에게 무기를 주었습니다. 그러나 다윗은 무기를 착용하자마자 자신을 지킬 수 없다며 자신의 무기로 싸우고 싶다며 거절하고 물맷돌과 칼을 들었습니다. 결국, 외국의 무기는 버려지거나, 그 무게에 짓눌려져 당신을 목 졸라 죽일 수 있습니다.

샤를 7세는 영국인들로부터 프랑스를 해방시킨 후 자체 병력의 필요성을 인식하고 자국 내에 기병과 보병을 설립했습니다. 그의 아들 루이 11세는 보병을 해산시키고 대신 스위스인을 고용하기 시작했습니다. 이 실수와 이어진 몇 가지 실수가 군주국이 처한 큰 위기의 원인이 되었습니다. 왜냐하면 그는 스위스인들에게 큰 명성을 부여하고 자신의 권력을 경멸하게 했기 때문입니다. 보병을 해산시키고 기병들이 스위스인과 함께 싸우도록 했으며, 이로 인해 그들은 스위스인 없이는 아무것도 할 수 없게 되었습니다. 그 결과 프랑스인은 스위스인을 상대로 아무것도 할 수 없으며, 스위스인 없이는 다른 사람들을 상대로도 아무것도 할 수 없습니다. 프랑스 군대는 따라서 반은 용병, 반은 자체 병력으로 구성되어 있습니다. 이 모든 것은 오직 용병이나 오직 보조군만을 사용하는 것보다는 낫지만, 오직 자체 병력만을 사용하는 것보다는 못합니다. 제시된 예는 충분합니다. 왜냐하면 샤를의 질서가 유지되고 확대되었다면 누구도 프랑스 군주국을 정복할 수 없을 것이기 때문입니다. 그러나 사람들은 좋은 것처럼 보이는 일을 심사숙고 없이 시작하고 숨겨진 독을 고려하지 않습니다. 이미 문제가 생겼을 때 그것을 인식하는 군주는 현명하다고 할 수 없습니다.

로마 제국의 몰락을 추적하면, 고트족을 고용한 조치에서 시작된 것을 알 수 있습니다. 이로 인해 로마 제국의 힘이 약화되고 그들이 잃게 된 모든 힘은 고트족에게 넘어갔습니다. 자체 무기 없이는 어떤 군주국도 안정적일 수 없습니다. 왜냐하면 불안한 상황에서 스스로를 보호할 힘이 없기 때문에 운에만 의존합니다. 자신의 힘에 기반하지 않은 강대국의 명성만큼 약하고 불안정한 것은 없다는 것이 현자들의 의견이었습니다. 자체 무기는 백성이나 백성이 운영하거나 자체적으로 만들어진 군대입니다. 그 외의 모든 것은 용병이나 보조군입니다. 자체 병력을 조직하는 가장 좋은 방법은 제가 이미 제시한 조치들을 고려하고, 필립과 알렉산더 대군주의 아버지 그리고 많은 다른 군주와 공화국들이 어떻게 했는지를 생각해 보면 쉽게 찾을 수 있습니다.

마키아벨리가 알려주는 핵심내용 정리

1. 보조군의 정의와 위험성

보조군은 외부 세력에 의해 지원받는 군대로, 군주에게 직접적인 충성을 바치지 않습니다. 이러한 군대는 통제하기 어렵고, 외부 세력의 이익을 우선시할 수 있습니다.

2. 용병과의 비교

보조군이 용병보다 더 위험하다고 주장합니다. 용병은 돈을 위해 싸우지만, 보조군은 외부 세력의 군대이기 때문에 외부의 이익을 위해 움직일 수 있습니다.

3. 자국군의 필요성

군주는 자국군을 유지하고 강화해야 합니다. 자국군은 군주에게 직접적인 충성을 바치며, 국가의 안전과 군주의 권력 유지를 보장합니다.

4. 역사적 사례

로마 제국과 고대 그리스의 사례를 들어 보조군의 위험성과 자국군의 중요성을 강조합니다. 로마는 자국군을 통해 제국을 확장하고 유지했지만, 다른 국가들은 보조군을 사용하여 실패한 사례가 많습니다.

5. 자립의 중요성

군주는 외부의 힘에 의존하지 않고 자립해야 합니다. 이는 군주의 권력을 공고히 하고, 외부의 간섭을 피할 수 있게 합니다.

6. 군사력 강화를 위한 전략적 통찰

군주는 현명하게 자국군을 조직하고, 외부의 보조군을 피해야 한다고 조언합니다. 이를 통해 군주는 안정적인 통치와 지속 가능한 권력을 유지할 수 있습니다.

오늘날의 시각에서 해석해 본 마키아벨리의 주요 내용

-제13장-

(외부 군대의 활용 : 현대적 리스크 관리)

군주가 직면할 수 있는 가장 큰 위험인 용병과 보조군의 문제를 다룹니다. 마키아벨리는 군주는 자신의 군대를 가져야 하며, 용병이나 다른 나라의 군대에 의존해서는 안 된다고 강력하게 주장합니다. 그의 주장은 몇 가지 주요 이유로 현대에도 여전히 중요한 통찰을 제공합니다.

마키아벨리는 용병이 자신들의 이익을 최우선으로 생각하며, 진정으로 군주를 위해 싸우지 않을 것이라고 지적합니다. 용병은 전투에서 위험을 무릅쓰지 않으려 하며, 전투가 어려워지면 쉽게 도망칠 가능성이 높습니다. 이러한 주장은 오늘날에도 군대의 중요성과 관련하여 타당합니다. 현대 국가들은 대체로 자신의 국군을 유지하고, 이를 통해 국가 안보를 지키려 합니다. 이는 마키아벨리가 지적한 대로, 국가의 안전과 안정을 유지하는 데 있어 가장 신뢰할 수 있는 방법 중 하나입니다.

그러나 현대 사회에서는 국제 협력과 동맹이 중요한 역할을 합니다. NATO와 같은 국제군사 동맹은 회원국들이 상호 방위를 약속하고, 필요 시에는 다른 나라의 군사 지원을 받는 체제를 제공합니다. 이는 마키아벨리가 경고한 보조군의 위험을 어느 정도 상쇄시킬 수 있는 구조를 제공합니다. 동맹국 간의 협력은 단순한 용병과는 달리, 공동의 이익과 가치에 기반하고 있으며, 따라서 더 신뢰할 수 있습니다. 이 점에서 마키아벨리의 주장은 현대의 국제 정치 환경에서 일부 수정이 필요합니다.

또한 현대 전쟁의 성격은 마키아벨리 시대와 상당히 다릅니다. 기술의 발달로 인해 전쟁은 더 이상 단순히 병력의 규모와 용맹함에만 의존하지 않습니다. 첨단 무기, 정보전, 사이버전 등 다양한 요소들이 전쟁의 결과를 결정짓는 중요한 요소로 등장했습니다. 따라서 현대 군주는 단순히 강력한 군대를 유지하는 것 외에도, 첨단 기술과 정보력을 활용하여 국가를 방어해야 합니다. 마키아벨리의 주장은 여전히 유효하지만, 현대적 맥락에서는 더 넓은 범위의 전략적 사고가 필요합니다.

군대의 중요성과 자주적인 군사력 유지의 필요성은 현대에도 여전히 중요한 교훈을 제공합니다. 그러나 현대의 국제 정치와 군사 환경은 과거와는 다른 복잡성을 지니고 있으므로, 그의 주장은 오늘날의 상황에 맞게 수정되고 보완될 필요가 있습니다. 특히 국제 동맹과 협력의 중요성, 첨단 기술의 활용 등이 현대 군주의 전략에 포함되어야 합니다.

14장

군주가 전쟁에서 지켜야 할 것들

군주는 자신의 주된 관심사로, 다른 것은 생각하지 말고 오직 전쟁과 그 조직에만 전념해야 합니다. 왜냐하면 이것은 명령을 내리는 자의 유일한 본질적인 업무이며, 이것은 태어난 군주들을 유지할 뿐만 아니라 많은 사람들을 권력의 자리에 올릴 수 있는 힘을 가지고 있기 때문입니다. 반대로, 많은 군주들은 전쟁보다 쾌락을 선호함으로써 권력을 잃었습니다. 권력을 잃는 첫 번째 원인은 전쟁을 경멸하는 것이며, 권력을 얻는 수단은 전쟁 기술의 능숙함에 있습니다.

프란체스코 스포르차는 이 기술로 밀라노 공작이 되었고, 그의 아들들은 전쟁의 고생을 싫어함으로써 공작의 지위에서 민간의 지위로 다시 떨어졌습니다. 전쟁을 경멸하는 것이 가져오는 다른 악영향 중 하나는 멸시를 불러일으킨다는 것인데, 이것은 군주가 가장 경계해야 할 것입니다. 무장한 자와 무장하지 않은 자 사이는 비교조차 할 수 없습니다. 무장한 자가 무장하지 않은 자에게 복종할 것이라고 기대하는 것은 비합리적이며, 무장한 하인들 사이에서 무장하지 않은 자가 안전할 것이라고 기대하는 것도 마찬가지입니다. 한쪽에는 멸시가, 다른 한쪽에는 의심이 있으며, 이 둘은 함께 잘 어우러질 수 없습니다. 전쟁을 이해하지 못하는 군주는 다른 악영향과 더불어 부하들의 존경을 받을 수 없고 그들을 신뢰할 수 없다는 사실에 직면하게 됩니다. 따라서 전쟁 기술을 결코 소홀히 해서는 안 되며, 전쟁 중보다 평화 시에 더욱 훈련해야 합니다.

이는 행동과 성찰의 두 가지 방법으로 할 수 있습니다. 첫 번째는 항상 군대를 좋은 질서와 훈련 상태로 유지해야 하며, 스스로 몸을 단련시키기 위해 사냥을 해야 합니다. 사냥은 다양한 지형을 관찰할 기회를 제공합니다. 산이 어떻게 솟아 있고 평원이 어떻게 펼쳐져 있는지, 강과 호수는 어떤 상태인지를 배우고 이 모든 것을 정확히 주목해야 합니다. 이 지식은 두 가지 장점을 가집니다. 첫째, 자신의 나라를 더 잘 알고 방어할 수단을 배웁니다. 둘째, 이 실제 지식을 통해 관심이 있는 알려지지 않은 지역을 탐험할 능력을 얻습니다. 예를 들어, 토스카나의 언덕, 산, 계곡, 강, 호수는 다른 나라의 그것들과 일부 유사점이 있어 알려진 지역을 통해 다른 지역을 더 쉽게 알 수 있습니다. 이 기술이 없는 군주는 장군으로서의 주요 요건을 갖추지 못한 것입니다. 이를 통해 그는 적을 찾아내고, 캠프를 선택하고, 군대를 이끌고, 전투를 조직하고, 포위전을 유리하게 시작하는 법을 배웁니다. 다른 칭찬과 함께 아카이아의 장군 필로포이멘에게 주어진 칭찬 중 하나는 그가 평화 시에 항상 전쟁을 생각했고, 친구들과 야외에 있을 때, 적이 저 언덕에 있고 우리 군대가 여기 있다면 누가 유리할지, 어떻게 안전하게 공격할 수 있을지, 후퇴해야 할 때는 어떻게 해야 할지, 적이 후퇴한다면 우리는 어떻게 추격해야 할지 등을 종종 논의했다는 것입니다. 산책 중에 그는 군사 작전에서 발생할 수 있는 모든 경우를 그들에게 제시하고, 그들의 의견을 듣고, 자신의 의견을 말하며, 그것을 근거로 뒷받침했습니다. 그래서 그 많은 고찰 끝에 전장에서 발생할 수 있는 거의 모든 사건들이 미리 예측되었습니다.

정신 교육과 관련하여, 군주는 역사를 읽고 뛰어난 인물들의 행동을 살펴보아야 합니다. 그들이 전쟁에서 어떻게 행동했는지, 그들의 승리와 패배의 원인을 조사하여 패배를 피하고 승리한 것들을 모방해야 합니다. 그리고 무엇보다도 모범으로 삼은 위대한 인물이 그전에 행동한 것처럼 행동하려고 노력해야 합니다. 알렉산더 대군주가 아킬레스를, 체사레가 알렉산더를, 스키피오가 키루스를 본보기로 삼았다고 합니다. 크세노폰의 '키루스의 교육'을 읽은 사람은 스키피오의 생애에서 그가 얼마나 많은 명성을 얻었는지, 그리고 스키피오가 얼마나 애썼는지를 알게 될 것입니다. 그는 크세노폰이 키루스에 대해 언급한 절제, 친절, 인류애, 관대함을 달성하기 위해 노력했습니다. 현명한 군주는 이처럼 한가한 시간을 사용해야 합니다. 평화 시에는 한가롭게 지내지 말고, 불운한 시기에 사용할 수 있는 보물을 축적하기 위해 노력해야 합니다. 그래야 운이 달라질 때 그는 준비된 상태로 그 역경을 견딜 수 있습니다.

1. 군사적 역량의 중요성

군주의 가장 중요한 덕목 중 하나로 군사적 역량을 꼽습니다. 군주는 평화 시에도 전쟁에 대비해야 합니다.

2. 전쟁과 평화의 준비

군주는 평화로운 시기에도 항상 전쟁을 준비해야 하며, 군사 훈련과 전략 수립을 지속적으로 해야 합니다. 이는 전쟁이 발발했을 때 효과적으로 대응할 수 있게 합니다.

3. 사냥을 통한 전략적 사고 강화

군주는 사냥을 통해 체력을 단련하고, 지형을 익히며, 전략적 사고를 기르는 것이 중요하다고 강조합니다. 이는 군주가 실제 전쟁에서 유리한 위치를 차지하는 데 도움이 됩니다.

4. 역사와 전략 연구의 필요성

군주는 과거의 전쟁과 군사 전략을 연구해야 합니다. 이는 과거의 실수와 성공을 통해 교훈을 얻고, 자신의 전략에 적용할 수 있게 합니다.

5. 유명 군주의 사례

유명 군주들의 예를 들어, 그들이 어떻게 군사적 역량을 통해 권력을 유지했는지를 설명합니다. 예를 들어, 알렉산더 대왕, 줄리어스 시저 등의 군사적 준비와 능력을 강조합니다.

6. 군주가 갖추어야 할 덕목

군주는 군사적 능력 외에도 지혜, 결단력, 용기를 갖춰야 한다고 주장합니다. 이는 군주가 어려운 상황에서도 올바른 결정을 내릴 수 있게 합니다.

오늘날의 시각에서 해석해 본 〈군주론〉의 주요 내용

-제14장-

(리더의 군사적 능력 : 현대적 필수 요소)

군주의 주요 임무는 군사적 문제를 잘 이해하고 준비하는 것이라는 주제를 다룹니다. 마키아벨리는 군주가 평화 시기에 전쟁 준비를 소홀히 하면 안 되며, 항상 군사적 준비 상태를 유지해야 한다고 주장합니다. 그는 군주가 전쟁 기술과 군사 전략에 대해 깊이 이해하고 있어야 하며, 군사적 역량을 항상 강화해야 한다고 강조합니다.

마키아벨리의 이러한 주장은 이후 시대에도 여전히 중요한 통찰을 제공합니다. 군사적 준비와 방어 능력의 중요성은 현대 국가에서도 핵심적인 요소로 남아 있습니다. 현대 국가들은 전쟁을 예방하고 억제하기 위해 강력한 군사력을 유지합니다. 이는 국가의 안보강화와 국제적 영향력을 유지하는 데 필수적입니다. 군사적 능력을 강화하고 최신 기술과 전술을 습득하는 것은 현대에도 매우 중요합니다.

그러나 현대의 국제 정치 환경은 마키아벨리가 살았던 시대와는 많은 차이가 있습니다. 오늘날의 국제 관계는 군사력뿐만 아니라 외교, 경제, 정보전 등 다양한 요소들이 복합적으로 작용합니다. 따라서 군주(현대의 국가 지도자)는 군사적 문제뿐만 아니라 경제 정책, 외교 전략, 정보 기술 등 다양한 분야에 대해 깊이 이해하고 있어야 합니다. 이러한 복잡한 환경에서는 군사적 준비만으로는 충분하지 않습니다.

또한, 국제기구와 다자주의의 역할이 중요해졌습니다. 유엔, NATO, EU와 같은 국제기구들은 국제 평화와 안보를 유지하는 데 중요한 역할을 하고 있습니다. 이러한 기구들은 집단 안보와 협력을 통해 전쟁을 예방하고 분쟁을 해결하려고 노력합니다. 따라서 현대의 지도자들은 군사적 준비와 함께 국제 협력과 다자주의를 통한 안보 전략도 고려해야 합니다.

마키아벨리는 군주가 군사적 지식과 기술을 지속적으로 학습하고 연마해야 한다고 강조했습니다. 이는 현대에도 여전히 중요한 교훈입니다. 그러나 현대 지도자들은 군사적 준비 외에도 경제적 안정, 외교적 협력, 정보 및 사이버 보안 등 다양한 영역에서 종합적인 전략을 수립하고 실행해야 합니다. 현대의 국제 정치 환경은 과거보다 훨씬 더 복잡하고 다차원적이기 때문에, 마키아벨리의 주장을 보완하여 적용할 필요가 있습니다.

군사적 준비의 중요성은 현대에도 여전히 유효합니다. 그러나 현대의 국제 정치 환경에서는 군사적 능력뿐만 아니라 경제, 외교, 정보 등 다양한 분야에서의 준비와 협력이 중요합니다. 따라서 마키아벨리의 주장은 오늘날의 복잡한 국제 관계와 안보 환경을 고려하여 보완되고 조정될 필요가 있습니다.

15장

군주가 칭찬과 비난을 얻는 방법

군주가 자신의 부하들과 친구들에게 어떻게 행동해야 하는지에 대한 검토가 남아 있습니다. 이 주제는 이미 많은 사람들에 의해 다뤄졌기 때문에, 특히 내가 선배들의 의견과 다를 때, 나 또한 이 문제에 대해 논의하는 것이 오만으로 간주될까 걱정됩니다. 그러나 내 의도는 그것을 이해하는 사람들에게 유용한 것을 쓰는 것이기 때문에 현실에서 발견되는 진실을 묘사하는 것이 그들의 상상에 따르는 것보다 적절하다고 느낍니다. (왜냐하면 일부 작가들은 실제로 본 적이 없거나 진실에 기반을 둔 적이 없는 공화국과 군주국을 상상해 왔기 때문입니다) 현실에서 일어나는 일과 일어나야 할 일 사이에는 큰 차이가 있어서, 전자를 무시하고 후자에만 의존하는 사람은 보존보다는 멸망을 준비하게 됩니다. 모든 일에서 도덕적으로 옳게 행동하려는 사람은 신경 쓰지 않는 다수 속에서 망하게 됩니다. 따라서 자신을 유지하고자 하는 군주는 필요에 따라 나쁘게 행동하는 방법도 알아야 하며, 그러한 행동을 할지 말지는 상황에 따라 결정해야 합니다.

상상된 군주들에 관한 모든 것을 제쳐두고 진실을 유지하려고 할 때, 사람들, 특히 다른 사람들보다 훨씬 높은 지위에 있는 군주들에게는 칭찬이나 비난과 관련된 특정한 특성이 있다고 말하는 것이 맞습니다. 어떤 이는 관대함으로, 다른 이는 인색함으로 평가받으며, 어떤 이는 베푸는 것을 좋아하고, 다른 이는 빼앗는 것을 좋아합니다. 어떤 이는 잔인하고, 다른 이는 자비로우며, 어떤 이는 불성실하고, 다른 이는 신뢰할 수 있으며, 어떤 이는 여성적이고 겁이 많으며, 다른 이는 용감하고 사나우며, 어떤 이는 인간적이고, 다른 이는 오만하며, 어떤 이는 쾌락적이고, 다른 이는 정숙하고 절제된 성품을 가지고 있으며, 어떤 이는 솔직하고, 다른 이는 간교하며, 어떤 이는 냉정하고, 다른 이는 관대하며, 어떤 이는 진지하고, 다른 이는 경솔하며, 어떤 이는 종교적이고, 다른 이는 불신하는 등등입니다. 나는 모든 사람들이 군주가 위에서 언급한 모든 자질 중에서 가장 칭찬받을만한 자질을 소유하는 것이 바람직하다는 것을 잘 알고 있습니다. 하지만 인간 본성의 특성상 이를 기대할 수 없고, 모든 이러한 규범을 따를 수도 없기 때문에, 그러한 악덕을 피하는 데 필요한 현명함이 필요하며, 악덕으로 인해 권력을 잃을 수 있는 나쁜 평판을 피해야 합니다. 그러한 결과를 초래하지 않는 결함에 대해서는 가능하면 피해야 하지만, 경우에 따라 큰 주의를 기울이지 않고도 그런 결함에 빠질 수 있습니다. 마지막으로, 권력을 유지하기 어려운 악덕의 나쁜 명성을 너무 두려워해서는 안 됩니다. 우리가 사물을 신중하게 고려하면 우리가 파멸할 수 있는 명백한 미덕도 있지만 우리의 안녕의 안전과 지속을 보장할 수 있는 명백한 결점도 있기 때문입니다

마키아벨리가 알려주는 핵심내용 정리

1. 군주가 칭찬받거나 비난받는 이유

군주가 칭찬받거나 비난받는 다양한 덕목과 악덕을 설명합니다. 이는 군주가 어떤 행동을 취하느냐에 따라 달라집니다.

2. 덕목과 악덕의 상대성

군주는 전통적인 덕목과 악덕을 절대적으로 구분하지 않고, 상황에 따라 상대적으로 평가해야 합니다. 어떤 상황에서는 비난받을 행동이 오히려 효과적일 수 있습니다.

3. 실용적인 통치

군주는 도덕적 이상보다는 실용적인 측면에서 통치해야 합니다. 이는 군주가 권력을 유지하고, 국가를 안정적으로 통치하는 데 도움이 됩니다.

4. 백성의 인식 파악

군주는 백성이 자신의 행동을 어떻게 인식하는지를 고려해야 합니다. 백성의 지지를 얻기 위해서는 때로는 악덕으로 여겨지는 행동도 필요할 수 있습니다.

5. 균형과 중용의 필요성

군주는 덕목과 악덕 사이에서 균형을 유지해야 한다고 강조합니다. 이는 군주가 상황에 맞게 적절히 행동하는 능력을 의미합니다.

6. 사례 분석

다양한 역사적 사례를 통해, 군주가 덕목과 악덕을 어떻게 활용했는지를 설명합니다. 이는 군주가 상황에 맞게 전략을 조정하는 데 유용한 교훈을 제공합니다

오늘날의 시각에서 해석해 본 〈군주론〉의 주요 내용

-제15장-

(리더십의 평가 : 현대적 시각으로 본 덕목과 비난)

군주가 통치할 때 덕목과 악덕 사이에서 어떻게 균형을 잡아야 하는지에 대해 논의합니다. 그는 군주가 반드시 전통적인 덕목을 고수할 필요는 없으며, 상황에 따라서는 비도덕적인 행위도 정당화될 수 있다고 주장합니다. 마키아벨리는 군주가 현명하게 행동하려면, 선과 악을 구분하는 전통적인 도덕적 기준을 초월하여 실용적이고 결과 중심적인 접근을 취해야 한다고 강조합니다. 그는 군주가 사랑받기보다는 두려움의 대상이 되는 것이 더 안전하다고 주장하며, 필요하다면 잔혹함도 정당화될 수 있다고 봅니다.

마키아벨리의 이러한 주장은 이후 시대에도 다양한 방식으로 적용되었습니다. 예를 들어, 절대주의 시대의 많은 군주들은 마키아벨리의 실용적 통치 철학을 받아들였습니다. 루이 14세와 같은 절대 군주들은 권력 유지를 위해 필요하다면 잔혹한 조치를 취하기도 했으며, 이는 그들의 통치 안정성에 기여했습니다. 이러한 접근은 마키아벨리의 주장이 그 시대에는 적절하게 적용되었음을 보여줍니다.

또한, 20세기의 독재자들 역시 마키아벨리의 철학을 현실 정치에 적용했습니다. 히틀러, 스탈린 등은 권력을 유지하고 강화하기 위해 잔혹한 정책을 마다하지 않았습니다. 그들은 마키아벨리의 논리대로 두려움을 이용해 권력을 공고히 했으며, 도덕적 기준보다는 정치적 실용성을 중시했습니다. 이러한 사례들은 마키아벨리의 주장이 어떻게 극단적으로 적용될 수 있는지를 보여줍니다.

그러나 현대 민주주의 사회에서는 마키아벨리의 주장이 많은 한계를 드러냅니다. 현대 정치에서는 투명성, 인권, 법치주의가 중요한 가치로 자리 잡고 있습니다. 군주나 지도자가 도덕적 기준을 초월해 행동하는 것은 국민의 신뢰를 잃고, 정치적 정당성을 훼손할 위험이 큽니다. 예를 들어, 현대의 민주 국가에서는 비도덕적인 행위가 폭로되면 지도자는 강한 비난을 받고, 정치적 위기를 맞이할 수 있습니다. 이는 마키아벨리의 접근법이 현대 정치 환경에서는 적용되기 어렵다는 것을 보여줍니다.

또한, 현대의 지도자들은 협력과 상생을 통해 정치적 목표를 달성하려고 합니다. 국제 사회에서 인권과 평화가 중요한 가치로 부각되면서, 잔혹한 행위나 비도덕적인 정책은 국제적인 비난을 받을 가능성이 큽니다. 예를 들어, 국제 형사 재판소(ICC)는 전쟁 범죄나 인권 침해를 저지른 지도자들을 기소하며, 이는 국제 사회에서 도덕적 기준이 중요해졌음을 반영합니다.

도덕적 기준을 초월한 실용적 통치 철학은 역사적으로 많은 군주와 지도자들에게 영향을 미쳤습니다. 그러나 현대 민주주의와 국제 사회에서는 이러한 접근이 많은 한계를 가집니다. 현대의 정치 환경에서는 투명성, 인권, 법치주의가 중요시되며, 도덕적 기준을 무시하는 통치는 국민과 국제 사회의 신뢰를 잃을 위험이 큽니다. 따라서 현대의 지도자들은 마키아벨리의 통찰을 참고하면서도, 도덕적 기준과 민주적 가치를 균형 있게 고려해야 합니다.

16장

관대함과 인색함에 대하여

제가 논의하기로 한 특성 중 첫 번째인 관대함부터 시작하겠습니다. 관대하다는 평판을 얻는 것은 좋은 일입니다. 그러나 실제로 행한 관대함이 그렇게 인식되지 않는다면 오히려 해롭습니다. 관대함을 제대로, 적절히 행하더라도 그것이 제대로 알려지지 않으면 반대의 나쁜 평판을 피할 수 없습니다.

사람들 사이에서 관대한 사람으로 명성을 유지하려면 각종 지출을 해야 합니다. 이로 인해 군주는 자신이 가진 모든 것을 소비하고, 결국 관대함을 유지하기 위해 자신의 백성들에게 부담을 지우고 돈을 구하기 위한 모든 방법을 동원해야 합니다. 이는 백성들에게 미움받게 하고, 돈이 모자랄 때 멸시당하게 만듭니다. 그의 관대함은 소수를 부유하게 했지만, 낭비는 많은 사람들에게 부담을 주었고, 처음 시련에 처했을 때 위험에 빠지게 됩니다. 이를 깨닫고 후퇴하려고 하면 인색하다는 나쁜 평판을 얻게 됩니다. 따라서 군주는 관대함을 너무 눈에 띄게 행사해서는 안 되며, 인색하다는 평판을 두려워해서도 안 됩니다. 절약으로 인해 시간이 지날수록 일반 수입으로 충분하고, 전쟁 비용도 감당할 수 있으며, 백성들에게 부담을 주지 않을 정도라면 다시 관대하다고 여겨질 것입니다. 자신의 것을 남기는 많은 사람들에게는 군주이고 그에게서 아무것도 받지 못하는 소수의 사람들에게만 인색하게 보일 것입니다.

우리 시대에 우리는 인색하다고 여겨지는 이들이 큰 일을 해냈고, 다른 이들은 몰락했다는 것을 보았습니다. 율리우스 2세 교황은 교황의 자리에 오르기 위한 행동으로 관대하다는 이름을 얻었지만, 그 자리에 오른 후에는 더 이상 관대함에 대해 생각하지 않고 프랑스에 대한 전쟁을 준비하기 위해 노력했습니다. 그는 많은 전쟁을 벌였지만 특별한 세금을 부과하지 않았습니다. 장기간에 걸친 절약들은 모든 비상 지출을 감당할 수 있었습니다. 스페인의 군주(페르디난드)가 관대하고 싶었다면 그렇게 많은 업적을 수행할 수 없었을 것입니다. 그렇게 다스리는 군주는 자신의 백성들을 약탈할 필요 없이 자신을 방어할 수 있고, 가난하고 멸시당할까 두려워할 필요가 없으며, 필요에 따라 탐욕스러워질 위험에 처하지 않기 때문에 인색하다는 평판을 두려워할 필요가 없습니다. 왜냐하면 그것은 그의 통치의 안전에 기반한 악덕이기 때문입니다. 만약 체사레가 관대함으로 권력을 얻었고 많은 다른 사람들이 그런 평판으로 높은 지위에 올랐다고 말한다면, 다음과 같이 대답합니다. 당신은 이미 군주이거나 군주가 되려고 합니다. 첫 번째 경우에는 관대함이 해롭고, 두 번째 경우에는 관대하다고 여겨지는 것이 필요합니다. 체사레도 로마의 지배권을 얻기 위해 노력한 그런 종류의 사람이었습니다. 그러나 그가 이런 식으로 행동하지 않고 더 오래 살았다면 그는 자신의 지배권을 스스로 파괴했을 것입니다.

관대한 군주들이 그들의 군대를 통해 큰 일을 해냈다는 대답에 대해서는, 군주는 자신의 재산과 백성의 재산, 또는 타인의 재산을 낭비합니다. 첫 번째 경우에는 절약해야 하고, 두 번째 경우에는 가능한 모든 방법으로 관대함의 이름을 추구해야 합니다. 약탈, 공갈로 살아가는 군대를 이끌고 나가는 군주는 관대해야 합니다. 그렇지 않으면 그와 함께 나설 병사를 찾을 수 없기 때문입니다. 당신이나 당신의 백성의 재산을 낭비하지 않는다면, 키루스, 체사레, 알렉산더처럼 관대할 수 있습니다. 타인의 재산을 사용하는 것은 나쁜 평판을 가져오지 않고 오히려 그 반대입니다. 자신의 것을 낭비하는 것만이 해롭습니다. 관대함은 스스로를 소모하는 유일한 것입니다. 그것을 실행함으로써 당신은 그것을 행할 수 있는 힘을 잃고, 가난해지거나 비열해지거나 가난을 피하기 위한 강도가 되어 미움을 사게 됩니다. 군주가 피해야 할 모든 것 중에서, 멸시와 미움을 받는 것이 가장 최상위에 있으며, 관대함은 그 두 가지를 모두 초래합니다. 따라서 인색하다는 소문이 나는 것이 현명합니다. 그것은 나쁜 명성을 가져오지만 미움을 유발하지는 않으며, 관대함의 평판을 위해 강도로 악명 높고 미움 받는 것보다 낫습니다.

1. 관대함과 인색함의 선택

군주가 관대함과 인색함 중에서 무엇을 선택해야 하는지 논의합니다. 그는 관대함이 항상 미덕은 아니라고 주장합니다.

2. 관대함의 위험성

지나친 관대함은 국가 재정을 고갈시키고, 세금을 인상하게 하며, 결국 백성의 불만을 초래합니다. 이는 군주의 권력을 약화시킬 수 있습니다.

3. 인색함의 실용성

군주는 인색함을 통해 재정을 관리하고, 필요한 경우에만 지출하는 것이 더 낫다고 주장합니다. 이는 군주의 장기적인 안정성과 권력 유지를 돕습니다.

4. 인색함을 통한 백성의 지지유도

군주는 인색함을 통해 세금을 낮게 유지할 수 있으며, 이는 백성의 지지를 얻는 데 도움이 됩니다. 백성은 높은 세금보다 인색함을 덜 비난할 것입니다.

5. 관대함의 균형

군주는 특정 상황에서 전략적으로 관대함을 보여줄 수 있습니다. 그러나 이는 신중하고 제한적으로 이루어져야 하며, 국가의 재정 상태를 해치지 않도록 해야 합니다.

6. 역사적 사례

여러 역사적 사례를 통해 관대함과 인색함의 선택이 군주의 통치에 어떤 영향을 미쳤는지를 설명합니다. 이를 통해 군주는 상황에 맞는 전략을 구상할 수 있습니다

오늘날의 시각에서 해석해 본 〈군주론〉의 주요 내용

-제16장-

(자원 관리의 딜레마 : 현대적 관대함과 인색함)

군주가 관대함과 인색함 사이에서 어떻게 균형을 잡아야 하는지에 대해 논의합니다. 군주가 지나치게 관대하면 재정을 낭비하게 되고, 결국 세금을 인상하거나 국가의 부를 축내어 백성들의 불만을 초래할 수 있다고 말합니다. 따라서, 군주는 인색함을 유지하여 국가의 재정을 건전하게 관리해야 하며, 필요할 때만 신중하게 관대함을 보여주는 것이 더 나은 통치 방법이라고 주장합니다. 마키아벨리는 군주가 재정적으로 안정적일 때 더 독립적이고 강력한 권력을 유지할 수 있다고 강조합니다.

마키아벨리의 이러한 주장은 이후에도 여러 방식으로 적용되었습니다. 예를 들어, 근대 유럽의 많은 군주들은 국가 재정을 엄격히 관리하며, 불필요한 지출을 줄이는 데 힘썼습니다. 프랑스의 루이 14세는 자신의 권력을 유지하기 위해 국가 재정을 철저히 관리하고, 중앙집권적 통치를 강화했습니다. 이는 마키아벨리의 주장이 그 시대의 군주들에게 적절하게 적용되었음을 보여줍니다.

현대 정치에서도 마키아벨리의 재정 관리에 대한 주장은 여전히 유효합니다. 현대 국가들은 재정 건전성을 유지하기 위해 신중한 예산 관리를 중요시합니다. 재정 적자를 줄이고 국가 부채를 관리하는 것은 많은 국가의 중요한 정책 목표 중 하나입니다. 재정적 안정이 국가경제, 정치안정에 필수적임을 반영합니다. 마키아벨리의 주장은 현대 경제 정책에서 일정 부분 타당성을 가집니다.

그러나 현대 민주주의 사회에서는 마키아벨리의 주장이 일부 한계를 가질 수 있습니다. 오늘날의 정치 지도자들은 국민의 복지와 사회적 지원을 중요시하며, 재정적 관대함을 통해 국민의 지지를 얻고자 합니다. 예를 들어, 복지국가 모델을 채택한 스칸디나비아 국가들은 높은 세율을 통해 강력한 사회 안전망을 구축하고, 이를 통해 국민의 높은 생활 수준과 사회적 안정성을 유지하고 있습니다. 이러한 접근은 마키아벨리의 인색함 유지 주장과는 대조적이지만, 현대 사회에서 긍정적인 결과를 보여주고 있습니다.

또한, 현대 정치에서는 투명성과 책임성이 중요합니다. 마키아벨리는 군주가 재정을 신중하게 관리해야 한다고 주장했지만, 현대 민주주의에서는 재정 관리의 투명성을 통해 국민의 신뢰를 얻는 것이 중요합니다. 정부의 예산 사용 내역을 공개하고, 이를 통해 국민과의 신뢰를 구축하는 것은 현대 정치의 중요한 요소입니다. 이는 마키아벨리의 시대와는 다른 정치적 현실을 반영합니다.

관대함과 인색함 사이의 균형에 대한 주장은 역사적으로 많은 군주들에게 영향을 미쳤으며, 현대에도 일정 부분 타당성을 가집니다. 재정적 안정과 신중한 예산 관리는 여전히 중요한 정치적 요소입니다. 그러나 현대 민주주의 사회에서는 국민의 복지와 사회적 지원, 투명성과 책임성도 중요시되며, 이는 마키아벨리의 주장이 현대 정치 환경에서 일부 수정되어야 함을 시사합니다. 현대의 지도자들은 재정적 안정과 국민의 복지 사이에서 균형을 잡는 것이 중요하며, 이를 통해 지속 가능한 통치와 국민의 신뢰를 확보해야 합니다.

17장

잔인함과 온화함에 대하여

　나는 앞서 언급된 미덕들 중 다음으로 이어지는 내용을 논의하며, 모든 군주는 자비로움으로 평가받으려고 노력해야 하지만, 이 덕을 부적절하게 사용해서는 안 된다고 말하겠습니다. 체사레 보르자는 잔인함으로 평가받았습니다. 이 잔인함은 로마냐 지방을 단결시키고 평화롭고 충성스러운 복종을 하게 만들었습니다. 주의 깊게 생각해 보면 잔인한 것으로 간주되지 않기 위해 피스토이아가 파괴되었다고 인정한 피렌체 사람들의 행동보다 훨씬 더 인도적이라는 것을 알게 될 것입니다. 따라서 군주는 자신의 백성을 복종과 일치 속에 유지하기 위해 잔인하다는 명성을 두려워하지 말아야 합니다. 적절한 시기에 작은 처벌을 내리는 것이 불필요한 관용으로 인해 발생하는 무질서를 초래하는 것보다 더 온화한 것입니다. 무질서는 살인과 강도를 야기하고, 이는 전체 공동체에 영향을 미칩니다. 반면에 군주의 처벌은 개인에게만 영향을 미칩니다. 모든 군주 중에서 새로운 군주는 잔인함이라는 이름을 피할 수 없습니다. 왜냐하면 그의 상황은 위험에 가득 차 있기 때문입니다.

버질은 디도여왕에게 그녀의 엄격한 정부를 변호하게 하기 위해 다음과 같은 말을 하게 했습니다.

"혹독한 상황과 군주국의 새로움이 나로 하여금 이러한 행동을 하게 만들고, 넓은 국경을 경비하게 한다."

그럼에도 불구하고 군주는 쉽게 믿거나 움직여서는 안 되며, 자신을 과도하게 두려워하지 말고, 지혜와 인간애로 적당히 행동해야 합니다. 그래서 지나친 신뢰로 인해 부주의해지거나 지나친 불신으로 인해 견딜 수 없게 되지 않도록 해야 합니다.

여기서 사랑받는 것이 좋은지, 두려움을 주는 것이 좋은지에 대한 의문이 생깁니다. 저는 둘 다 좋다고 답합니다. 하지만 두 가지를 모두 갖기는 어려우므로, 둘 중 하나가 부족하다면 두려움을 주는 것이 사랑받는 것보다 훨씬 안전합니다. 일반적으로 사람들은 고마움을 모르고, 변덕스럽고, 위선적이며, 위험 속에서는 겁쟁이이고, 이득을 탐내는 존재들입니다. 당신이 그들에게 호의를 베풀면 그들은 당신에게 전념하고, 자신과 자녀의 목숨을 바칠 준비가 되어 있습니다(앞서 말한 것처럼), 그러나 위험이 다가오면 그들은 반란을 일으킵니다. 말만 믿고 다른 준비를 하지 않은 군주는 망하게 됩니다. 왜냐하면 돈으로 산 우정은 위대한 정신과 고귀함으로 얻어진 것이 아니기 때문에, 필요할 때 버티지 못합니다. 사람들은 사랑받는 사람을 해치는 것은 두려워하지 않지만 두려워하는 사람을 해치지는 못합니다. 왜냐하면 사람들의 애정은 감사의 끈으로 이어져 있고, 이는 인간 본성의 부패함 때문에 이기심과 충돌하면 끊어지기 때문입니다.

하지만 처벌에 대한 두려움은 결코 사라지지 않습니다. 그러나 군주는 자신을 두려워하게 하되 미움 받지 않도록 해야 합니다. 두려움과 미움은 충분히 공존할 수 있으며, 이를 위해서는 그가 자신의 백성들과 부하들의 재산과 그들의 아내들에게 손대지 않도록 해야 합니다. 만약 누군가의 목숨을 빼앗아야 한다면, 정당한 이유가 분명하게 드러나도록 해야 합니다. 무엇보다도 백성들의 재산을 건드리지 않도록 해야 합니다. 왜냐하면 사람들은 아버지의 죽음보다 재산 상실을 더 견디기 어려워하기 때문입니다. 재산을 빼앗을 구실은 항상 넘쳐나며, 한 번 약탈을 시작하면 다음 표적을 공격할 이유를 항상 찾게 됩니다. 피 흘림을 위한 구실은 드물고 더 쉽게 부족해집니다.

군주가 큰 군대를 가지고 있다면 잔인함의 명성을 두려워하지 않아야 합니다. 왜냐하면 군대를 잘 유지하고 복종시키려면 그렇게 할 수 없기 때문입니다. 한니발의 놀라운 행적 중 하나는 그가 다양한 인종으로 구성된 큰 군대를 외국으로 이끌었는데, 그들 사이에는 절대 반란이나 불화가 발생하지 않았다는 것입니다. 이는 비인간적인 잔인함 때문이었으며, 그의 무수히 많은 위대한 특성과 결합되어 그를 존경하고 두려워하게 했습니다. 이것이 없었다면, 그는 그렇게 될 수 없었을 것입니다. 성급한 작가들은 그의 행동을 존경하면서도 그 원인을 비난합니다. 그러나 스키피오의 군대가 스페인에서 반란을 일으킨 것은 그의 온화함 때문이었으며, 이는 군사적 규율과 양립할 수 없을 정도로 병사들에게 너무 많은 자유를 허용했기 때문입니다. 파비우스 막시무스는 상원에서 이를 지적하며 그를 로마 군사 규율의 파괴자라고 불렀습니다. 그의 한 부하가 로크리인들을 멸망시켰을 때, 그를 비난하지 않고 처벌하지 않았습니다. 이것도 지나친 관용 때문이었습니다. 그래서 상원에서 누군가가 그를 변호하면서, 어떤 사람들은 자신이 절대 실수하지 않는 법을 알지만 다른 사람의 실수를 처벌하는 법은 모른다고 말했습니다. 이러한 성격은 스키피오가 계속 지휘관으로 남아 있었다면 그의 명성을 손상시켰을 것입니다. 하지만 그가 상원의 지배하에 살았기 때문에, 이 결점은 사라지지 않고 오히려 그에게 명예를 안겨주었습니다. 이제 제 주장으로 돌아와서 이렇게 요약합니다. 사람들의 사랑은 그들의 경향에 달려 있고, 그들의 두려움은 군주의 행동에 달려 있으므로, 현명한 군주는 다른 사람의 경향에 의존하지 말고 자신에게 달려 있는 것에 주의를 기울여야 합니다. 다만, 미움을 받지 않도록 해야 합니다.

마키아벨리가 알려주는 핵심내용 정리

1. 잔인함과 자비로움의 선택

군주는 잔인함과 자비로움 중에서 어떤 태도를 취해야 하는지 논의합니다. 그는 군주가 잔인하다는 비난을 받더라도 필요할 때는 잔인함을 보여야 한다고 주장합니다.

2. 잔인함의 실용성

적절한 잔인함이 반란을 예방하고 질서를 유지하는 데 도움이 된다고 설명합니다. 잔인함은 때로는 더 큰 혼란과 피해를 방지하는 데 필요합니다.

3. 자비로움의 한계

과도한 자비는 권위를 약화시키고, 군주의 통치를 위험에 빠뜨릴 수 있습니다. 자비로움이 무질서와 반란을 초래한다면 이는 오히려 해롭습니다.

4. 두려움과 사랑의 차이

군주는 사랑받기보다는 두려움받는 것이 더 안전합니다. 사랑은 상황에 따라 변할 수 있지만, 두려움은 강력하고 지속적입니다. 그러나 두려움은 증오로 변하지 않도록 주의해야 합니다.

5. 군주의 균형감각

군주는 잔인함과 자비로움 사이에서 균형을 찾아야 합니다. 이는 군주가 상황에 맞게 적절하게 대응하는 능력을 의미합니다.

6. 역사적 사례

여러 역사적 사례를 통해 잔인함과 자비로움의 선택이 군주의 통치에 어떤 영향을 미쳤는지를 설명합니다. 이를 통해 군주는 상황에 맞는 전략을 구상할 수 있습니다

오늘날의 시각에서 해석해 본 〈군주론〉의 주요 내용

-제17장-

(엄격함과 온정 : 현대 리더십의 균형)

군주가 사랑받기보다는 두려움의 대상이 되는 것이 더 안전하다는 주장을 펼칩니다. 그는 인간 본성이 이기적이고 배신할 가능성이 높기 때문에, 군주가 사랑받기보다는 두려움을 통해 통치하는 것이 더 효과적이라고 주장합니다. 마키아벨리는 군주가 필요할 때 잔인함을 사용하여 백성들에게 두려움을 심어주어야 한다고 강조합니다. 그러나 그는 동시에 군주가 지나친 잔인함으로 인해 증오를 받지 않도록 주의해야 한다고 경고합니다.

마키아벨리의 이러한 주장은 이후 시대에도 다양한 방식으로 적용되었습니다. 특히 절대주의 시대의 군주들은 권력을 유지하기 위해 두려움을 조성하는 방법을 자주 사용했습니다. 예를 들어, 루이 14세는 강력한 중앙집권적 통치를 통해 권력을 공고히 했으며, 그의 통치는 어느 정도 두려움을 바탕으로 이루어졌습니다. 이는 마키아벨리의 주장이 그 시대의 권력자들에게 일정 부분 타당성을 가졌음을 보여줍니다.

또한, 20세기의 독재자들 역시 마키아벨리의 두려움을 통한 통치 방식을 채택했습니다. 스탈린, 히틀러, 마오쩌둥과 같은 인물들은 공포 정치를 통해 권력을 유지했습니다. 이들은 잔인한 방법을 사용하여 반대 세력을 제거하고, 국민들에게 두려움을 심어줌으로써 자신의 통치를 강화했습니다. 이러한 사례들은 마키아벨리의 주장이 어떻게 극단적으로 적용될 수 있는지를 보여줍니다.

그러나 현대 민주주의 사회에서는 마키아벨리의 주장이 많은 한계를 드러냅니다. 현대 정치에서는 지도자가 국민의 신뢰와 지지를 얻는 것이 중요합니다. 두려움을 통한 통치는 단기적으로는 효과적일 수 있지만, 장기적으로는 국민의 불만과 저항을 초래할 수 있습니다. 예를 들어, 현대 민주국가에서는 지도자가 폭로되거나 부정부패로 인해 국민의 신뢰를 잃으면 정치적 위기를 맞이하게 됩니다. 이는 마키아벨리의 접근법이 현대 정치 환경에서는 적용되기 어렵다는 것을 보여줍니다.

또한, 현대 사회에서는 인권과 법치주의가 중요한 가치로 자리 잡고 있습니다. 두려움을 통한 통치는 인권을 침해하고 법치를 위반할 가능성이 큽니다. 이는 국제 사회에서 강한 비난을 받을 수 있으며, 국가의 국제적 신뢰를 손상시킬 수 있습니다. 예를 들어, 국제형사재판소(ICC)는 인권 침해와 잔혹한 통치를 자행한 지도자들을 기소하며, 이는 현대 정치에서 인권과 법치가 얼마나 중요한지를 반영합니다.

두려움을 통한 통치 방법은 역사적으로 많은 군주와 독재자들에게 영향을 미쳤으며, 일정 부분 효과적이었음을 보여줍니다. 그러나 현대 민주주의와 국제사회에서는 이러한 접근이 많은 한계를 가집니다. 현대 정치에서는 국민의 신뢰와 지지, 인권과 법치주의가 중요한 가치로 자리 잡고 있으며, 두려움을 통한 통치는 오히려 정치적 불안정과 국제적 비난을 초래할 수 있습니다. 따라서 현대의 지도자들은 마키아벨리의 통찰을 참고하면서도, 도덕적 기준과 민주적 가치를 균형 있게 고려해야 합니다.

18장

군주는 언제
자신의 말을 지켜야 하는가?

　모든 사람들은 군주가 자신의 말을 지키고 정직하게 행동하는 것이 얼마나 칭찬받을만한 일인지 알고 있습니다. 그러나 최근의 경험을 통해 우리는 선의와 신뢰를 별로 중요하게 생각하지 않고 사람들의 마음을 현혹시킬 줄 아는 군주들이 큰 일을 해내고, 정직하게 행동했던 사람들을 능가했다는 것을 알 수 있습니다.

　세상에는 두 가지 싸움 방식이 있다는 것을 알아야 합니다. 하나는 법에 의한 것이고, 다른 하나는 힘에 의한 것입니다. 첫 번째는 인간의 방식이고, 두 번째는 동물의 방식입니다. 종종 첫 번째 방식만으로는 부족하므로 두 번째 방식을 사용해야 합니다. 따라서 군주는 인간과 맹수 역할을 할 수 있어야 합니다. 고대인들은 아킬레스와 많은 다른 영웅들이 켄타우로스 키론에게 양육되고 교육받았다고 전함으로써 이 교훈을 나타냈습니다. 이런 선생을 가졌다는 것은 군주가 인간적인 본성과 동물적인 본성을 모두 잘 사용할 수 있어야 한다는 것을 의미합니다. 왜냐하면 한 쪽만으로는 오래 지속되지 않기 때문입니다. 군주는 맹수의 본능을 잘 활용할 줄 알아야 하며, 여우와 사자의 특성을 모두 갖추어야 합니다. 사자는 덫을 피할 수 없고, 여우는 늑대를 막아낼 수 없기 때문입니다. 따라서 여우처럼 덫을 알아보고, 사자처럼 늑대를 쫓아내는 능력이 필요합니다. 사자 역할만 하려는 사람들은 제대로 이해하지 못합니다.

현명한 군주는 그가 한 말을 지킬 필요가 없는 상황, 즉 그 말을 지키는 것이 자신에게 불리하거나 그 말을 할 당시의 이유가 사라졌을 때는 그 말을 지킬 필요가 없습니다. 모든 사람이 선하다면 이 조언은 가치가 없을 것입니다. 그러나 대다수 사람들은 선하지 않고 그들이 당신에게 약속을 지키지 않는다면 당신도 그들에게 약속을 지킬 필요가 없습니다. 군주는 그가 약속을 어겼을 때 그것을 합리화할 구실을 찾는 데에는 결코 어려움이 없습니다. 이에 대해 많은 새로운 사례를 들 수 있으며, 많은 평화 협정과 약속이 군주들의 부정으로 인해 어긋났으며, 여우 역할을 가장 잘 한 사람이 가장 멀리 갔다는 것을 보여줄 수 있습니다. 그러나 이런 성질을 어떻게 포장할지를 알아야 하며, 자신을 숨기고 변장하는 기술에 능숙해야 합니다. 사람들은 너무 단순하고 순간의 압력에 크게 의존하므로 속이려는 사람은 항상 속일 사람을 찾을 수 있습니다.

제가 하나의 새로운 사례를 들겠습니다. 알렉산데르 6세 교황은 속이는 일 외에는 아무것도 하지 않았고, 다른 것은 전혀 생각하지 않았으며, 항상 속아 넘어가는 사람들을 찾았습니다. 그는 약속을 확신시키고 큰 맹세로 확인하는 데 있어 그 누구보다도 큰 솜씨를 가졌지만, 약속을 지키지는 않았습니다. 그럼에도 불구하고 그의 계략과 교활함은 그가 이 세상을 잘 알고 있었기 때문에 원하는 대로 이루어졌습니다.

군주는 앞서 설명한 미덕들을 가질 필요는 없지만, 그런 미덕의 외양은 가져야 합니다. 나는 항상 정직하게 행동하는 것이 매우 해로울 수 있다고 단언합니다. 그러나 경건하고 충실하며 인간적이고 신앙심 깊고 정직해 보이는 것은 매우 유익합니다. 하지만 군주는 필요할 때 반대의 행동을 할 수 있도록 자신의 마음을 훈련해야 합니다. 특히 새로운 군주는 다른 사람들에게 좋은 것으로 여겨지는 모든 것을 지킬 수 없으며, 때로는 충성, 인간애, 인류애, 종교를 위반해야 할 수도 있습니다. 그러므로 그는 필요에 따라 방향을 바꿀 수 있는 마음을 가져야 하며, 기회가 있을 때마다 항상 정직한 길을 선택하지 않아야 합니다. 군주는 자신의 말이 항상 앞서 언급한 다섯 가지 미덕을 반영하도록 주의해야 합니다. 그가 내뱉는 모든 것은 연민, 충성, 인류애, 정직, 경건함을 풍겨야 합니다. 그러나 가장 중요한 것은 마지막 미덕의 외양입니다. 왜냐하면 사람들은 대체로 눈으로 더 많이 판단하고 감정으로는 판단하지 않기 때문입니다.

모든 사람은 겉모습으로 당신의 모습을 보기 때문에 당신이 어떤 사람인지를 알아차리는 사람은 소수의 사람들 외에는 거의 없습니다. 그리고 이 소수의 사람들은 대중의 목소리에 반대하기를 꺼립니다. 왜냐하면 대중은 항상 위엄의 광채를 존경의 이유로 여기기 때문입니다. 사람들의 행동, 특히 그들 위에 재판할 수 있는 법정을 인정하지 않는 군주의 행동은 항상 결과를 기준으로 평가됩니다. 따라서 군주는 자신의 생명과 권력을 보호하는 것을 추구해야 합니다.

수단은 항상 명예로워 보이고 모든 사람에게 칭찬받을 것입니다. 왜냐하면 대중은 항상 겉모습과 결과에 따라 결정하기 때문입니다. 전세계는 평범한 사람들로 가득 차 있고, 몇 안 되는 현명한 사람들은 대중이 자체적인 힘이 없을 때만 목소리를 낼 수 있습니다. 제가 언급하지 않기로 한 현대의 한 군주는 평화와 충성만을 설파하지만, 그가 그것들을 지켰다면 그의 군주국을 잃었을 것입니다.

마키아벨리가 알려주는 핵심내용 정리

1. 신의와 기만사이의 균형

군주가 신의를 지키는 것과 때로는 기만을 사용하는 것 사이에서 어떻게 균형을 잡아야 하는지 논의합니다. 그는 군주가 필요에 따라 기만을 사용할 수 있어야 한다고 주장합니다.

2. 인간의 본성파악

인간은 본래 신의를 잘 지키지 않는다는 점을 지적하며, 군주가 신의만을 고집하다가는 손해를 볼 수 있다고 설명합니다.

3. 기만전술의 필요성

군주는 외교와 전쟁, 정치에서 때로는 기만을 통해 목적을 달성해야 합니다. 이는 군주의 생존과 권력 유지에 필수적일 수 있습니다.

4. 여우와 사자의 비유

군주는 여우의 교활함과 사자의 힘을 모두 갖추어야 한다고 비유합니다. 이는 군주가 상황에 따라 기만과 강함을 적절히 사용할 수 있어야 함을 의미합니다.

5. 실질적 이익을 위한 외양과 내면의 차이

군주는 외적으로는 신의와 도덕을 지키는 것처럼 보여야 하지만, 실질적으로는 필요할 때 기만을 사용할 수 있어야 합니다. 이는 군주가 백성의 신뢰를 유지하면서도 실질적인 이익을 얻기 위함입니다.

오늘날의 시각에서 해석해 본 〈군주론〉의 주요 내용

-제18장-

(약속과 신뢰 : 21세기 리더의 덕목)

군주가 약속을 지키는 것보다 상황에 따라 약속을 깨는 것이 더 유리할 수 있다고 주장합니다. 군주가 필요할 때는 기만과 속임수를 사용하여 자신의 이익을 추구해야 한다고 강조합니다. 마키아벨리는 인간이 기본적으로 변덕스럽고 신뢰할 수 없기 때문에, 군주는 항상 약속을 지킬 필요가 없으며, 필요하다면 약속을 깨는 것이 더 현명한 선택일 수 있다고 주장합니다.

이러한 주장은 이후 시대에도 다양한 방식으로 적용되었습니다. 예를 들어, 19세기 유럽의 외교에서는 실용주의가 중요시되었으며, 국가 간의 조약이나 협정이 자주 깨지는 일이 발생했습니다. 비스마르크의 현실 정치(Realpolitik) 역시 마키아벨리의 철학에 영향을 받아 국가의 이익을 최우선으로 하는 외교 정책을 추구했습니다. 이는 국가 간의 신뢰보다는 상황에 따른 이익 추구가 우선시되었음을 보여줍니다.

또한, 20세기의 여러 독재자들도 마키아벨리의 주장을 현실 정치에 적용했습니다. 히틀러는 여러 국제 조약을 깨고 자신의 침략 정책을 추진했으며, 이는 단기적으로는 독일의 이익을 증진시키는 데 도움이 되었습니다. 이러한 사례들은 마키아벨리의 주장이 일정 부분 타당성을 가질 수 있음을 보여줍니다.

그러나 현대 민주주의 사회에서는 마키아벨리의 주장이 많은 한계를 드러냅니다. 오늘날의 정치와 외교에서는 신뢰와 투명성이 중요한 가치로 자리 잡고 있습니다. 지도자나 국가가 약속을 깨고 기만적인 행동을 하면, 이는 국민의 신뢰를 잃고 국제 사회에서 고립될 수 있습니다. 예를 들어, 현대의 국제 관계에서는 조약과 협정이 중요하며, 이를 어기는 국가는 국제적인 비난과 제재를 받을 수 있습니다. 이는 마키아벨리의 접근법이 현대 정치 환경에서는 적용되기 어렵다는 것을 보여줍니다.

또한, 현대 사회에서는 도덕성과 윤리가 중요한 요소로 작용합니다. 정치 지도자가 기만과 속임수를 사용하면, 이는 국민의 반발을 초래할 수 있습니다. 예를 들어, 정치 스캔들로 인해 지도자가 거짓말을 한 것이 드러나면, 이는 커다란 정치적 위기를 초래할 수 있습니다. 현대의 민주 국가에서는 지도자가 국민들과의 신뢰 관계를 유지하는 것이 중요하며, 이는 투명성과 정직함을 바탕으로 합니다.

약속을 깨는 것이 더 유리할 수 있다는 주장은 역사적으로 여러 지도자들에게 영향을 끼쳤으며, 일정 부분 타당성이 있음을 보여줍니다. 그러나 현대 민주주의와 국제 사회에서는 이러한 접근이 많은 한계를 가집니다. 현대 정치와 외교에서는 신뢰와 투명성이 중요하며, 지도자의 도덕성과 윤리가 중요한 요소로 작용합니다. 따라서 현대의 지도자들은 마키아벨리의 통찰을 참고하면서도, 도덕적 기준과 민주적 가치를 균형 있게 고려해야 합니다. 이는 국민과의 신뢰 관계를 유지하고, 국제 사회에서 존경받는 국가로 자리 잡는 데 필수적인 요소입니다.

19장

멸시와 증오는 피해야 한다

　앞서 언급한 중요한 특성들에 대해 자세히 설명했으므로, 여기서 나는 군주가(부분적으로 이미 언급된 것처럼) 자신을 증오하거나 멸시하게 할 수 있는 모든 것들을 피해야 한다는 일반적인 교훈을 요약하고자 합니다. 이것들을 피할 때마다 그는 자신의 할 일을 다했으며, 다른 나쁜 소문은 그에게 어떠한 위험도 가져다주지 않을 것입니다. 이미 언급했듯이, 자신의 백성들의 재산과 여성들을 공격할 때 가장 먼저 증오를 사게 됩니다. 사람들의 재산과 명예를 건드리지 않는 한, 그들은 만족하며 살고, 몇몇 사람들의 야심만 경계하면 됩니다. 이는 여러 가지 방법으로 쉽게 제어할 수 있습니다. 변덕스럽고, 경솔하며, 여성 같고, 소심하고, 우유부단한 것으로 여겨지는 사람이 멸시를 받게 되므로 군주는 이런 것들을 피해야 하며, 자신의 행동에서 어느 정도의 위엄, 용기, 진지함, 그리고 힘을 보여줄 노력을 해야 합니다. 백성들과의 모든 교섭에서 그는 자신의 결정이 돌이킬 수 없다는 인상을 주려고 노력해야 하며, 아무도 그를 속이거나 속박하지 않을 정도로 존경을 유지해야 합니다. 이런 평판을 가진 군주는 충분한 명성을 가지고 있으며, 그에게 대항하여 음모를 꾸미기는 어렵습니다. 그가 큰 능력을 가지고 있고 자신의 사람들에 의해 존경받는다는 것을 알게 되면 쉽게 공격받지 않습니다.

군주는 두 가지를 두려워해야 합니다. 하나는 내부의 백성들에 의한 것이고, 다른 하나는 외부의 외국 세력에 의한 것입니다. 이에 대처하는 방법은 좋은 군사력으로, 이를 가진 자는 결코 친구가 부족하지 않습니다. 내부에서는 외부가 안전한 한 항상 평화를 유지할 것입니다. 외부로부터 공격을 받더라도 모든 것을 명령하고 내가 말한 대로 행동한다면 스파르타의 나비스처럼 모든 공격을 막아낼 수 있습니다. 하지만 외부의 평화 속에서도 백성들에 의한 음모는 두려워해야 하며, 군주는 증오와 멸시를 피하고 백성들을 만족시켜 이를 방지할 수 있습니다. 음모에 대항하는 가장 강력한 수단은 일반적인 증오와 백성의 멸시를 피하는 것입니다. 음모를 꾸미는 자는 군주를 죽임으로써 백성을 만족시킬 수 있다고 항상 믿습니다. 그러나 이로 인해 민심이 나빠지게 될 것을 알고 있다면, 그러한 일을 감행하지 않을 것입니다. 왜냐하면 음모의 편에는 무한한 어려움이 있기 때문입니다. 경험에 따르면 많은 음모들이 있었지만, 성공한 것은 많지 않았다는 것을 알 수 있습니다. 음모를 꾸미는 자는 혼자서는 아무것도 할 수 없으며, 불만을 품은 이들에게만 도움을 청할 수 있습니다. 그러나 불만을 품은 사람에게 자신의 의도를 드러내면, 상대방은 자신의 소원을 충족시킬 수단을 갖게 됩니다. 그가 한 쪽에서는 확실한 이득을 보고, 다른 한 쪽에서는 불확실성과 위험을 보면, 그가 당신의 말을 지키기 위해서는 동료 동지에 대한 우정의 충성심이나 군주에 대한 뿌리 깊은 증오심을 가져야 합니다. 음모의 공모자들의 편에는 모든 것을 마비시키는 두려움, 질투, 의심 외에는 아무것도 없으며, 군주의 편에는 군주의 존엄성, 법률, 친구 및 공권력의 보호가 있으므로 여기에 사람들의 애정이 더해지면 누구도 음모를 공모하는건 어리석은 행동이라는 것을 알 수 있습니다. 음모를 실행하기 전에는 항상 나쁜 결과를 두려워해야 하며, 만약 모든 것이 성공하더라도 그 후에는 백성들을 두려워해야 하기에 그들에게는 피난처가 없습니다.

이에 대해 무수한 예를 들 수 있지만 하나로 충분합니다. 그 예는 우리 조부모의 시대에 일어난 일입니다. 볼로냐의 군주이자 현재의 주인공 안니발레의 할아버지인 안니발레 벤티볼리오는 카니당의 음모로 목숨을 잃었습니다. 그는 포대기에 싸인 외동아들 조반니를 남기고 세상을 떠났습니다. 살해 직후, 백성들이 일어나 음모를 꾸몄던 모든 음모자들을 살해했습니다. 이는 볼로냐 백성들이 벤티볼리오 가문에 대해 가졌던 애정의 결과였습니다. 당시에는 다른 가문에서도 안니발레의 죽음 이후 국가를 이끌 사람이 없었기 때문에 볼로냐 사람들은 피렌체에 있던 벤티볼리오 가문의 한 후손을 찾아 그에게 정부를 맡겼습니다. 그는 대장장이의 아들로 여겨졌습니다. 하지만 그는 실제로 정부를 이끌었고, 조반니 벤티볼리오가 적절한 나이에 이를 때까지 이끌었습니다. 결론적으로, 군주는 백성들이 우호적일 때 음모를 거의 두려워할 필요가 없습니다. 그러나 백성들에게 미움을 받는다면 모든 것과 모든 사람을 두려워해야 합니다.

질서가 잘 잡힌 국가와 현명한 군주들은 항상 큰 관심을 기울여 귀족들이 분열되지 않도록 하고 백성들을 만족하게 하려고 노력해 왔습니다. 이것은 통치자의 가장 중요한 관심사입니다. 현재 잘 통치되는 군주국으로는 프랑스를 들 수 있습니다. 여기에는 군주의 안전과 자유를 보장하는 많은 좋은 제도가 있습니다. 이 중 첫 번째는 의회와 그 영향력입니다. 이를 설립한 사람은 귀족들의 오만함과 대담함을 알고 그들을 견제할 필요성을 느꼈습니다. 한편으로는 백성들이 가진 귀족들에 대한 증오를 알았는데, 이는 두려움에서 비롯됩니다. 백성을 안심시키고 귀족들로부터 예상되는 나쁜 결과를 제거하기 위해, 백성이 귀족들을 지지하거나 귀족들이 백성을 지지할 때 군주가 그 결과를 짊어지지 않도록, 그는 세 번째 재판관을 임명하여 귀족들을 억제하고 백성들을 보호할 수 있도록 했습니다. 제국의 안보와 군주의 안전에 이보다 더 나은 조치를 생각해낼 수는 없었습니다.

여기서 또 하나의 교훈을 얻을 수 있습니다. 군주는 모든 엄격한 조치는 다른 사람에게 맡기고, 자비로운 일은 스스로 수행해야 합니다. 또한, 군주는 귀족들에게 존경을 표해야 하지만, 동시에 백성들의 증오를 자극해서도 안 됩니다. 로마 황제들의 예가 이에 반대하는 것처럼 보일 수도 있습니다. 왜냐하면 많은 황제들이 뛰어난 정신력을 보이고 훌륭하게 통치했음에도 불구하고 음모로 인해 왕좌나 목숨을 잃었기 때문입니다. 이러한 반론에 대응하기 위해, 몇몇 황제들의 성격과 그들의 몰락 원인을 살펴보겠습니다. 이는 제가 앞서 말한 것과 모순되지 않습니다. 마르쿠스 안토니우스부터 막시미누스까지 재위했던 황제들을 살펴보겠습니다. 마르쿠스, 그의 아들

코모두스, 페르티낙스, 율리아누스, 세베루스, 안토니누스 카라칼라 (세베루스의 아들), 마크리누스, 엘라가발루스, 세베루스 알렉산데르, 막시미누스입니다.

　먼저 언급할 것은 다른 제국에서는 단지 귀족들의 야심과 백성들의 방종을 다루면 충분하지만 로마 황제들은 군대의 탐욕과 야만성이라는 세 번째 어려움에 직면했다는 점입니다. 이 문제는 몇몇 황제의 몰락 원인이 되었을 정도로 어려운 문제입니다. 왜냐하면 군인들을 만족시키면서 동시에 백성들을 만족시키기는 어렵기 때문입니다. 백성들은 평화를 원하고 온건한 성향의 군주를 좋아합니다. 그러나 군인들은 전쟁을 좋아하고 거만하며 잔인하고 약탈을 일삼는 군주를 선호합니다. 그들은 이러한 성격을 가진 사람들을 황제로 요구하여 더 많은 급여를 받고 자신들의 탐욕과 잔인한 성격도 만족시킬 수 있기 때문입니다. 특히 자연적으로 또는 노력을 통해 모든 이들을 제어할 수 있는 명성을 얻지 못한 황제들은 실패하고 말았습니다. 대부분의 황제들, 특히 민간출신인 이들은 어려움을 느끼면 군인들만 만족시키려고 애썼고 백성들의 억압은 별로 개의치 않았습니다. 이것은 필요한 일이었습니다. 왜냐하면 군주가 한 쪽 또는 다른 쪽의 증오를 피할 수 없다면, 적어도 두 쪽 모두에게서 동시에 증오받지 않도록 모든 주의를 기울여야 하기 때문입니다. 만약 어느 한 쪽에게 증오받는 것이 불가피하다면, 적어도 가장 강력한 쪽에 의해 증오받지 않도록 해야 합니다.

　새로운 통치를 시작한 황제들은 특별한 호의가 필요했기 때문에 백성들보다는 군인들 사이에서 지지자를 만드는 것을 선호했지만,

이는 군인들이 백성들에게 자신의 명성을 유지할 수 있을 때에만 도움이 되었습니다. 이러한 이유로 인해 온화하고 정의를 사랑하며 잔인함을 싫어하고 인간적이며 사교적인 성격을 가진 황제들, 즉 마르쿠스, 페르티낙스, 알렉산데르는 마르쿠스를 제외하고 모두 폭력적인 최후를 맞이했습니다. 마르쿠스만이 존경받으며 살다가 죽었는데, 그는 왕좌를 상속받았고 군인이나 백성에게 의지하지 않았기 때문입니다. 게다가 그는 많은 덕으로 존경을 받았으며, 재위 기간 동안 양측을 그들의 한계 내에서 유지했고 절대 증오나 멸시의 대상이 되지 않았습니다. 반면에 페르티낙스는 군인들의 뜻에 반하여 선택되었는데, 군인들은 코모두스 시절에 방종에 익숙해지다 보니 페르티낙스가 도입하려던 정상적인 생활을 참을 수 없었습니다. 이것은 증오를 불러일으켰습니다. 여기에 그의 나이 때문에 생긴 멸시도 더해져 그는 정권을 잡은 지 얼마되지 않아 몰락했습니다.

좋은 행동과 나쁜 행동 모두 증오를 유발할 수 있다는 점은 주목할 만합니다. 그러므로 왕좌를 유지하려는 군주는 종종 선한 행동을 해서는 안 됩니다. 왜냐하면 자신을 지지할 필요가 있는 자신의 백성이나 군대, 또는 자신의 군주국의 귀족들이 부패했다면, 그들의 기대에 부응하고 그들을 만족시켜야 하기 때문이며, 이는 가장 정직한 행동들조차도 해로울 수 있습니다. 알렉산데르에 대해서 말하자면, 그는 그토록 친절했으며, 그에 대한 칭찬 중 하나로 그가 14년 동안 아무도 사형에 처하지 않았다는 점을 들 수 있습니다. 그럼에도 불구하고 그는 여성처럼 행동한다고 여겨져 자신의 어머니에 의해 지배받는 것처럼 보였기 때문에 멸시를 받았습니다. 이로 인해 군인들 사이에서 음모가 일어나 그는 목숨을 잃었습니다.

　이제 코모두스, 세베루스, 안토니누스 카라칼라, 막시미누스와 같은 반대되는 성격들을 살펴보겠습니다. 우리는 그들을 매우 탐욕스럽고 잔인하다는 것을 알 수 있습니다. 군인들을 만족시키기 위해 그들은 백성을 학대하는 것을 주저하지 않았습니다. 그럼에도 불구하고 그들은 세베루스를 제외하고 모두 폭력적인 최후를 맞이했습니다. 세베루스는 용감한 정신을 가지고 있어 군인들을 친구로 두면서도 백성을 크게 압박하는 방식으로 통치를 성공적으로 유지할 수 있었습니다. 그의 위대한 성격은 그를 군인과 백성 모두에게 존경받게 했으며, 이로 인해 백성은 놀라고 겸손해졌으며 군인들은 존경과 만족감을 느꼈습니다. 권력에 오른 이 황제의 행동이 매우 뛰어났기 때문에, 그가 여우와 사자를 어떻게 연기했는지 간략하게 보여주고 싶습니다. 이는 제가 군주에게 요구하는 것입니다.

　세베루스는 황제 율리아누스가 겁쟁이라는 것을 알고, 자신이 슬라보니아에서 지휘하던 군대에게 페르티낙스의 죽음을 복수하러 로마로 가자고 설득했습니다. 이 명분으로 그는 움직였고, 자신의 왕좌에 관한 의도를 드러내지 않은 채 이탈리아에 도착했는데, 그의 출발을 아는 이가 없었습니다. 로마에 도착한 직후, 원로원은 두려움 때문에 그를 선택했고, 율리아누스는 살해되었습니다. 세베루스에게는 여전히 두 가지 난관이 남아있었는데, 하나는 니게르가 황제로 선포한 아시아에서, 다른 하나는 알비누스가 황제의 위엄을 위해 노력하는 옥시덴테에서였습니다. 그는 두 곳에 동시에 반기를 드는 것은 위험하다고 생각하여 니게르를 공격하되 알비누스를 배신하기로 결정했습니다. 그는 알비누스에게 자신이 원로원에 의해 선택되었으며 함께 직위를 나누고 싶다고 썼고, 그에게 체사레 칭호를 부여하고 원로원으로 하여금 동료로 선출하게 했습니다. 알비누스는 이것을 진지하게 받아들였습니다. 그러나 세베루스가 니게르를 이기고 동양을 평정한 후, 그는 로마로 돌아와 원로원에서 알비누스가 자신에게 반역적으로 목숨을 노렸다고 불평하며 그의 배은망덕함을 징계해야 한다고 주장했습니다. 그 후 그는 프랑스에서 알비누스를 찾아가 그의 직위와 생명을 앗아갔습니다.

이 이야기를 주의 깊게 생각해보면 가장 용맹한 사자와 가장 교활한 여우를 알아볼 수 있습니다. 모두가 그를 두려워하고 존경했으며 군대에서도 증오받지 않았음을 알 수 있습니다. 이 새로운 군주가 권력을 유지할 수 있었던 것은 자신의 명성으로 백성들로부터 발생할 수 있는 증오를 끊임없이 방어할 수 있었기 때문에 놀라운 일이 아닙니다. 그의 아들 안토니누스도 탁월한 특성을 가지고 있었으며, 그의 전투적 성향과 모든 고난을 경멸하고 모든 종류의 사치를 멸시함으로써 모든 군대의 애정을 얻었기 때문에 백성들에게도 존경받고 군인들에게도 사랑받았습니다. 그러나 그의 난폭함과 잔인함은 로마 백성의 큰 부분과 알렉산드리아의 모든 주민을 몇 차례에 걸쳐 살해하면서 너무도 무자비하여 그는 전 세계에게 증오를 받았고, 주변 사람들에게도 공포를 심어주어 결국 한 센추리온이 그를 죽였습니다. 여기서 언급할 것은 군주가 결연한 사람의 손에 의한 폭력적인 죽음을 전혀 피할 수 없다는 점입니다. 자신의 목숨을 아끼지 않는 사람이라면 누구나 그 일을 저지를 수 있습니다.

그러나 군주는 그러한 행위를 두려워할 필요가 없습니다. 왜냐하면 그러한 행위는 극히 드물기 때문입니다. 그는 단지 자신의 정부 업무에 사용하는 주변 사람들을 심하게 모욕하지 않도록 주의해야 합니다. 안토니누스는 센추리온의 형제를 죽이고 매일 그에게 위협을 가했음에도 불구하고 여전히 친위대를 맡겼습니다. 이는 무모한 행동이었고, 실제로도 나쁜 결과를 초래했습니다. 코모두스는 마르쿠스의 아들로 왕좌를 쉽게 이어받았고, 아버지의 발자취를 따랐다면 백성과 군인 모두를 만족시킬 수 있었을 것입니다. 그러나 그는 잔인하고 동물 같은 마음을 가지고 있었고, 자신의 탐욕을 만족시키고 백성을 약탈하기 위해 군대에 온갖 음모를 부추기고 방종하게 했습니다. 한편으로는 자신의 직위를 제대로 유지하지 못했으며, 종종 극장에서 검투사와 싸우러 내려가는 등 황제의 위엄에 어울리지 않는 일들을 했습니다. 따라서 군인들에게 멸시를 당했습니다. 한쪽에서는 증오를, 다른 한쪽에서는 멸시를 당했고, 결국 음모의 희생자가 되었습니다. 마지막으로 막시미누스에 대해 말하자면, 그는 매우 호전적이었고, 알렉산데르가 위에서 언급한 여성 같은 성향을 가지고 있어 군대가 이를 싫어하게 되자, 그들은 알렉산데르를 죽이고 막시미누스를 황제로 선택했습니다. 그러나 그는 오래 황제로 남아 있지 못했습니다.

막시미누스에 대해 두 가지가 그를 증오와 멸시의 대상으로 만들었습니다. 하나는 그가 트라키아에서 소를 치며 자란 낮은 출신이었다는 사실이었고(이는 널리 알려져 있었으며 모든 사람들의 눈에 그는 비웃음거리가 되었습니다), 다른 하나는 그가 초기 통치에서 로마로 가서 황제의 자리를 차지하는 것을 미루고 로마와 다른 지역의 통치자들을 통해 많은 잔혹 행위를 저지르게 함으로써 악명을 얻었다는 것입니다. 이로 인해 전 세계가 그의 낮은 출신에 대해 불만을 가지고 있었고, 다른 한편으로는 그의 사나운 성격 때문에 증오와 공포를 느꼈습니다. 따라서 원로원, 로마전체, 그리고 결국 이탈리아 전체가 그에 대해 음모를 꾸몄습니다. 여기에 그의 자체 군대도 추가되었는데, 아퀼레이아 앞에서 포위 공격을 벌이는 동안 어려움을 겪고 그의 잔혹함에 지쳐, 전 세계가 그를 증오한다는 것을 알고 그를 살해했습니다. 엘라가발루스나 마크리누스, 율리아누스에 대해서는 언급하지 않겠습니다. 그들은 너무나 하찮은 존재들이어서 금방 멸망했기 때문입니다. 그러나 결론적으로 말하자면, 오늘날의 군주들은 군인들을 만족시키기 위해 특별한 조치를 고려해야 하는 그러한 곤란한 상황에 덜 처해 있습니다. 이를 고려해야 할 필요성은 있지만, 그것이 크게 중요하지는 않습니다.

오늘날의 군주들은 로마 시대와 같이 정부와 지방의 행정과 밀접하게 연결된 군대를 가지고 있지 않기 때문입니다. 당시에는 군대가 더 강력했기 때문에 군대를 만족시키는 것이 백성을 만족시키는 것보다 더 필요했습니다. 그러나 현재 모든 군주들(콘스탄티노플과 이집트의 술탄을 제외하고)에게는 백성을 만족시키는 것이 더 중요합니다. 왜냐하면 오늘날에는 백성이 군인보다 더 큰 힘을 가지고 있기 때문입니다. 튀르키예의 황제는 약 12,000명의 보병과 15,000명의 기병을 유지하고 있으며, 이들은 그의 군주국의 안전과 강력함에 의존하고 있어, 그는 다른 백성들을 고려하지 않고 이들을 친구로 유지할 필요가 있습니다. 이집트의 술탄 역시 자신의 군인들에게 의존하고 있으며, 어떤 비용을 치르더라도 이들을 친구로 유지해야 합니다. 이는 다른 모든 군주들과 다른 특성을 가지고 있으며, 교황과 유사한 점이 있습니다. 교황은 세습 군주도 아니며 새로운 군주로 간주될 수도 없습니다. 왜냐하면 군주는 사망한 통치자의 자녀들이 아니라 선출권이 있는 이들에 의해 선택되기 때문입니다. 이러한 질서는 오래되었기 때문에 새로운 군주국에서 나타나는 어려움이 없습니다. 비록 군주가 민간신분에서 직위로 승격되었다 할지라도, 모든 조치는 그를 세습 군주로 받아들이도록 설정되어 있습니다.

제 주장으로 돌아와서, 위의 이야기를 고려할 때, 증오와 멸시가 그 황제들의 몰락 원인이었다는 것을 알 수 있습니다. 이는 어떻게 일부는 이 방식으로, 다른 일부는 반대 방식으로 행동했음에도 불구하고 일부는 행복한 결말을, 다른 일부는 불행한 결말을 맞이했는지를 이해할 수 있게 해줍니다. 페르티낙스와 알렉산데르는 마르쿠스를 모방하는 것이 도움이 되지 않았습니다. 왜냐하면 그들은 왕좌에 올랐지만, 마르쿠스는 세습 군주였기 때문입니다. 카라칼라, 코모두스, 막시미누스에게는 세베루스처럼 행동하는 것이 매우 해로웠습니다. 왜냐하면 그들은 그의 발자취를 따를 필요한 덕을 갖추지 못했기 때문입니다. 새로운 군주는 마르쿠스를 모방할 필요가 없으며 세베루스를 따를 필요도 없습니다. 그러나 그는 자신의 군주국을 세우는 데 필요한 세베루스의 요소를, 이미 확립된 국가를 유지하는 데 유용하고 명예로운 마르쿠스의 요소를 취해야 합니다.

1. 경멸과 미움을 피하는 방법

군주는 경멸과 미움을 피해야 한다고 강조합니다. 이는 군주의 권력을 유지하는 데 필수적입니다.

2. 존경받는 군주

군주는 백성과 귀족 모두에게 존경받는 것이 중요합니다. 존경받는 군주는 안정적인 통치를 할 수 있으며, 반란의 위험이 줄어듭니다.

3. 경멸을 피하는 전략

군주는 약하거나 우유부단한 모습을 보이지 않아야 합니다. 군주는 강력하고 결단력 있는 모습을 보여야 경멸을 피할 수 있습니다.

4. 미움을 피하는 전략

군주는 백성의 재산과 명예를 존중해야 합니다. 불필요한 세금 인상이나 재산 몰수는 백성의 미움을 초래할 수 있습니다. 군주는 정의롭고 공정한 통치를 통해 백성의 지지를 얻어야 합니다.

5. 귀족들과 백성들간의 균형과 조화유지

군주는 귀족과 백성 간의 균형을 유지해야 합니다. 한쪽만을 편애하거나 억압하면 다른 쪽의 반발을 초래할 수 있습니다.

6. 군대와 민병대의 역할

군주는 강력한 군대를 유지해야 하지만, 동시에 민병대와의 관계도 중요합니다. 군대는 군주의 권력을 지키는 데 필수적이며, 민병대는 백성의 지지를 반영합니다.

오늘날의 시각에서 해석해 본 〈군주론〉의 주요 내용

-제19장-

(현대 리더십의 과제 : 존경과 호감을 유지하는 법)

군주가 증오와 경멸을 피하는 것이 얼마나 중요한지를 강조합니다. 군주가 국민의 증오를 받거나 경멸의 대상이 되지 않도록 공정하고 정당한 통치를 해야 한다고 주장합니다. 군주는 국민들에게 악의를 불러일으키지 않도록 신중하게 행동하고, 사적인 이익을 위해 국가의 자원을 낭비해서는 안 된다고 경고합니다. 마키아벨리는 군주가 국민의 존경을 받으면서도 필요할 때는 두려움을 유발할 수 있어야 한다고 강조합니다.

마키아벨리의 주장은 이후 시대에도 여러 방식으로 적용되었습니다. 절대주의 시대의 많은 군주들은 국민의 증오를 피하려고 노력했습니다. 루이 14세와 같은 군주들은 권위를 과시하면서도, 동시에 국민의 불만을 최소화하려고 했습니다. 이러한 접근은 군주가 국민의 존경을 받으면서도 두려움을 유발할 수 있는 효과적인 통치 방법임을 보여줍니다.

20세기의 독재자들 역시 마키아벨리의 주장을 현실 정치에 적용했습니다. 스탈린, 히틀러, 무솔리니 등은 선전과 프로파간다를 활용하여 자신을 국민의 영웅으로 포장했습니다. 그들은 강력한 통제력을 유지하면서도 국민의 존경을 받으려 했습니다.

그러나 현대 민주주의 사회에서는 마키아벨리의 주장이 많은 한계를 드러냅니다. 현대 정치에서는 투명성, 책임성, 그리고 국민과의 신뢰 관계가 중요한 가치로 자리 잡고 있습니다. 지도자가 국민의 존경을 받기 위해서는 공정하고 정당한 통치를 해야 하며, 국민의 의견을 존중하고 민주적 절차를 준수해야 합니다. 현대의 민주국가에서는 선거를 통해 지도자가 선출되며, 이는 국민의 신뢰와 지지를 얻는 데 중요한 요소로 작용합니다. 지도자는 투명하게 행정하고, 책임 있는 정책을 펴야 합니다.

또한, 현대 사회에서는 언론과 시민 사회의 역할이 중요해졌습니다. 지도자는 언론의 비판을 수용하고, 시민 사회와의 대화를 통해 정책을 조율해야 합니다. 예를 들어, 스웨덴과 같은 북유럽 국가들은 투명하고 책임 있는 정부 운영을 통해 국민의 신뢰를 얻고 있으며, 이는 마키아벨리의 접근법과는 다른 현대적인 통치 방식을 보여줍니다.

증오와 경멸을 피하는 통치 방법은 역사적으로 많은 군주들에게 영향을 미쳤으며, 일정 부분 타당성을 가질 수 있음을 보여줍니다. 그러나 현대 민주주의와 국제 사회에서는 이러한 접근이 많은 한계를 가집니다. 현대 정치에서는 투명성, 책임성, 그리고 국민과의 신뢰 관계가 중요한 가치로 자리 잡고 있으며, 지도자는 공정하고 정당한 통치를 해야 합니다. 따라서 현대의 지도자들은 마키아벨리의 통찰을 참고하면서도, 도덕적 기준과 민주적 가치를 균형 있게 고려해야 합니다. 이는 국민과의 신뢰 관계를 유지하고, 국제 사회에서 존경받는 국가로 자리 잡는 데 필수적인 요소입니다.

요새와 기타 보안 시설은
군주에게 유용한가 해로운가

　어떤 군주들은 자신의 통치를 확보하기 위해 신하들을 무장해제
시켰고, 다른 군주들은 자신이 지배하는 도시들에서 계속되는 정당
들을 지원했으며, 또 다른 군주들은 자신들에 대한 적대감을 유지하
려 했습니다. 또한 일부는 처음에 의심스러웠던 이들을 확보하려 애
썼으며, 어떤 이들은 요새를 건설했고, 다른 이들은 요새를 파괴하
고 철거했습니다.

　이 모든 사항에 대해 일반적인 판단은 없으며, 상황에 따라 다르기
때문에, 일반적인 상황에 대해서만 말씀드리겠습니다. 새로운 군주
에게 신하들을 무장해제하는 것은 결코 도움이 되지 않았습니다. 오
히려 무장되지 않았다면, 그들을 무장시키는 것이 항상 유익했습니
다. 왜냐하면 무장된 신하들은 그 무기를 자신의 것으로 삼고, 의심
스러운 이들은 충성스러워지며, 충실한 이들은 자신을 유지할 수 있
고, 신하들은 그들의 군주에게 충성을 보일 것이기 때문입니다. 그
러나 모든 신하들을 무장시킬 수는 없으므로, 선택된 이들에게 특정

한 특권을 부여해야 하며, 다른 이들은 마음대로 다룰 수 있습니다. 이러한 차별적 대우는 선발된 이들의 충성도를 보장합니다. 반면에 다른 이들은 필요성을 인식하고 이러한 조치를 용서할 것입니다. 그러나 누구도 무장하지 않는 것을 시작으로 신하들을 모욕하는 것은 그들에게 불신을 보여주고 두 가지 감정 모두 증오를 유발합니다.

군주는 전투 부대 없이는 존재할 수 없으므로 용병을 고용해야 합니다. 그러나 이 용병들이 흠잡을 데 없다 하더라도, 강력한 적과 의심스러운 신하들을 동시에 방어하기에는 충분하지 않습니다. 따라서 새로운 군주는 이미 말씀드린 바와 같이 새로운 영토에 군대를 배치하는 것이 항상 유익했습니다. 역사는 이러한 예로 가득합니다. 그러나 군주가 영토를 획득하여 기존 국가와 합병할 때는, 그 영토를 무장해제하는 것이 필요합니다. 그리고 시간이 지남에 따라 좋은 기회에 그들을 약화시키고, 모든 병사들은 고국에서 온 이들이 될 수 있도록 조치를 취하는 것이 현명합니다.

우리 선조들 중 가장 현명한 이들은 피스토이아는 내부 불화를 통해, 피사는 요새를 통해 통제되어야 한다고 말했습니다. 그들은 이렇게 하여 그 도시를 더 안전하게 지배할 수 있었습니다. 이것은 이탈리아에 일정한 균형이 있었을 때는 유용했을 수 있습니다. 그러나 현재로서는 더 이상 적절하지 않다고 생각합니다. 조장된 불화에서는 좋은 결과가 나오지 않습니다. 외부의 적이 다가올 때 내부에 분열이 있는 도시는 쉽게 함락됩니다. 왜냐하면 가장 약한 부분이 외부 적에게 의지할 것이고, 다른 부분은 저항할 능력이 없기 때문입니다. 베네치아인들이 자신들의 지배하에 있는 도시에서 귀족과 기벨린 세력을 유지한 것은 이러한 이유 때문입니다. 그들은 피를 흘리지 않았지만 이 분쟁을 유지하여 백성들이 자신들에게 반기를 들지 못하도록 했습니다. 그러나 이것은 의도한 대로 작동하지 않았고, 그들이 바일라에서 패배하자 한 파벌이 용기를 내어 베네치아 정권을 전복시켰습니다. 이러한 방법은 항상 군주의 약점을 나타냅니다. 강력한 통치에서는 이러한 불화를 허용하지 않습니다. 왜냐하면 평화 시에만 유용할 수 있으며 전쟁이 일어나면 이러한 통치 방식이 얼마나 속임수인지 드러나기 때문입니다.

군주에게는 어려움과 저항을 극복하는 것이 위대함으로 나타납니다. 운명이 군주를 위대하게 만들고자 한다면, 그에게 적을 만들고 그들이 공격하도록 자극함으로써 그가 그들을 굴욕시키고 그들이 제공하는 사다리를 타고 더 높이 오르게 할 것입니다. 따라서 일부는 현명한 군주가 기회가 주어지면 몇몇 적들을 교묘하게 선동하여 그들의 패배를 통해 더욱 커지게 할 필요가 있다고 판단했습니다. 군주들, 특히 새로운 군주들은 초기에 의심스러웠던 사람들에게서 더 큰 충성과 이득을 얻었으며, 처음에 그들 편에 섰던 이들보다 더 많은 이득을 얻었습니다. 시에나의 군주 판돌포 페트루치는 이들을 통해 그의 국가를 더 많이 통치했습니다. 이에 대해 말할 것은 많지 않습니다. 왜냐하면 그것은 전적으로 상황에 따라 다르기 때문입니다. 제가 강조하고 싶은 한 가지는, 다만 한 가지만 언급하자면, 처음에 군주의 지배에 적대적이었던 사람들이 지원 없이는 스스로를 유지할 수 없는 성격이라면 군주에게 쉽게 넘어가 더 충실한 봉사를 하게 되는데, 이는 그들이 불리한 첫인상을 지우기 위해 무언가를 해야 한다는 것을 깨닫기 때문입니다. 따라서 군주는 그들이 완전히 안전하다고 느끼고 그의 일을 소홀히 하는 이들보다 더 큰 이익을 얻습니다. 이 문제가 요구하는 바에 따라, 자신의 지지자들의 도움으로 땅을 정복한 군주들에게 그들이 그들과 함께 한 이유를 잘 고려할 것을 상기시켜야 합니다. 만약 그것이 자연스러운 호감이 아니라 이전 상황에 대한 불만으로 인한 것이라면, 그들을 친구로 유지하기 위해 아무리 애를 써도 그들을 만족시키기는 거의 불가능합니다. 고대와 현대의 이야기를 고려하면, 이전 상황에 만족하고 새로운 군주에게 적대적이었던 이들을 얻는 것이 불만을 가지고 그를 지지했던 이들을 얻는 것보다 쉽다는 것을 알 수 있습니다.

군주들은 보통 안전을 위해 요새를 만들기도 하는데, 이는 적의 침입을 어렵게 하며 공격을 받았을 때 첫 방어수단이 됩니다. 이 방법을 비난할 수는 없습니다. 그러나 최근 시타 디 카스텔로의 니콜로 비텔리는 그 장소를 지키기 위해 두 개의 성을 허물었습니다. 우르비노의 공작 귀도발도 체사레 보르자에 의해 추방된 후 자신의 땅으로 돌아와 모든 요새를 파괴했습니다. 벤티볼리오 가문도 볼로냐로 돌아온 후 같은 일을 했습니다. 따라서 요새는 상황에 따라 유용하거나 해로울 수 있으며, 한편으로 도움이 되는 동시에 다른 한편으로 해를 끼칠 수 있습니다. 자신의 백성보다 외부인을 더 두려워하는 군주는 요새를 지어야 하지만, 자신의 백성을 더 두려워한다면 그렇게 하지 않아야 합니다. 스포르차 가문에게는 프란체스코 스포르차가 지은 밀라노의 성이 해가 된 적이 많습니다. 최고의 방어는 백성으로부터 증오받지 않는 것입니다. 왜냐하면 백성이 증오하는 군주에게 요새는 도움이 되지 않기 때문입니다. 외부의 도움 없이 무장한 백성이 있을 때는 요새가 무용지물이 됩니다. 최근에 요새가 군주에게 이득을 준 사례를 보지 못했습니다. 유일한 예외는 포를리 백작부인(카타리나 스포르차)이며, 그녀는 남편 지롤라모 백작의 죽음 후 반란 중에 요새로 피신했으며, 밀라노에서 온 지원이 도착해 그녀를 다시 자리에 앉힐 때까지 버텼습니다. 당시의 상황은 외국인들이 반란군을 돕는 것을 허용하지 않았습니다. 그러나 이후 체사레 보르자가 요새를 공격하고 백성들이 외국인들과 힘을 합쳐 대항하자 요새는 아무 소용이 없었습니다. 어쨌든 그녀는 요새를 갖는 것보다 백성들에게 미움을 받지 않는 것이 더 가치가 있었을 것입니다. 이 모든 것을 고려할 때, 나는 요새를 쌓는 사람도 요새를 쌓지 않는 사람도 기꺼이 칭찬하겠지만, 요새에 의존하여 백성의 미움을 받지 않는 사람은 책망할 것입니다.

마키아벨리가 알려주는 핵심내용 정리

1. 요새와 기타 방책의 유용성

요새와 같은 방책의 유용성을 설명합니다. 요새는 군주가 외부 침략에 대비하거나 반란을 진압하는 데 중요한 역할을 합니다.

2. 요새의 한계

그러나 요새만으로는 충분하지 않습니다. 군주는 백성의 신뢰와 지지를 얻어야 하며, 요새가 없는 경우에도 안정적인 통치를 유지할 수 있는 방안을 마련해야 합니다.

3. 백성의 지지는 생존의 필수가치

군주는 요새에 의존하기보다는 백성의 지지를 얻는 것이 더 중요합니다. 백성의 지지가 있다면, 군주는 어떤 위기에서도 생존할 수 있습니다.

4. 군주의 건전한 재정 관리 필요성

군주는 요새 건설과 유지에 필요한 재정을 잘 관리해야 합니다. 과도한 비용은 백성의 불만을 초래할 수 있으므로, 재정을 효율적으로 사용해야 합니다.

5. 다양한 외교 전략의 필요성

군주는 요새뿐만 아니라, 외교를 통해 적국과의 관계를 관리해야 합니다. 외교를 통해 적의 공격을 예방하고, 동맹을 맺어 국가의 안전을 도모할 수 있습니다.

오늘날의 시각에서 해석해 본 〈군주론〉의 주요 내용

-제20장-

(현대 보안 전략 : 물리적 및 디지털 방어)

군주가 자신을 반대하는 음모로부터 어떻게 스스로를 보호할 수 있는지에 대해 논의합니다. 그는 군주가 적절한 방법으로 국민과 귀족의 지지를 얻고, 음모와 반란을 예방하는 데 집중해야 한다고 주장합니다. 마키아벨리는 군주가 사랑받기보다는 두려움을 받는 것이 더 안전하다고 강조하지만, 동시에 미움을 사서는 안 된다고 경고합니다.

마키아벨리의 주장은 이후 시대에도 여전히 유효한 면이 많습니다. 현대 정치에서도 지도자들은 국민의 지지와 신뢰를 얻는 것이 중요하며, 이를 통해 안정적인 통치를 유지할 수 있습니다. 마키아벨리가 강조한 것처럼, 지도자가 과도하게 두려움을 조성하거나 국민의 미움을 사게 되면 정권은 불안정해지고, 이는 결국 반란이나 쿠데타로 이어질 수 있습니다. 따라서 현대 정치에서도 지도자들은 국민과의 긍정적인 관계를 유지하고, 지지를 얻기 위해 노력해야 합니다.

그러나 현대 사회는 마키아벨리의 시대와는 많은 차이가 있습니다. 민주주의가 확산되면서 지도자들은 국민의 직접적인 선택을 통해 권력을 얻고, 그 권력을 유지하기 위해 지속적으로 국민의 지지를 받아야 합니다. 이는 마키아벨리의 〈군주론〉에서 제시된 것보다 더욱 중요한 요소가 되었습니다. 현대의 지도자들은 공포보다는 신뢰와 존경을 바탕으로 한 리더십을 구축해야 하며, 이를 통해 안정적인 통치를 유지할 수 있습니다.

또한, 현대 사회는 정보화와 글로벌화로 인해 정치적 투명성과 책임성이 더욱 강조됩니다. 과거에는 군주가 비밀리에 음모를 예방하고 권력을 유지하는 것이 가능했지만, 현대에는 언론과 정보 기술의 발달로 인해 이러한 비밀스러운 접근 방식이 어렵습니다. 지도자들은 투명성과 책임성을 통해 국민의 신뢰를 얻고, 정당성과 합법성을 유지해야 합니다.

마키아벨리는 군주가 음모를 예방하기 위해 국민의 지지를 얻고, 미움을 사지 않도록 주의해야 한다고 주장했습니다. 이는 현대에도 중요한 교훈입니다. 그러나 현대 사회에서는 민주적 절차와 투명성을 통한 신뢰 구축이 더욱 강조됩니다. 또한, 지도자들은 법치주의와 인권을 존중하며 통치해야 하며, 이는 마키아벨리의 시대와는 다른 중요한 요소입니다.

많은 원칙들은 현대 정치에서도 여전히 중요한 통찰을 제공합니다. 그러나 현대의 민주주의와 정보화 사회에서는 투명성과 책임성, 신뢰와 존경을 바탕으로 한 리더십이 더욱 강조됩니다. 따라서 마키아벨리의 주장을 시대적 맥락에 맞게 보완하고 조정하여 적용할 필요가 있습니다.

21장

군주가 어떻게 행동해야
위대한 명성을 얻을 수 있는가

　군주에게 많은 존경을 얻게 해주는 것은 대업과 빛나는 행동뿐입니다. 최근에 우리는 페르디난드, 현 스페인의 아라곤 군주를 보았습니다. 약한 군주에서 시작했지만 그의 업적을 통해 기독교 세계의 첫 번째 군주가 되었으므로 어느 정도 새로운 주권자로 간주될 수 있습니다. 그의 행동을 보면 모든 것에서 위대함을 발견할 수 있습니다. 그 중 일부는 매우 비범합니다. 통치 초기 그는 그라나다를 공격하는 일로 시작했습니다. 이는 위대함의 기초가 된 업적이었습니다. 처음에는 매우 조심스럽게 행동했고, 방해받을것을 걱정하지 않았으며, 카스티야의 귀족들을 바쁘게 했고, 이는 그들이 국내에서의 혁신을 생각하지 못하게 했습니다. 그리고 그 자신은 점차 큰 위신과 명성을 얻었습니다. 자신의 군대를 교회와 백성의 돈으로 유지할 수 있었고, 긴 전쟁을 통해 후에 큰 영예를 안겨줄 군사력의 토대를 마련했습니다. 또한 더 큰 일에 나설 수 있도록 계속해서 종교의 이름으로 엄격한 태도를 유지하면서 무어인들을 추방했습니다. 이는 놀라울 정도로 드문 사건입니다. 같은 구실로 그는 아프리카를 침공했고, 이탈리아에서 군사적 움직임을 시도했으며, 마지막으로 프랑스를 공격했습니다. 그는 지속적인 큰 계획들로 바빴으며, 이는 신하들로 하여금 그 결과를 기대하고 감탄하게 했습니다. 그의 행동은 서로 연결되어 있어서 사이에 끼어들 기회가 없었고, 반대할 시간도 없었습니다.

군주에게는 내부 행정에서 두드러진 일을 하는 것이 매우 유익합니다. 예를 들어, 특별한 사건에 대해 누군가를 보상하거나 처벌하여 그것에 대한 많은 이야기가 나오게 할 때, 밀라노의 베르나르도 경의 경우처럼 말입니다. 모든 일에서 군주는 그의 행동에서 위대함과 두드러짐을 추구해야 합니다. 또한 군주가 진정한 친구나 적으로서 자신을 증명하는 것은 매우 존경받을 만한 일입니다. 즉, 어떠한 망설임도 없이 확고한 입장을 취해야 하며, 이는 중립을 지키는 것보다 항상 더 큰 명성을 가져다줍니다. 두 강력한 이웃이 충돌할 때, 당신은 승자에게서 무엇인가 위협을 받을 수 있습니다. 두 경우 모두 적극적으로 나서서 열심히 참여하는 것이 좋습니다. 왜냐하면 첫 번째 경우, 간섭하지 않고자 하는 자는 항상 승자에 의해 포식 될 것이며, 패자는 큰 만족을 느끼며, 다른 피난처는 남아 있지 않기 때문입니다. 승자는 위험 중에 도움을 주지 않는 의심스러운 친구를 원하지 않습니다. 패자는 전투 중에 참여를 거부한 자에게 피난처를 제공하지 않습니다. 안티오코스는 애톨리아인들의 설득을 받아 그리스에 와서 로마인들과 싸웠습니다 그는 로마인의 친구였던 아케아인들에게 사신을 보내 중립을 지키도록 설득했습니다 반면 로마인들은 그들이 무기를 들고 자신들을 도와주기를 요청했습니다. 이에 대해 아케안 회의에서 안티오코스의 사절이 중립을 주장할 때, 로마 대사는 다음과 같이 대답했습니다. "당신들이 중립을 유지하는 것이 최선이자 가장 유익하다고 권고 받았다면, 이것이 오히려 해로울 수 있다는 것을 고려하십시오. 전쟁에 참여하지 않는다면, 승리자에게 감사와 명예 없이 포획될 것입니다." 일반적으로 주저하는 군주는 중립의 길을 선택하고 대부분 이로 인해 실패합니다.

하지만 군주가 어느 한쪽과 진지하게 협력하고, 그 쪽이 승리하면, 그는 물론 의존하게 되지만, 감사의 끈이 맺어지고, 사람들은 그렇게 배신적이지 않아서 그를 곧바로 억누르지 않습니다. 또한 승리는 그리 완벽하지 않아 승자가 다양한 고려를 하고 특히 정의를 고려해야 할 때가 많습니다. 하지만 당신이 지지한 쪽이 패배하더라도, 그들은 여전히 당신을 도와줄 것이고, 당신은 다시 일어설 수 있도록 도움을 줄 친구를 갖게 됩니다. 두 번째 경우에는 싸우는 양측이 서로 비슷해서 승자로부터 두려울 것이 없다면, 당신이 참여하지 않으면 한쪽이 파괴될 것이므로, 더욱 현명하게 참여하는 것이 좋습니다. 승리하면 당신이 그들을 통제할 수 있고, 당신이 돕는 쪽이 승리하지 않는 것은 거의 불가능합니다. 여기서 중요한 점은 군주는 결코 더 강력한 자와 연합해서 다른 이를 공격하지 않아야 한다는 것입니다, 필요한 경우를 제외하면 대부분 그가 승리하면 당신은 그의 힘 아래에 있게 됩니다. 이것은 모든 것 중에서 피해야 합니다.

베네치아인들은 밀라노 공작과 싸우기 위해 프랑스와 연합했는

데, 이는 불필요했고 그 결과로 그들은 파멸했습니다. 그러나 피할 수 없는 경우, 예를 들어 피렌체인들이 그랬던 것처럼, 교황과 스페인이 롬바르디아를 침략했을 때는 그런 결정을 내려야 합니다. 어떤 국가도 안전을 확신하지 말고, 항상 모든 것의 불확실성을 계산해야 합니다. 왜냐하면 세상은 어떤 불편함을 피하면 다른 불편함에 빠지게 되어 있기 때문입니다. 지혜는 그들 사이에서 선택하고 가장 적은 것을 선택하는 데 있습니다. 또한 군주는 탁월한 특성을 사랑하고 각 분야에서 뛰어난 사람들을 존중해야 합니다. 그는 백성들이 그들의 업적, 무역이든 농업이든 다른 일이든 열심히 할 수 있도록 격려해야 하며, 그들이 자신들이 번 것을 즐기는 것을 두려워하지 않도록 해야 합니다. 새로운 세금을 두려워하여 무역을 포기하거나 소유를 방치하는 것도 두려워하지 않도록 해야 합니다. 오히려 그는 모두를 격려하고 도시나 국가에 어떤 방식으로든 도움이 되는 사람에게 보상해야 합니다. 그는 적절한 시기에 백성들을 축제와 공연으로 즐겁게 해야 하며, 각 도시는 조합으로 이루어져 있기 때문에, 이 조합들을 존중하고 적절한 시기에 그들의 모임에 참석하며, 친절하고 관대하게 행동하면서도 모든 일에서 그의 위엄을 유지해야 합니다.

마키아벨리가 알려주는 핵심내용 정리

1. 명성의 필요성

군주가 명성을 얻는 것이 중요하다고 강조합니다. 명성은 군주의 권위를 강화하고, 백성과 귀족의 지지를 얻는 데 도움이 됩니다.

2. 대담하고 과감한 행동

군주는 대담하고 과감한 행동을 통해 명성을 쌓을 수 있습니다. 이러한 행동은 군주의 결단력과 용기를 보여주며, 백성의 존경을 받게 합니다.

3. 긍정적 이미지 구축

군주는 긍정적인 이미지를 구축해야 합니다. 이는 공정하고 정의로운 통치를 통해 가능하며, 군주의 선한 의도를 보여주는 것입니다.

4. 공공 사업을 통한 백성의 생활개선

군주는 공공 사업을 통해 명성을 높일 수 있습니다. 이는 백성의 생활을 개선하고, 군주에 대한 긍정적인 인식을 강화하는 데 도움이 됩니다.

5. 다양한 외교적 성과를 통한 명성관리

군주는 외교에서 성공을 거두어 명성을 쌓아야 합니다. 이는 군주의 지혜와 능력을 보여주며, 국제 사회에서의 군주의 위치를 강화합니다.

6. 군사적 승리를 통한 명성획득리

군주는 군사적 승리를 통해 명성을 얻을 수 있습니다. 이는 군주의 군사적 역량을 증명하며, 국가의 안전을 보장합니다.

오늘날의 시각에서 해석해 본 〈군주론〉의 주요 내용

-제21장-

(명성과 평판 관리 : 현대 리더의 길)

군주가 명성과 명망을 유지하기 위해 필요한 전략에 대해 말합니다. 마키아벨리는 군주가 전쟁에서 승리하고 대담한 행위를 통해 국민들에게 존경받아야 한다고 주장합니다. 그는 군주가 국민들에게 보이는 행동을 통해 그들의 신뢰와 지지를 얻어야 한다고 강조합니다. 이러한 주장들은 오늘날에도 여전히 중요한 통찰을 제공합니다.

현대 정치에서도 지도자들은 국민들의 신뢰와 존경을 얻기 위해 유능하고 결단력 있는 인물임을 보여주어야 합니다. 경제적 성과, 사회적 안정, 외교적 성공 등을 통해 국민들에게 긍정적인 이미지를 심어주고, 이를 통해 신뢰를 얻는 것은 마키아벨리가 강조한 것과 일맥상통합니다. 또한, 정치 지도자들은 미디어와 대중의 시선을 관리하며 긍정적인 이미지를 유지하려고 노력합니다. 투명성과 책임성을 보여줌으로써 국민들의 지지를 유지하는 것은 현대 정치에서도 매우 중요한 요소입니다.

그러나 현대 사회는 마키아벨리의 시대와는 많은 차이가 있습니다. 마키아벨리는 군주가 전쟁에서 승리하고 용맹한 행동을 통해 명성을 얻어야 한다고 주장했지만, 현대 사회에서는 군사적 승리보다는 외교적 해결, 평화 유지, 인권 보호 등이 더 중요하게 평가됩니다. 현대의 정치 지도자들은 전쟁보다는 평화적 수단을 통해 갈등을 해결하고, 국제 협력을 증진시키는 데 중점을 둡니다. 따라서 마키아벨리의 주장은 현대의 국제 정치 환경에서 다소 수정이 필요합니다.

또한, 마키아벨리는 군주가 강력한 권위를 유지하고 대담한 행위를 통해 국민을 통제해야 한다고 주장했지만, 현대의 민주주의 사회에서는 권위주의적 통치보다는 민주적 절차와 참여가 중요합니다. 현대의 지도자들은 권위를 통해서가 아니라 국민의 참여와 지지를 통해 통치의 정당성을 확보합니다. 이는 마키아벨리의 권위주의적 접근과는 다른 현대 정치의 핵심 원칙입니다. 민주적 절차와 국민의 참여가 강조되는 현대 정치에서는 마키아벨리의 주장을 보완하여 적용할 필요가 있습니다.

많은 원칙들은 현대 정치에서도 여전히 중요한 통찰을 제공합니다. 지도자들이 명성과 신뢰를 얻기 위해 국민들에게 긍정적인 이미지를 심어주고, 투명성과 책임성을 유지하는 것은 오늘날에도 유효합니다. 그러나 전쟁과 용맹한 행동을 통한 명성 확보, 권위주의적 통치 등의 부분은 현대 민주주의와 평화 중심의 국제 정치 환경에서는 다소 수정이 필요합니다.

22장

장관들에 대하여

포부를 가진 군주에게 있어 장관을 선택하는 것은 결코 사소한 일이 아니며, 그의 판단이 철저한지 여부에 따라 결과가 좋거나 나쁠 수 있습니다. 사람들은 먼저 그의 주변 사람들 성향을 통해 그와 그의 지능을 평가합니다. 만약 그들이 그 일에 합당하고 충실하다면, 그는 항상 현명한 사람으로 여겨질 것이며, 그가 그들을 그들의 가치가 있는 대로 인식하고 그들의 충성을 유지할 수 있기 때문입니다. 그렇지 않다면 그에 대한 호의적인 평가는 기대하기 어렵습니다. 만약 누군가가 시에나 군주인 판돌포 페트루치의 장관 안토니오 데 베나프로를 알고 있다면, 그를 장관으로 선택한 판돌포 페트루치를 현명한 사람으로 간주해야 할 것입니다.

사람들의 두뇌는 세 가지 유형이 있습니다. 첫 번째는 스스로 모든 것을 깨닫는 유형이고, 두 번째는 다른 사람들이 설명해주면 이해하는 유형이며, 세 번째는 스스로 또는 다른 사람의 도움으로도 아무것도 이해하지 못하는 유형입니다. 첫 번째는 가장 뛰어난 유형이고, 두 번째도 여전히 훌륭하지만, 마지막 유형은 쓸모가 없습니다. 판돌포는 첫 번째가 아니라 두 번째 유형에 속했습니다. 왜냐하면 그가 다른 사람들이 말하고 행동하는 것의 좋고 나쁨을 구별할 수 있는 이해력만 있다면, 비록 그 자신이 창의적인 정신을 갖고 있지 않더라도, 자신의 장관들의 행동을 평가하고 유능한 이들을 승진시키며 다른 이들을 징계할 수 있기 때문입니다. 어떤 장관도 그를 속일 수 없으며, 그는 자신의 위치를 유지할 수 있습니다. 장관을 평가하는 데는 다음과 같은 방법이 확실한 방법입니다. 주군보다 자신을 더 생각하고 모든 행동에서 개인적인 이익을 우선시하는 자를 보았을 때, 그는 결코 좋은 조언자가 될 수 없으며 신뢰할 수도 없습니다. 왜냐하면 정부의 사무를 맡은 사람은 더 이상 자신을 생각해서는 안 되며, 모든 것을 군주와 관련하여 생각해야 하기 때문입니다. 반면에 군주는 그를 생각해야 하며, 명예와 부를 부여하고, 그와 연결되도록 하며, 명예와 정무의 일부를 맡겨 그가 군주 없이는 존재할 수 없음을 알고, 더 높은 지위를 추구하지 않을 정도로 충분한 명예를 갖고, 더 많은 부를 원하지 않을 정도로 충분한 부를 갖게 해주고, 국가 변동을 두려워해야 할 정도로 높은 직위에 있게 해야 합니다. 장관이 이러한 상태에 있고 군주가 이와 같이 대한다면, 둘은 서로를 신뢰할 수 있습니다. 그렇지 않다면 결국 한쪽이나 다른 쪽에 나쁜 결과가 있을 것입니다.

1. 신하 선택의 신중함 필요

군주가 자신의 신하를 신중하게 선택해야 한다고 강조합니다. 신하의 능력과 충성심은 군주의 통치에 큰 영향을 끼칩니다.

2. 유능한 인재의 중요성

군주는 유능한 인재를 신하로 임명해야 합니다. 유능한 인재는 군주의 결정을 보좌하고, 효과적인 통치를 지원할 수 있습니다.

3. 충성심의 평가

군주는 신하의 충성심을 평가해야 합니다. 충성심 없는 신하는 군주에게 해를 끼칠 수 있으며, 통치의 안정성을 위협할 수 있습니다.

4. 조언 경청, 하지만 최종결정은 군주가 직접 내려야한다

군주는 신하의 충고를 경청해야 하지만, 최종 결정은 군주가 내려야 합니다. 이는 군주의 권위를 유지하고, 신하의 권력 남용을 방지하기 위함입니다.

5. 충성심 강화를 위한 유능한 신하들에 대한 보상

군주는 충성스럽고 유능한 신하에게 적절한 보상을 제공해야 합니다. 이는 신하의 동기를 부여하고, 군주에 대한 충성심을 강화하는 데 도움이 됩니다.

6. 신하 관리의 중요성

군주는 신하를 잘 관리해야 합니다. 이는 군주의 신뢰를 유지하고, 신하들간의 갈등을 예방하며, 통치의 효율성을 높이는 데 중요합니다.

오늘날의 시각에서 해석해 본 〈군주론〉의 주요 내용

-제22장-

(조언자의 선택 : 현대 경영의 참모 관리)

군주가 현명한 조언을 받는 방법과 조언자들의 역할에 대해 논의합니다. 그는 군주가 좋은 조언을 받을 수 있도록 조언자를 신중하게 선택하고, 그들의 충성심과 능력을 검증해야 한다고 주장합니다. 마키아벨리는 군주가 아첨을 피하고 진실을 말해줄 사람을 가까이 두어야 한다고 강조합니다. 또한, 군주는 자신의 결단력을 유지하며, 조언을 들어야 하지만 최종 결정은 자신이 내려야 한다고 지적합니다.

마키아벨리의 주장은 이후 시대에도 다양한 방식으로 적용되었습니다. 예를 들어, 근대 유럽의 군주들은 신하와 조언자들을 신중하게 선택하며, 그들의 충성심과 능력을 중요시했습니다. 프랑스의 루이 14세는 신뢰할 수 있는 조언자들과 협력했으며, 이는 그의 통치 안정성에 기여했습니다. 이러한 접근은 마키아벨리의 주장이 그 시대의 군주들에게 유효했음을 보여줍니다.

또한, 20세기의 지도자들도 마키아벨리의 주장을 적용했습니다. 프랭클린 D. 루스벨트는 다양한 전문가와 조언자들의 의견을 수렴하여 중요한 정책 결정을 내렸습니다. 그는 "브레인 트러스트"라는 비공식 고문단을 조직하여 리더십을 강화했습니다. 이는 마키아벨리의 조언이 현대 정치에서도 타당성을 가질 수 있음을 보여줍니다.

그러나 현대 민주주의 사회에서는 마키아벨리의 주장이 한계를 드러낼 수 있습니다. 현대 정치 체제에서는 지도자가 다양한 이해 관계자들의 의견을 수렴하고, 투명한 의사결정 과정을 거치는 것이 중요합니다. 예를 들어, 민주 국가에서는 의회와 정부 기관, 시민 사회의 의견을 반영하여 정책을 수립하며, 이는 지도자가 독단적으로 결정을 내리는 것을 방지합니다. 의회는 다양한 의견을 반영하는 중요한 역할을 하며, 이는 마키아벨리가 강조한 군주와 조언자 간의 일방적인 관계와 다릅니다.

또한, 현대 사회에서는 언론과 정보의 자유가 중요한 역할을 합니다. 지도자는 언론의 비판과 감시를 통해 공정하고 책임 있는 정책을 추진할 수 있으며, 이는 아첨을 방지하는 데 도움이 됩니다. 자유 언론이 발달한 국가에서는 지도자가 잘못된 결정을 내릴 경우 언론이 이를 지적하고, 국민의 여론을 반영하여 정책을 수정할 수 있습니다. 이는 현대 정치에서 투명성과 책임성을 강화하는 중요한 요소입니다.

현명한 조언을 받는 방법과 조언자의 역할에 대한 주장은 많은 지도자들에게 영향을 미쳤으며, 일정 부분 타당성을 가질 수 있음을 보여줍니다. 그러나 현대 민주주의와 국제 사회에서는 이러한 접근이 한계를 가집니다. 현대 정치에서는 다양한 이해관계자들의 의견을 수렴하고, 투명한 의사결정 과정을 거치는 것이 중요합니다. 또한, 언론과 정보의 자유를 통해 지도자가 공정하고 책임 있는 정책을 추진할 수 있는 환경을 조성하는 것이 필요합니다. 따라서 현대의 지도자들은 마키아벨리의 통찰을 참고하면서도, 민주적 가치를 고려하여 정책을 수립하고 실행해야 합니다.

23장

아첨꾼은 피해야 한다

　매우 중요한 주제인 만큼, 특히 지혜롭고 현명한 선택을 하지 못하는 군주들이 쉽게 피하지 못하는 실수에 대해 다루지 않을 수 없습니다. 바로 아첨꾼들에 관한 것입니다. 아첨에 대항하는 유일한 방법은 진실을 듣고도 불쾌해하지 않는다는 것을 보여주는 것이지만, 누구나 자유롭게 진실을 말할 수 있게 되면 존경심이 손상됩니다. 그러므로 현명한 군주는 세 번째 방식을 택해야 하며, 영리한 이들을 선택하고, 오직 그들 만이 자신에게 진실을 말할 수 있도록 허용해야 합니다. 그러나 그것은 군주가 그들에게 물어보았을 때만 해당됩니다. 그는 모든 것에 대해 그들의 의견을 듣고, 그 후에 자신의 결정을 내려야 합니다. 이 조언자들과 함께 군주는 모든 사람이 더 솔직하게 말할수록 더 많은 경청을 받게 된다는 것을 알 수 있도록 행동해야 합니다. 그러나 이들 외에는 아무도 듣지 말아야 하며, 결정된 사항에 대해서는 다시 논의하지 않고 결정에서 물러서서는 안 됩니다. 이와 다르게 행동하는 사람은 아첨꾼들에 의해 파멸에 이르거나, 의견의 다양성과 자주 변경되는 결정들로 인해 경멸을 받게 될 것입니다.

이와 관련하여 최근 역사에서 예를 들어보겠습니다. 황제 막시밀리안의 친구인 루카 신부는 황제에 대해 아무도 조언을 구하지 않고 결정을 내리지 않는다고 말했습니다. 그러나 황제가 그의 계획을 실행에 옮기기 시작하면, 그것이 전개될 때 반대가 시작되고, 황제 자신이 유화적인 성격을 가졌기 때문에 쉽게 그것에서 물러나곤 했습니다. 하루는 시작하고 다음 날은 파괴합니다. 그의 계획에 대해 결코 알 수 없으며 그의 결정에 의존할 수 없습니다. 그러므로 군주는 항상 자문을 구해야 하지만, 그가 원할 때만 그렇게 하고, 다른 이들이 원할 때는 아니어야 합니다. 그는 누구도 요청하지 않은 조언을 하도록 용기를 주어서는 안 되며, 자주 의견을 묻고 그럴 때 진실을 솔직하게 말하는 것을 기꺼이 들어야 하며, 오히려 진실을 숨기는 사람에게 화를 내야 합니다. 일부 사람들은 많은 군주들이 다른 사람들의 좋은 조언 덕분에 현명한 사람으로 평가받는다고 믿습니다. 그러나 이것은 분명히 잘못된 생각입니다. 아주 일반적인 규칙이지만 예외 없이, 지능이 부족한 군주는 좋은 조언을 받아들일 수 없습니다. 물론 아주 영리한 한 사람에 의해 완전히 지배된다면 그렇게 잘 이끌어갈 수 있습니다. 그러나 이 상황도 오래가지 못하고, 그런 조언자는 곧 군주를 전복시킬 것입니다. 지혜가 부족한 군주가 여러 사람의 의견을 구한다면 일치하는 조언을 받을 수 없고, 그것을 조정할 능력도 없습니다. 자신의 이익만을 생각하는 조언자는 좋은 조언자가 될 수 없습니다. 그들은 자신의 이익을 최우선으로 생각하기 때문입니다. 요약하자면, 좋은 조언은 군주의 현명함에 의해 유도되어야 합니다. 좋은 조언이 군주를 현명하게 만드는 것이 아닙니다.

마키아벨리가 알려주는 핵심내용 정리

1. 아첨꾼의 위험성

군주는 아첨꾼을 경계해야 한다고 경고합니다. 아첨꾼은 진실을 왜곡하고, 군주의 결정을 혼란스럽게 만들 수 있습니다.

2. 진실을 듣는 방법

군주는 진실을 들을 수 있는 방법을 마련해야 합니다. 이는 신뢰할 수 있는 사람들과의 직접적인 소통을 통해 가능합니다.

3. 직언의 중요성

군주는 자신의 결정에 대해 직언할 수 있는 신하를 곁에 두어야 합니다. 직언은 군주가 올바른 결정을 내리는 데 중요한 역할을 합니다.

4. 의견 제시의 적절한 시기와 방식

군주는 신하들이 적절한 시기와 방식으로 의견을 제시할 수 있도록 해야 합니다. 이는 신하들이 자유롭게 의견을 말하면서도, 군주의 권위를 존중하는 방식으로 이루어져야 합니다.

5. 신하들의 충성심 확보

군주는 신하들의 충성심을 확보해야 합니다. 충성스러운 신하는 군주의 이익을 최우선으로 생각하며, 아첨꾼의 영향에서 벗어나게 합니다.

6. 정보의 검증 필요

군주는 다양한 출처에서 정보를 수집하고, 이를 검증해야 합니다. 이는 아첨꾼의 왜곡된 정보에 의존하지 않도록 하는 데 중요합니다.

오늘날의 시각에서 해석해 본 〈군주론〉의 주요 내용

-제23장-

(아첨과 진실 : 현대 리더십의 도전)

군주가 어떤 방식으로 신하들의 충성심을 유지할 수 있는지에 대해 다룹니다. 군주가 신하들의 충성심을 유지하기 위해서는 그들에게 보상과 처벌을 적절히 사용해야 한다고 주장합니다. 마키아벨리는 군주가 신하들에게 혜택을 주어 그들의 충성심을 유도하되, 반역이나 불충실한 행동을 했을 때는 단호하게 처벌해야 한다고 강조합니다. 이를 통해 군주는 신하들의 존경과 두려움을 동시에 얻을 수 있다고 주장합니다.

마키아벨리의 이러한 주장은 이후 시대에도 다양한 방식으로 적용되었습니다. 예를 들어, 절대주의 시대의 군주들은 신하들에게 토지나 재산을 하사하여 그들의 충성심을 얻고, 동시에 반역자들에게는 엄격한 처벌을 가했습니다. 프랑스의 루이 14세는 자신의 권력을 공고히 하기 위해 신하들에게 많은 혜택을 주었지만, 반역자들에게는 가차 없는 처벌을 내렸습니다. 이러한 접근은 마키아벨리의 주장이 그 시대의 군주들에게 유효했음을 보여줍니다.

20세기의 독재자들 역시 마키아벨리의 주장을 현실 정치에 적용했습니다. 스탈린, 히틀러, 마오쩌둥 등 충성하는 신하들에게는 혜택을 주었지만, 반역자들에게는 잔혹한 처벌을 가했습니다. 이들은 충성과 두려움을 통해 권력을 유지하려 했으며, 이는 마키아벨리의 주장이 일정 부분 타당성을 가질 수 있음을 보여줍니다.

그러나 현대 민주주의 사회에서는 마키아벨리의 주장이 많은 한계를 드러냅니다. 현대 정치에서는 지도자가 신하들의 충성심을 유지하기 위해 보상과 처벌을 사용하는 것보다, 신뢰와 협력을 바탕으로 한 관계를 구축하는 것이 중요합니다. 예를 들어, 현대의 민주 국가에서는 공직자들이 국민을 위해 봉사한다는 가치와 원칙을 바탕으로 충성심을 유지합니다. 이러한 접근은 마키아벨리가 강조한 보상과 처벌 중심의 통치 방식과는 다릅니다.

또한, 현대 사회에서는 법치주의와 투명성이 중요한 요소로 자리 잡고 있습니다. 지도자가 신하들을 공정하게 대우하고, 법과 규칙에 따라 처벌을 집행하는 것이 중요합니다. 예를 들어, 공직자의 부패나 불법 행위는 법적 절차에 따라 처리되며, 이는 정치적 충성심 유지와는 다른 차원에서 이루어집니다. 현대 민주주의에서는 지도자가 법치주의와 투명성을 준수함으로써 국민의 신뢰를 얻는 것이 중요합니다.

신하들의 충성심을 유지하는 방법은 역사적으로 많은 군주들에게 영향을 미쳤으며, 일정 부분 타당성을 가질 수 있음을 보여줍니다. 그러나 현대 민주주의와 국제 사회에서는 이러한 접근이 많은 한계를 가집니다. 현대 정치에서는 신뢰와 협력을 바탕으로 한 관계 구축, 법치주의와 투명성 준수가 중요한 가치로 자리 잡고 있습니다. 따라서 현대의 지도자들은 마키아벨리의 통찰을 참고하면서도, 민주적 가치를 균형 있게 고려하여 신하들과의 관계를 구축하고, 공정하고 책임 있는 통치를 실현해야 합니다. 이는 국민과의 신뢰 관계를 유지하고, 국제 사회에서 존경받는 국가로 자리 잡는 데 필수적인 요소입니다.

24장

이탈리아 군주들은 어떻게 자신들의 영토를 잃었는가

앞서 설명한 모든 것이 잘 관찰된다면, 새로운 군주는 오래된 군주와 같아지며, 마치 그곳에서 자란 것처럼 자신의 지배력을 빠르게 안전하고 확고하게 할 것입니다. 새로운 군주의 행동은 상속된 군주보다 훨씬 더 주목을 받습니다. 그 안에서 큰 장점을 인식하면 이것이 사람들을 사로잡고, 그는 오래된 가문보다 더 큰 충성을 얻게 됩니다. 왜냐하면 사람들은 현재에 훨씬 더 관심을 가지며, 편안함을 느낀다면 그들은 만족하고 다른 것을 원하지 않으며, 군주가 스스로를 방치하지 않는 한 진지하게 군주의 편을 들 것입니다. 이런 방식으로 새로운 영토를 설립하고 명예를 얻으며 좋은 법률, 유능한 군사력, 친구들과 다른 이들을 위한 좋은 예를 제공함으로써 두 배의 명성을 얻습니다. 반면에 무능함으로 오랜 영토를 잃은 군주는 두 배의 수치를 겪습니다.

우리 시대에 영토를 잃은 이탈리아의 군주들을 살펴보면, 네아폴리의 군주, 밀라노의 공작 등이 있습니다. 먼저 그들이 저지른 공통된 실수는 앞서 설명한 이유로 인한 군사력의 실패입니다. 또한, 그들 중 일부는 백성을 적으로 돌렸거나, 백성이 친구였더라도 귀족들을 확보하지 못했습니다. 이러한 실수 없이는 충분한 군대를 동원할 수 있는 군주의 영토는 결코 잃어버리지 않습니다. 마케도니아의 필립, 위대한 알렉산더 대군주의 아버지가 아니라 티투스 퀸티우스에 의해 패배한 필립은 로마인들과 그리스인들이 공격했을 때 비교적 작은 국가였지만, 군주로서의 그의 전쟁 정신과 백성을 다루는 능력, 귀족들을 확보함으로써 몇 년 동안 그들과 대항할 수 있었습니다. 도시 하나를 잃을지라도 자신의 군주국을 지킬 수 있었습니다. 우리의 군주들이 오랫동안 소유했던 영토를 잃었다면, 그것은 운명을 탓하기보다는 그들 자신의 겁쟁이 같은 태도 때문입니다. 좋은 날씨에 폭풍을 생각하지 않는 것이 사람들의 흔한 오류입니다. 나쁜 상황이 닥치면 방어할 생각을 하지 않고 도망가기를 희망하며, 정복자들이 질릴 때까지 백성들이 그들을 다시 불러줄 것을 바랍니다. 만약 다른 방법이 전혀 없다면 이것이 최선이지만, 다른 방법을 소홀히 하고 이것을 선호하는 것은 매우 나쁩니다. 스스로 일어설 수 없는 사람이 다른 사람의 도움을 바라며 넘어지는 것은 결코 좋지 않습니다. 그것이 실제로 일어나든 아니든 항상 매우 불확실합니다. 그것은 우리의 통제를 벗어나 있으며 낮은 수단입니다. 유일하게 좋은 방어는 우리 자신과 우리 자신의 용기에 의존하는 것입니다.

1. 이탈리아 군주들의 실패

이탈리아 군주들이 영토를 잃은 이유를 분석합니다. 그는 이들이 공통적으로 저지른 실수를 강조합니다.

2. 군사력 부족

이탈리아 군주들은 자국군이 아닌 용병과 보조군에 의존하여 군사력이 부족했습니다. 이는 그들이 외부 침략에 취약하게 만든 주요 원인 중 하나입니다.

3. 내부 불화와 반란

이탈리아 군주들은 내부 불화를 효과적으로 관리하지 못했습니다. 이는 내부 반란과 귀족 간의 갈등을 초래하여 군주국의 안정성을 약화시켰습니다.

4. 외교적 실패

이탈리아 군주들은 적절한 외교 전략을 구사하지 못했습니다. 이는 강력한 동맹을 형성하지 못하게 했고, 외부 위협에 대한 대응력을 약화시켰습니다.

5. 신속한 대응의 부족

군주들은 위기 상황에서 신속하고 결단력 있게 대응하지 못했습니다. 이는 위기 상황에서 영토를 지키지 못하게 하는 결과를 낳았습니다.

6. 지도력의 결여

이탈리아 군주들이 강력하고 결단력 있는 지도력을 발휘하지 못했다고 지적합니다. 이는 그들이 백성의 지지와 신뢰를 얻지 못하게 했습니다.

오늘날의 시각에서 해석해 본 〈군주론〉의 주요 내용

-제24장-

(실패의 교훈 : 현대 리더십에서의 위험 관리)

군주가 어떻게 타국 군주의 실수로부터 교훈을 얻어야 하는지에 대해 논의합니다. 그는 다른 군주들의 실패를 분석하고, 이를 통해 자신이 피해야 할 실수를 학습해야 한다고 주장합니다. 또한, 군주는 자신의 정치적 위치를 강화하고 유지하기 위해 다른 군주들의 실패 사례를 반면교사로 삼아야 한다고 강조합니다.

마키아벨리의 이러한 주장은 이후 시대에도 여전히 중요한 통찰을 제공합니다. 현대 정치에서도 지도자들은 다른 나라의 실패 사례를 분석하고, 이를 통해 자국의 정책을 개선하고 실패를 피하려고 노력합니다. 예를 들어, 경제 위기, 외교적 실패, 군사적 패배 등의 사례를 통해 교훈을 얻고, 이를 바탕으로 정책을 수정하는 것은 매우 중요합니다. 이는 마키아벨리가 강조한 바와 같이, 타인의 실수를 통해 자신의 실수를 예방하는 지혜를 보여줍니다.

그러나 현대 사회는 정보의 접근성과 투명성이 높아지면서 과거보다 훨씬 더 많은 데이터와 정보를 활용할 수 있게 되었습니다. 따라서 지도자들은 단순히 타인의 실패를 분석하는 것뿐만 아니라, 데이터 기반의 정책 분석과 예측을 통해 보다 체계적이고 과학적인 접근을 취해야 합니다. 이는 마키아벨리의 시대와는 다른 현대 정치의 중요한 요소입니다. 데이터 분석, 인공지능, 빅데이터 등의 기술은 현대 정치 지도자들이 실수를 예방하고 더 나은 결정을 내리는 데 중요한 도구로 사용되고 있습니다.

또한, 마키아벨리는 군주가 타국의 실패를 통해 교훈을 얻어야한다고 강조했지만, 현대의 글로벌화된 세계에서는 국제 협력과 다자주의가 더욱 중요해졌습니다. 다른 국가의 실패를 단순히 교훈으로 삼는 것뿐만 아니라, 국제 사회와 협력하여 공동의 문제를해결하는 접근이 필요합니다. 이는 기후 변화, 테러리즘, 팬데믹 등 글로벌 이슈에 대응하는 데 필수적입니다. 따라서 현대 지도자들은 다른 국가와의 협력과 연대 속에서 교훈을 얻고, 공동의 해결책을 모색하는 능력을 키워야 합니다.

다른 군주의 실패로부터 교훈을 얻는 중요성은 현대에도 여전히 유효합니다. 그러나 현대의 정치 환경은 과거와는 많이 달라졌습니다. 정보의 접근성과 데이터 분석 기술의 발달, 국제 협력의 중요성 등은 현대 정치에서 중요한 요소로 작용하고 있습니다. 지도자들은 타인의 실수로부터 교훈을 얻는 것뿐만 아니라, 데이터와 국제 협력을 통해 더 나은 결정을 내릴 수 있어야 합니다.

운명이 인간 사건에 미치는 영향

많은 이들이 과거에 느꼈고 지금도 느끼는 바에 따르면, 세상의 사건들은 운명과 신에 의해 그토록 지배를 받아 인간의 모든 지혜로도 개선할 수 없고 어떤 조치도 취할 수 없다고 합니다. 이러한 견해에 따르면, 많은 계획을 세우는 것은 가치가 없으며 단지 운명에 자신을 맡기는 것이 낫습니다. 이 견해는 우리 시대에 일어난 큰 변화들, 여전히 매일 보게 되는 것들로 인해 많은 지지를 얻고 있습니다. 이러한 변화들은 모든 인간의 추측을 무색하게 만듭니다. 생각해보면 때때로 이 견해에 동의하는 경향이 있습니다. 그러나 인간의 자유의지와 상충되므로, 운명이 인간 사건의 절반정도는 지배할 수 있을지 모르지만, 나머지 절반정도는 우리에게 맡겨져 있어야 한다고 생각합니다.

운명을 위험한 강에 비유하겠습니다. 강이 불어나면 평원을 넘쳐 범람하고 나무와 건물을 쓰러뜨리며 여기저기 흙을 휩쓸어 갑니다. 많은 사람들이 도망치고 굴복하며 저항할 수 없습니다. 그러나 평화로운 시기에 사람들이 제방과 방벽을 만들어 높은 물이 운하를 따라 흘러갈 수 있게 하거나 적어도 그렇게 폭발적으로 넘치지 않게 할 수도 있습니다. 운명도 비슷하게, 제대로 대비된 곳에서는 그 힘을 발휘하지 못하고, 어떤 제방도 없는 곳이면 휘몰아치며 피해를 줍니다. 이탈리아를 보면 이러한 큰 변화의 중심지였고, 충분한 군사 능력으로 방어했다면 독일, 프랑스, 스페인처럼 큰 변화나 재난이 일어나지 않았을 것입니다. 운명에 대항하여 일반적으로 말할 수 있는 것입니다. 이제 구체적으로 말하자면, 오늘은 번영하는 군주를 보고 내일은 몰락하는 군주를 보게 됩니다. 그가 그의 본성을 조금도 변화시키지 않았음에도 불구하고 이는 내가 이전에 자세히 설명한 원인들로부터 비롯됩니다.

즉, 운명에 전적으로 의존하는 군주는 운명이 바뀌면 몰락할 수밖에 없습니다. 또한, 자신의 행동이 그 시대의 정신과 일치하는 사람은 성공하고, 그렇지 않은 사람은 실패합니다. 우리는 사람들이 명예와 부, 영광 등 각자가 설정한 목표를 다양한 방식으로 추구하는 것을 봅니다. 어떤 이는 신중하게, 어떤 이는 성급하게, 어떤 이는 강력하게, 어떤 이는 교활하게, 어떤 이는 인내심을 가지고, 또 다른 이는 그 반대의 방식으로 행동합니다. 각각은 자신의 방식대로 목표에 도달할 수 있습니다. 두 사람이 모두 신중한데 한 사람은 성공하고 다른 사람은 실패합니다. 마찬가지로 두 사람이 다르게 행동할 때도 둘 다 성공할 수 있습니다. 이는 순전히 상황이 그들의 행동 방식과 일치하는지 여부에 따라 다릅니다. 따라서 저는 다른 방식으로 같은 목표에 도달할 수 있으며, 같은 방식으로 행동하는 두 사람 중 한 사람은 성공하고 다른 사람은 실패한다고 말합니다. 이로 인해 운명의 변화가 발생합니다. 왜냐하면 조심스럽고 사려 깊게 행동하는 사람이라면 상황이 잘 맞으면 모든 것이 잘 풀립니다. 상황과 시간이 변하면 실패하게 되며, 자신의 행동 방식을 바꾸지 않는 한 파멸하게 됩니다. 그러나 사람은 자신의 본성을 버리고 다른 사람을 따라 하기 어렵습니다. 부분적으로 자신의 본능을 거스를 수 없기 때문이고, 한편으로는 그동안 성공했던 방식을 버리는 것이 좋다는 것을 인정하기 어렵기 때문입니다. 그래서 신중한 사람은 과감하게 행동할 시기가 되면 그렇게 할 수 없고, 결국 실패하게 됩니다. 만약 그가 자신의 성격을 시대와 상황에 맞게 변화시켰다면, 운명도 변하지 않았을 것입니다.

율리우스 교황은 모든 일에 맹렬하게 나아가는 방식으로 행동했고, 상황과 잘 맞아 떨어져 항상 성공했습니다. 첫 번째 작전은 볼로냐에 대한 것이었는데, 조반니 벤티볼리오가 아직 살아 있을 때였습니다. 베네치아인들은 만족하지 않았고, 스페인 군주와 프랑스 군주는 이와 유사한 작전을 고려했습니다. 그러나 그는 평소처럼 적극적이며 개인적인 방식으로 이 문제를 다뤘습니다. 이 대담한 행동은 베네치아와 스페인을 물러서게 했고, 베네치아를 격하시키길 원하는 프랑스 군주를 그의 편으로 끌어들였습니다. 교황이 이미 행동을 취했기 때문에, 그는 프랑스 군주가 군사 지원을 거부하는 것은 공개적으로 교황을 모욕하는 것이라고 생각하게 했습니다. 그래서 율리우스는 적극적인 움직임으로 다른 어떤 교황도 인간의 지혜로 이루지 못했던 것을 이루었습니다. 그가 출발을 미루고 적당히 준비하고 모든 조치를 취한 후 로마에서 떠났다면, 다른 교황들처럼 성공하지 못했을 것입니다. 그의 다른 모든 행동들도 이와 유사하며 모두 성공했습니다. 그의 짧은 생애는 그가 적대적인 운명을 경험할 시간을 주지 않았습니다. 그러나 만약 그가 신중한 행동이 필요한 상황에 처했다면 그도 실패했을 것입니다. 왜냐하면 자신의 본성을 부인할 수 없었기 때문입니다. 상황이 변하더라도 그 사람들이 변하지 않는 한, 그것들은 그들과 일치하는 상황에서는 잘 통할 것입니다. 그러나 일치하지 않는 순간, 모든 것이 실패할 것입니다. 그러나 운이 주어진다면, 과감하게 나아가는 것이 신중하게 행동하는 것보다 낫다는 것은 사실입니다. 왜냐하면 운명은 변덕스러워서 그것을 제압하려면 때리고 밀어붙여야 하기 때문입니다. 그것은 차분하고 냉정하게 행동하는 사람보다는 그렇게 대하는 사람에 의해 더 쉽게 제압됩니다. 따라서 젊은 사람들에게 더 호의적입니다. 왜냐하면 그들은 덜 신중하고 더 대담하며 더 과감하게 명령하기 때문입니다.

마키아벨리가 알려주는 핵심내용 정리

1. 운명과 덕목의 관계

운명(포르투나)과 덕목(비르투)의 관계를 설명합니다. 그는 운명이 인간의 삶에 미치는 영향과 인간의 능력으로 이를 극복할 수 있는 방법을 논의합니다.

2. 운명의 역할

운명은 인간의 통제 밖에서 일어나는 사건과 상황을 의미합니다. 마키아벨리는 운명이 통치자의 성공과 실패에 중요한 역할을 한다고 주장합니다.

3. 인간의 힘과 능력

군주는 자신의 능력과 지혜를 통해 운명의 도전에 대응해야 합니다. 마키아벨리는 인간의 덕목(비르투)이 운명의 영향을 줄이고 통치의 성공을 가져올 수 있다고 강조합니다.

4. 운명을 통제하는 방법

군주가 운명을 통제하기 위해 적극적이고 결단력 있는 행동을 취해야 한다고 주장합니다. 이는 변화하는 상황에 빠르게 대응하고, 위험을 기회로 전환하는 것을 포함합니다.

5. 준비와 유연성

군주는 항상 준비된 상태를 유지해야 하며, 변화하는 상황에 유연하게 대응할 수 있어야 합니다. 이는 예기치 않은 상황에서도 성공적으로 대응할 수 있게 합니다.

오늘날의 시각에서 해석해 본 〈군주론〉의 주요 내용

-제25장-

(운명 대 역량 : 현대 사회에서의 성공 방정식)

운명과 인간의 자유 의지 사이의 관계를 논의합니다. 그는 운명이 인간의 행동에 미치는 영향을 인정하면서도, 인간이 자신의 운명을 통제할 수 있는 능력도 있다고 주장합니다. 마키아벨리는 운명이 우리의 행동 중 절반을 좌우하지만, 나머지는 우리의 의지와 능력에 달려 있다고 설명합니다. 군주는 자신의 운명을 최대한 통제하기 위해 준비성과 결단력을 갖추어야 한다고 강조합니다.

이러한 주장은 이후 시대에도 다양한 방식으로 적용되었습니다. 예를 들어, 근대 유럽의 지도자들은 마키아벨리의 철학을 받아들여 결단력과 능력으로 운명을 개척하려 했습니다. 나폴레옹 보나파르트는 자신의 능력과 결단력으로 유럽을 정복하며 마키아벨리의 주장을 현실화한 인물로 평가됩니다. 그는 자신의 운명을 통제하기 위해 끊임없이 노력했으며, 이는 당시 지도자들에게 마키아벨리의 철학이 유효했음을 보여줍니다.

또한, 20세기의 지도자들도 마키아벨리의 주장을 적용했습니다. 프랭클린 D. 루스벨트는 대공황과 제2차 세계대전의 위기를 극복하기 위해 강력한 결단력과 리더십을 발휘했습니다. 그는 마키아벨리가 강조한 준비성과 결단력을 바탕으로 미국을 이끌었으며, 이는 그의 성공적인 리더십을 보여줍니다. 이러한 사례들은 마키아벨리의 주장이 현대 정치에서도 타당성을 가질 수 있음을 보여줍니다.

그러나 현대 민주주의 사회에서는 마키아벨리의 주장이 한계를 드러낼 수 있습니다. 현대 정치에서는 개인의 결단력과 능력뿐만 아니라, 제도와 협력의 중요성이 강조됩니다. 예를 들어, 민주 국가에서는 지도자의 결단력과 더불어 의회, 사법부, 행정부 간의 협력과 견제가 중요한 역할을 합니다. 이는 지도자가 자신의 운명을 통제하기 위해 개인적인 능력뿐만 아니라, 제도적 지원과 협력이 필요함을 반영합니다.

현대 사회에서는 운명에 대한 이해와 통제가 개인의 능력에만 국한되지 않습니다. 사회적, 경제적, 환경적 요인들이 복합적으로 작용하여 개인과 국가의 운명을 좌우합니다. 예를 들어, 기후 변화나 글로벌 경제 위기와 같은 문제들은 한 개인이나 지도자의 능력만으로 해결하기 어려운 복잡한 문제들입니다. 이는 현대 정치에서 협력과 공동의 노력이 중요하다는 것을 보여줍니다.

운명과 인간의 자유 의지에 대한 논의는 역사적으로 많은 지도자들에게 영향을 미쳤으며, 일정 부분 타당성을 가질 수 있습니다. 그러나 현대 민주주의와 국제 사회에서는 많은 한계를 가집니다. 현대 정치에서는 개인의 결단력과 능력뿐만 아니라, 제도적 지원과 협력, 사회적, 경제적, 환경적 요인들이 중요한 역할을 합니다. 따라서 현대의 지도자들은 마키아벨리의 통찰을 참고하면서도, 민주적 가치를 균형 있게 고려하여 운명을 통제하고, 공동의 노력을 통해 문제들을 해결해 나가야 합니다. 이는 국민과의 신뢰 관계를 유지하고, 국제 사회에서 존경받는 국가로 자리 잡는 데 필수요소입니다.

이탈리아를 외세로부터
해방시키기 위한 호소

　지금까지 논의된 모든 것을 고려해보면, 현재 이탈리아에서 새로운 군주를 세우고, 용감하고 현명한 사람이 새로운 헌법을 제정하여 자신에게 명예를, 국가에 이익을 가져다줄 수 있는 시기가 도래한 것 같습니다. 이처럼 많은 여건이 맞아떨어지는 시기는 지금까지 없었던 것 같습니다. 말했듯이, 모세의 업적은 유대인들이 이집트의 노예 상태에 있지 않았다면 발전할 수 없었을 것이며, 키루스의 위대함도 페르시아인들이 메디아인들에게 억압받지 않았다면 드러나지 않았을 것입니다. 테세우스를 유명하게 만든 것도 당시 아테네 사람들이 흩어져 살았기 때문입니다.

　이탈리아의 위대한 정신이 나타나기 위해서는 이탈리아가 유대인들보다 더 노예 상태에 빠져 있어야 했고, 페르시아인들보다 더 억압받아야 했으며, 아테네인들보다 더 흩어져 있어야 했습니다. 이탈리아 사람들은 지도자도 없고, 질서도 없으며, 맞고, 약탈당하고, 찢

기고, 침략당하며, 모든 면에서 파괴되어야 했습니다. 그리고 지금까지 그런 사람들 중 일부는 마치 하나님이 이탈리아를 구원하기 위해 부르신 것처럼 보이지만, 그들은 운명에 의해 그렇게 밀려났으므로 이탈리아는 여전히 죽은 것처럼 누워서 자신이 견뎌온 고통에서 구해줄 사람을 기다리고 있습니다.

롬바르디아의 약탈과 황폐화, 로마와 나폴리 군주국의 약탈과 강탈을 종식시키고, 오랜 세월 동안 깊게 패인 상처를 치유해 주실 누군가를 기다리고 있습니다. 백성들이 야만인들의 잔인함과 오만함에서 그들을 구해줄 누군가를 보내 달라고 하나님께 부르짖는 모습을 보십시오! 깃발을 들고 이끌어줄 사람만 있다면, 그를 따를 준비가 되어 있습니다. 하지만 지금은 희망을 걸만한 사람이 보이지 않습니다. 당신의 빛나는 집안만이 그럴 수 있습니다. 여러분의 가문은 높은 자질과 행운을 지니고 있으며, 신과 교회의 후원 아래 이탈리아를 해방시킬 지도자가 될 수 있습니다. 내가 여러분에게 제시한 예시들만 명심한다면 이것은 여러분에게 어렵지 않을 것입니다. 그리고 비록 그것들이 드물고 위대한 남성들에 의해 나온 것이지만, 그들역시 사람이었습니다. 하지만 기회는 현재처럼 좋은 적이 없습니다. 그들의 업적은 정당하지도, 쉽지도 않았고, 하나님께서 그들에게 더 우호적이셨던 것도 아닙니다. 여기 정당한 이유가 있습니다. 이 전쟁은 정당하고, 필요합니다. 여기에는 신성한 무기가 있습니다. 그러니 다른 것을 기대하지 마세요. 모든 것이 준비되어 있으므로, 제가 제시한 예시들을 본보기로 삼는다면 큰 어려움은 없을 것입니다. 게다가 하나님이 보낸 표적과 기적들이 이루어졌습니다. 바다는 갈라졌고, 구름이 길을 인도했으며, 바위에서 물이 나왔고, 만나가 비처럼 내렸습니다. 모든 것이 당신의 위대함을 위해 결합되었습니다. 나머지는 당신이 해야만 합니다. 하나님께서는 모든 것을 하지 않습니다. 그것은 인간의 자유 의지를 침해하지 않기 위함이며, 우리의 행동에 관한 명예의 부분을 우리에게 남겨두기 위함입니다.

위에서 언급한 이탈리아인들이 당신의 빛나는 집안에서 기대할 수 있는 것을 이룰 수 없었다는 것은 놀라운 일이 아닙니다. 그리고 이탈리아의 많은 변화와 많은 전쟁업적에서 모든 전쟁 미덕이 사라진 것처럼 보였습니다. 이것은 오직 옛 규정들이 쓸모없었고, 아직까지 새로운 것을 고안할 줄 아는 사람이 없었다는 것을 증명할 뿐입니다. 새로운 법과 새로운 규정을 발명하는 것은 새로 떠오르는 영웅에게 더 많은 명예를 가져다줍니다. 그것들이 잘 설립되어 있고 거기에 어떤 위대함이 있다면, 그는 존경과 경외를 얻게 될 것이며, 이탈리아에는 새로운 형태의 모든 것이 있을 수 있습니다. 그들에게 필요한 힘은 충분합니다. 다만, 그 힘이 머리에만 없었을 뿐입니다. 결투와 소규모 전투들은 그들이 얼마나 많은 잠재력을 가지고 있는지 보여줍니다. 하지만 그들이 전체 군대로 나타날 때는 그런 것이 전혀 보이지 않습니다. 모든 것은 지도자들의 나약함 때문입니다. 더 잘 아는 사람들은 따르지 않습니다. 그러나 지금까지 아무도 충분한 덕과 운을 보여준 적이 없기 때문에 다른 사람들이 그에게 양보해야 할 필요가 없었습니다. 그래서 지난 20년 동안 이탈리아인들만으로 구성된 단 하나의 군대들은 아무것도 성취하지 못했습니다. 타로, 알렉산드리아, 카푸아, 제노바, 바일라, 볼로냐, 메스트리의 전투가 이

를 증명합니다. 그러므로 귀하의 빛나는 집안이 자신의 조국을 해방
시킨 사람들의 본보기를 따르기를 원한다면, 모든 업적에 기초가 되
는 것은 자체 군대를 모집하는 것입니다. 왜냐하면 더 충성스럽고,
진정하며, 나은 병사가 없기 때문입니다. 비록 각 개인이 혼자서는
좋을지라도, 그들이 모여 자신의 군주에 의해 이끌리고 존경받고 잘
대우받는다고 느낄 때 더 좋아집니다. 그래서 이런 식으로 무장하는
것이 필요합니다. 외국인에 맞서 이탈리아의 용기로 방어하기 위해
서입니다.

스위스와 스페인 보병이 두려운 것으로 여겨지고 있지만, 둘 다 결
점이 있어서 제3자에게 저항할 기회와 이길 희망을 줍니다. 스페인
인들은 기병의 공격을 견디지 못하고 스위스인들은 그들이 만나는
보병이 자신들만큼 끈질기게 싸울 때 보병에게 밀립니다. 경험이 이
를 증명했습니다. 스페인인들은 프랑스 기병을 막을 수 없으며 스위
스인들은 스페인 보병에게 패배했습니다. 마지막 것에 대해서는 완
전한 경험이 없지만, 라벤나 전투에서 스페인인들이 스위스인들과
같은 싸움 방식을 가진 독일군과 만났을 때, 스페인인들은 몸의 민
첩함과 작은 방패의 도움으로 그들의 창 아래로 깊숙이 들어가 공격
하면서 보호받았고 독일인들은 저항할 수 없었습니다. 기병이 도착
하지 않았다면 모두 잃어버렸을 것입니다. 따라서 그 보병대의 결점
이 인식되었으므로 현재 기병에 저항할 수 있고 다른 보병을 두려워
하지 않는 새로운 구성이 도입될 수 있습니다.

이것은 무기의 성질에 의한 것이 아니라 병력의 배치와 조직에 의
해 이루어질 것입니다. 이것들은 새로운 군주를 위대하게 만들고 그

의 명성을 세우는 발명품입니다. 따라서 현재의 기회가 지나가지 않도록 하십시오. 이탈리아가 마침내 오랫동안 그의 구원자를 볼 수 있도록 하십시오. 그를 모든 나라가 어떻게 받아들일지 표현할 수 없습니다. 외세의 침략으로 고통받은 나라들이 그를 얼마나 갈망하고 있는지, 복수에 대한 얼마나 갈증이 있는지, 얼마나 꺾이지 않는 충성과 신성한 사랑이 있는지, 그를 위해 얼마나 많은 눈물이 흘릴 것인지 저는 표현할 수 없습니다. 어떤 문이 그에게 닫혀 있을까요? 어떤 민족이 그에게 복종하는 것을 거절할 수 있을까요? 그에 대한 시기가 어떻게 그를 향해 움직일 수 있을까요? 어떤 이탈리아인이 그를 따르는 것을 거부할 수 있을까요? 모든 사람이 이 외국의 통치를 싫어합니다! 그러니 당신의 빛나는 집안이 정의로운 업적이 시작될 때의 좋은 용기와 희망으로 결단을 내리십시오. 그래서 조국이 그의 깃발 아래 다시 고귀해지고, 페트라르카의 예언이 이루어지게 하십시오.

"미덕은 야만적인 분노에 맞서 무기를 들고 전투가 곧 결정될 것입니다. 오래된 용기는 오늘날에도 이탈리아 인의 가슴에서 죽지 않았기 때문입니다."

1. 이탈리아의 상황

당시 이탈리아의 혼란스러운 상황을 설명합니다. 이탈리아는 외세의 침략과 내부의 분열로 고통받고 있었습니다.

2. 이탈리아 통일의 필요성

강력한 지도자가 이탈리아를 통일하고 외세로부터 해방시킬 필요성을 강조합니다. 통일된 이탈리아는 더 강력하고 안정적일 수 있습니다.

3. 군주에 대한 권고

새로운 군주에게 이탈리아를 구원할 것을 촉구합니다. 그는 군주가 통일과 독립을 위해 결단력 있고 용감하게 행동해야 한다고 주장합니다.

4. 역사적 기회

현재의 상황이 이탈리아를 통일할 수 있는 역사적 기회를 제공한다고 설명합니다. 군주는 이 기회를 놓치지 말아야 합니다.

5. 군주의 역할

군주는 백성의 지지를 얻고, 군사적 역량을 강화하며, 현명한 정책을 통해 이탈리아를 통일해야 합니다. 이는 군주가 이탈리아의 영웅이 될 수 있는 기회입니다.

6. 비르투와 포르투나

비르투(덕목)와 포르투나(운명)의 조화를 통해 군주가 성공할 수 있다고 주장합니다. 군주는 자신의 능력을 최대한 발휘하여 운명의 도전에 맞서야 합니다.

오늘날의 시각에서 해석해 본 〈군주론〉의 주요 내용

-제26장-

(국가 회복의 현대적 전략 : 이탈리아의 교훈)

이탈리아의 정치 상황을 논의하며, 군주가 조국의 자유와 독립을 위해 행동해야 함을 강조합니다. 마키아벨리는 이탈리아가 외세의 지배에서 벗어나기 위해 강력하고 결단력 있는 지도자가 필요하다고 주장합니다. 그는 이탈리아의 분열과 외세의 간섭을 비판하며, 통일된 국가를 만들기 위해 강력한 리더십을 촉구합니다. 또한, 군주가 국민의 지지를 얻기 위해 국민의 기대와 욕구를 충족시키는 것이 중요하다고 강조합니다.

이러한 주장은 이후 시대에도 다양한 방식으로 적용되었습니다. 19세기 이탈리아 통일 운동(Risorgimento)은 마키아벨리의 주장이 현실화된 사례입니다. 이 운동의 지도자들은 이탈리아의 분열을 극복하고 통일된 국가를 만들기 위해 노력했으며, 강력한 리더십과 국민의 지지를 기반으로 외세의 간섭을 물리쳤습니다. 예를 들어, 주세페 가리발디와 카밀로 카보우르 같은 지도자들은 마키아벨리의 철학을 실천에 옮기며 이탈리아 통일을 이뤄냈습니다.

또한, 20세기 초반의 민족주의 운동에서도 마키아벨리의 주장은 일정 부분 타당성을 가졌습니다. 많은 국가들이 외세의 지배에서 벗어나 독립을 쟁취하기 위해 강력한 지도자를 필요로 했습니다. 예를 들어, 인도의 마하트마 간디는 비폭력 저항 운동을 통해 영국으로부터 독립을 이끌어냈으며, 이는 강력한 리더십과 국민의 지지를 기반으로 한 성공적인 사례입니다.

그러나 현대의 국제 정치 환경에서는 마키아벨리의 주장이 한계를 가질 수 있습니다. 현대 사회에서는 국가 간의 협력과 국제 기구의 역할이 중요시됩니다. 독립과 자주성은 여전히 중요한 가치지만, 이는 상호 협력과 국제 규범을 준수하는 방식으로 이루어져야 합니다. 예를 들어, 유럽 연합(EU)은 회원국들이 서로 협력하여 정치적, 경제적 안정과 번영을 추구하는 국제 기구입니다.

또한, 현대의 정치 지도자는 국민의 지지를 얻기 위해 투명하고 민주적인 절차를 준수해야 합니다. 마키아벨리가 강조한 강력한 리더십이 때로는 독재적 통치로 변질될 위험이 있습니다. 현대 민주주의 국가에서는 권력의 남용을 방지하기 위해 견제와 균형의 원리가 중요합니다. 예를 들어, 많은 국가들은 헌법과 법률을 통해 권력의 분립과 균형을 유지하며, 이는 마키아벨리의 접근과는 다른 민주적 가치의 구현입니다.

강력한 리더십과 국민의 지지를 바탕으로 한 통치 철학은 많은 지도자들에게 영향을 미쳤으며, 일정 부분 타당성을 가질 수 있음을 보여줍니다. 그러나 현대의 국제 정치 환경과 민주주의 사회에서는 많은 한계를 가집니다. 현대 정치에서는 국가 간 협력, 국제 규범 준수, 투명하고 민주적인 절차가 중요합니다. 따라서 현대의 지도자들은 마키아벨리의 통찰을 참고하면서도, 민주적 가치를 균형 있게 고려하여 통치하고, 국민과의 신뢰 관계를 유지하며, 국제 사회에서 존경받는 국가로 자리 잡는 데 주력해야 합니다.

<군주론>의
현대적 의의와 영향

- <군주론>의 현대적 의의

- 주요 학자들의 해석

- 논쟁점과 비판

- <군주론>의 영향력

〈군주론〉의 현대적 의의

마키아벨리의 〈군주론〉은 16세기에 쓰였지만, 오늘날까지도 여러 분야에서 중요한 의의를 지니고 있습니다. 이 책은 정치학, 경영학, 윤리학, 국제관계학 등 다양한 영역에서 여전히 중요한 참고 자료로 사용되고 있습니다.

정치학에서는 〈군주론〉이 현실 정치의 이해에 큰 기여를 합니다. 마키아벨리는 이상적인 정치 체제보다는 실제로 작동하는 현실 정치를 중시하며, 권력의 유지와 확대를 중심으로 정치 현상을 분석합니다. 이는 현대 정치에서 정치 현실주의의 기초를 이루며, 권력의 작동 방식을 이해하는 데 유용합니다. 또한, 군주의 덕목인 결단력, 용기, 지혜 등은 현대 정치 지도자들이 갖추어야 할 중요한 자질로 여겨집니다. 마키아벨리는 군주가 도덕성을 지키는 것이 중요하지만, 필요할 때는 실용적인 결정을 내려야 한다고 주장하여, 도덕성과 실용성의 균형을 유지하는 것이 현대 정치에서도 중요하다는 점을 강조합니다.

경영학에서도 〈군주론〉은 조직 관리와 리더십 스타일에 큰 영향을 미칩니다. 마키아벨리의 권력 유지 전략은 현대 경영에서도 유효하며, 조직 내 권력 구조를 이해하고 이를 효과적으로 관리하는 것이 중요합니다. 또한, 변화와 위기에 대처하는 방법을 강조한 마키아벨리의 통찰은 현대 기업이 급변하는 시장 환경에서 적응하고 생존하는 데 필요한 전략적 지침을 제공합니다. 마키아벨리가 강조한 결단력 있는 리더십은 현대 경영자들이 빠른 의사결정을 내리고 조직을 이끌어가는 데 중요한 역할을 합니다.

국제관계학에서는 마키아벨리의 현실주의적 접근이 중요한 의의를 갖습니다. 그의 외교 정책은 현대 국제관계에서 국가 간 힘의 균형과 외교적 전략을 이해하는 데 기초가 됩니다. 또한, 동맹의 중요성과 전략적 판단을 강조한 마키아벨리의 사상은 현대 국가들이 동맹을 형성하고 외교 정책을 결정하는 데 중요한 지침을 제공합니다. 군사력의 중요성을 강조한 부분은 현대 국가의 안보 정책에서도 중요한 요소로 작용합니다.

윤리학에서는 마키아벨리의 사상이 도덕성과 실용성 사이의 딜레마를 이해하고 이를 해결하는 데 중요한 통찰을 제공합니다. 그의 "목적이 수단을 정당화한다"는 논리는 현대 윤리학에서 많은 논쟁을 불러일으키지만, 이는 윤리적 결정의 복잡성을 이해하는 데 중요한 개념입니다. 이를 통해 개인과 조직이 직면하는 윤리적 문제를 해결하는 데 도움을 줍니다.

마키아벨리의 〈군주론〉은 교육과 연구에서도 중요한 역할을 합니다. 이 책은 정치 철학과 관련된 교육 과정에서 중요한 교재로 사용되며, 학생들이 정치 권력의 본질과 작동 방식을 이해하는 데 도움을 줍니다. 또한, 정치학, 경영학, 국제관계학 등의 연구에서 기초 자료로 사용되며, 다양한 연구 주제를 탐구하는 데 중요한 기여를 합니다.

종합적으로, 마키아벨리의 〈군주론〉은 현대 사회에서 다양한 분야에 걸쳐 중요한 통찰을 제공하며, 정치와 경영, 국제관계, 윤리 등 여러 영역에서 활용될 수 있는 귀중한 자료입니다. 이 책은 단순한 역사적 문헌을 넘어, 오늘날에도 여전히 유효한 지침과 교훈을 제공하는 중요한 작품으로 평가받고 있습니다.

주요 학자들의 해석

니콜로 마키아벨리의 〈군주론〉은 출간 이후 수세기 동안 다양한 학자들에 의해 여러 가지 방식으로 해석되었습니다. 주요 학자들의 해석은 시대와 정치적, 사회적 맥락에 따라 달라졌으며, 마키아벨리의 의도와 그의 사상을 둘러싼 논의는 계속해서 진화해왔습니다.

먼저, 초기 해석자들은 마키아벨리를 대체로 부정적으로 평가했습니다. 16세기와 17세기 동안, 특히 가톨릭 교회와 관련된 학자들은 그를 '마키아벨리즘'이라는 용어로 상징되는 교활하고 비도덕적인 정치 전략의 창시자로 간주했습니다. 프레데리코 델리 우발디니와 같은 초기 해석자들은 마키아벨리를 무자비한 권력 추구의 옹호자로 보았습니다. 이러한 부정적인 평가 속에서, 마키아벨리는 인간 본성을 비관적으로 보는 냉소적인 현실주의자로 묘사되었습니다.

18세기 계몽주의 시대에 들어서면서, 마키아벨리에 대한 해석은 점차 변화하기 시작했습니다. 볼테르와 같은 계몽주의 철학자들은 마키아벨리를 재평가하며, 그를 단순한 냉소주의자가 아니라 정치 현실을 냉정하게 분석한 학자로 보았습니다. 볼테르는 마키아벨리가 당대의 정치적 부패와 무능을 비판하는 동시에, 군주들이 더 나은 통치를 할 수 있도록 현실적인 조언을 제공한 것이라고 해석했습니다. 이러한 해석은 마키아벨리를 보다 긍정적인 시각에서 바라보게 했으며, 그의 저작을 정치학적 분석의 중요한 텍스트로 자리매김하게 했습니다.

20세기 들어와서는 마키아벨리에 대한 다양한 학문적 해석이 더욱 심화되었습니다. 한나 아렌트와 같은 정치 철학자들은 마키아벨리를 공화주의적 전통의 일부로 보았습니다. 아렌트는 마키아벨리가 단순히 권력의 유지와 확대를 위한 조언을 제공한 것이 아니라, 정치적 참여와 공화주의적 가치에 대한 중요성을 강조했다고 주장했습니다. 그녀는 마키아벨리가 정치적 현실주의와 도덕적 이상주의를 조화시키려 했다고 보았습니다.

한편, 레오 스트라우스는 마키아벨리를 근대 정치사상의 아버지로 평가하면서도, 그를 매우 비판적으로 해석했습니다. 스트라우스는 마키아벨리가 전통적인 도덕적 가치들을 의도적으로 무시하고, 정치에서의 도덕적 상대주의를 옹호했다고 주장했습니다. 그는 〈군주론〉이 도덕과 정치의 분리를 주장하며, 권력을 위한 수단으로서의 폭력과 기만을 정당화한 텍스트로 해석했습니다. 스트라우스의 해석은 마키아벨리가 정치적 성공을 위해 모든 수단을 정당화하는 '악의 교사'라는 비판적 견해를 재조명하게 했습니다.

또 다른 해석자로서 쿠엔틴 스키너는 마키아벨리를 그 시대의 맥락에서 이해해야 한다고 주장했습니다. 스키너는 마키아벨리가 16세기 이탈리아의 정치적 불안정과 외세의 위협 속에서 현실적인 정치 전략을 제시한 것으로 보았습니다. 그는 〈군주론〉이 단순한 권력 추구의 지침서가 아니라, 당시의 정치적 혼란을 극복하고 국가의 안정을 도모하기 위한 실용적인 조언서로 해석해야 한다고 강조했습니다.

이처럼, 주요 학자들은 마키아벨리의 〈군주론〉을 다양한 관점에서 해석해왔습니다. 초기의 부정적 평가에서부터 계몽주의적 재평가, 20세기의 복합적인 해석에 이르기까지, 마키아벨리의 저작은 시대와 학자들의 관점에 따라 다채로운 의미를 지니게 되었습니다. 이러한 해석들은 마키아벨리가 단순히 냉혹한 현실주의자가 아니라, 그의 시대와 상황을 깊이 이해하고 정치적 현실을 직시한 인물이라는 점을 부각시키고 있습니다.

논쟁점과 비판

　니콜로 마키아벨리의 〈군주론〉은 출간 이후 수세기 동안 많은 논쟁과 비판의 대상이 되어 왔습니다. 그의 저작은 정치 철학, 도덕 철학, 역사 연구 등 다양한 분야에서 격렬한 논쟁을 불러일으켰으며, 이러한 논쟁들은 그의 사상과 의도를 둘러싸고 끊임없이 이어져 왔습니다.

　첫 번째 주요 논쟁점은 마키아벨리의 현실주의적 접근입니다. 그는 정치에서 도덕적 이상보다는 현실적인 필요를 강조했으며, 이로 인해 많은 비판을 받았습니다. 특히 그의 유명한 구절, "목적이 수단을 정당화한다"는 식의 주장은 정치적 권력을 유지하기 위해서라면 비도덕적인 행위들도 정당화될 수 있다는 논리로 해석되었습니다. 이는 전통적인 도덕 철학자들과 종교 지도자들로부터 강한 비판을 받았습니다. 예를 들어, 기독교 윤리관에서는 마키아벨리의 권력 유지 방법이 비도덕적이며, 도덕적 가치와 덕목을 훼손한다고 비난했습니다.

　두 번째 논쟁점은 마키아벨리의 인간 본성에 대한 비관적 관점입니다. 그는 인간이 본질적으로 이기적이고 탐욕적이라고 보았으며, 이러한 인간 본성을 바탕으로 정치 전략을 세워야 한다고 주장했습니다. 이 관점은 인간의 긍정적 가능성을 무시하고, 사회와 정치에서의 개선과 진보를 부정하는 것으로 여겨졌습니다. 많은 학자들과 철학자들은 마키아벨리가 인간 본성을 지나치게 부정적으로 보았다고 비판했으며, 그의 이러한 비관적 시각이 정치적 냉소주의를 조장한다고 주장했습니다.

또 다른 중요한 논쟁점은 마키아벨리의 공화주의와 군주제에 대한 태도입니다. 〈군주론〉에서는 군주제를 옹호하는 듯한 태도를 보이지만, 마키아벨리의 다른 저작인 《로마사 논고》에서는 공화주의를 찬양하는 내용이 많습니다. 이러한 상반된 태도는 마키아벨리가 실제로 어떤 정치 체제를 지지했는지에 대한 논쟁을 불러일으켰습니다. 일부 학자들은 마키아벨리가 상황에 따라 정치적 입장을 달리했을 뿐이라고 해석하며, 그의 공화주의적 신념을 강조합니다. 반면, 다른 학자들은 마키아벨리가 본질적으로 권력과 통치의 효율성을 중시했으며, 그가 실제로 지지하는 정치 체제는 그의 현실주의적 관점에 따라 변할 수 있다고 주장합니다.

마키아벨리의 정치적 조언에 대한 실용성 역시 비판의 대상이 되었습니다. 그의 조언은 종종 극단적이며, 현실적으로 적용하기 어려운 경우가 많습니다. 예를 들어, 마키아벨리는 군주가 사랑받기보다는 두려움을 받는 것이 더 낫다고 주장했지만, 이는 군주가 장기적으로 안정된 통치를 유지하는 데 부정적인 영향을 미칠 수 있습니다. 또한, 그의 권력 유지 전략은 단기적인 성공을 위해 장기적인 신뢰와 협력을 희생시키는 결과를 초래할 수 있습니다. 이러한 점에서 그의 조언이 현실 정치에서 얼마나 유용한지에 대한 의문이 제기되었습니다.

마키아벨리의 저작이 악의 교과서로 해석되면서 발생한 비판도 있습니다. 레오 스트라우스와 같은 학자들은 마키아벨리가 전통적인 도덕적 가치를 무시하고 정치적 성공을 위해 모든 수단을 정당화했다고 주장했습니다. 이러한 해석은 마키아벨리를 정치적 부패와 권력 남용의 옹호자로 보게 만들었으며, 이는 그의 사상에 대한 도덕적 비판을 초래했습니다. 반면, 이러한 비판에 맞서 일부 학자들은 마키아벨리가 단순히 냉혹한 현실을 직시하고, 그에 맞는 조언을 제공했을 뿐이라고 옹호했습니다.

이처럼 마키아벨리의 〈군주론〉은 다양한 논쟁과 비판의 중심에 서 있습니다. 그의 현실주의적 접근, 인간 본성에 대한 비관적 시각, 공화주의와 군주제에 대한 상반된 태도, 그리고 그의 조언의 실용성에 대한 논쟁은 여전히 활발히 진행되고 있습니다. 마키아벨리의 저작은 단순히 역사적 텍스트로서뿐만 아니라, 현대 정치학과 도덕 철학에서도 중요한 참고 자료로 남아 있으며, 그의 사상에 대한 논의는 앞으로도 계속될 것입니다.

〈군주론〉의 영향력

니콜로 마키아벨리의 〈군주론〉은 정치철학의 고전으로, 출판된 이후 수세기 동안 정치 지도자와 이론가들에게 깊은 영향을 미쳤습니다. 이 책은 르네상스 시대의 이탈리아 정치 상황을 반영하면서도, 그 내용과 사상은 보편성을 지녀 다양한 시대와 맥락에서 중요한 참고 자료로 사용되었습니다. 마키아벨리의 현실주의적 접근은 많은 논쟁을 불러일으켰지만, 동시에 많은 군주와 정치인들에게 실질적인 통찰을 제공했습니다. 그의 사상은 역사적 사례뿐만 아니라 현대적 상황에서도 유의미하게 적용되고 있습니다.

마키아벨리가 〈군주론〉을 집필한 시기는 메디치 가문이 피렌체에서 권력을 되찾은 시기와 겹칩니다. 메디치 가문은 정치적 계략과 외교적 수완을 통해 권력을 회복했으며, 이는 〈군주론〉에서 제시된 전략과 일치하는 면이 많습니다. 특히 로렌초 데 메디치의 통치 스타일은 마키아벨리의 조언과 맞닿아 있습니다. 로렌초는 강력한 군사력과 외교적 연대를 통해 피렌체의 안정과 번영을 유지했으며, 이는 마키아벨리가 강조한 군주의 덕목과 전략을 실천한 사례로 볼 수 있습니다. 또한, 프랑스의 루이 14세는 절대왕정을 확립하며 마키아벨리의 사상을 실천한 군주 중 하나입니다. 루이 14세는 중앙 집권화를 통해 권력을 강화하고, 강력한 군사력을 유지하며 외교적 연대를 통해 자신의 지배력을 확대했습니다. 그의 통치는 마키아벨리가 제시한 강력한 지도자의 모델을 연상시키며, 특히 명성과 권위의 중요성을 강조한 점에서 〈군주론〉의 영향을 받은 것으로 평가할 수 있습니다.

프리드리히 대왕은 프로이센을 유럽의 강국으로 만든 지도자로, 마키아벨리의 사상을 전략적으로 활용한 사례로 자주 언급됩니다. 그는 군사적 혁신과 경제적 개혁을 통해 프로이센의 힘을 강화했으며, 외교적으로도 복잡한 유럽의 권력 구도에서 유리한 위치를 차지했습니다. 프리드리히 대왕은 실용주의적 접근을 통해 국가의 이익을 최우선으로 삼았으며, 이는 마키아벨리의 현실주의적 정치 철학과 일맥상통합니다. 19세기 이탈리아 통일 운동을 이끈 주세페 가리발디는 마키아벨리의 영향을 받은 또 다른 인물입니다. 가리발디는 통일을 이루기 위해 실용적이고 전략적인 접근을 취했으며, 이는 마키아벨리가 제시한 군사적 지혜와 결단력의 중요성을 반영합니다. 그는 군사력과 대중의 지지를 바탕으로 이탈리아의 통일을 이루었으며, 이는 〈군주론〉의 현실주의적 접근이 실천된 사례로 볼 수 있습니다.

현대 정치에서도 마키아벨리의 〈군주론〉은 중요한 참고자료로 사용됩니다. 정치 지도자들은 마키아벨리의 전략적 사고와 현실주의적 접근을 통해 권력을 유지하고 확장하는 방법을 배우고 있습니다. 예를 들어, 미국의 대통령들이나 유럽의 총리들은 선거에서 승리하고 통치의 안정성을 유지하기 위해 마키아벨리의 조언을 참고할 수 있습니다. 그들은 대중의 지지를 얻기 위해 전략적으로 행동하며, 때로는 실용적인 이유로 도덕적 딜레마를 넘어서야 할 때가 있습니다. 또한, 마키아벨리의 사상은 경영학에서도 큰 영향을 미쳤습니다. 기업의 CEO와 경영자들은 〈군주론〉을 통해 리더십과 조직 관리를 배우고, 실용적인 전략을 통해 기업을 성공적으로 이끌어갑니다. 예를 들어, 급변하는 시장 상황에서 기업의 생존과 성장을 위해 결단력 있게 행동하고, 직원들의 신뢰를 얻으며, 경쟁사를 제압하기 위한 전략을 세우는 과정에서 마키아벨리의 통찰이 유용하게 활용됩니다. 특히, 위기 상황에서 빠르게 결단을 내리고 조직을 안정시키는 리더십은 마키아벨리의 조언과 맞닿아 있습니다.

국제 관계에서도 마키아벨리의 현실주의적 접근은 여전히 중요합니다. 국가들은 외교 정책을 수립할 때, 마키아벨리의 전략적 사고를 참고하여 자국의 이익을 최우선으로 삼고 동맹을 맺으며, 때로는 힘의 균형을 유지하기 위해 복잡한 외교적 결정을 내립니다. 예를 들어, 미국과 중국의 경쟁 구도에서 각국은 마키아벨리의 권력 정치 이론을 적용하여 전략적 이점을 확보하고자 합니다. 현대의 군사 전략과 국방 정책에서도 마키아벨리의 영향은 두드러집니다. 강력한 군사력을 유지하고, 자국 군대를 강화하며, 용병에 의존하지 않는다는 그의 조언은 여전히 유효합니다. 현대 국가들은 국방 예산을 증액하고, 자국의 군사력을 강화하며, 전략적 동맹을 통해 안보를 강화합니다. 이는 마키아벨리의 군사적 현실주의가 현대에도 여전히 중요한 가이드라인으로 작용하고 있음을 보여줍니다.

마키아벨리의 〈군주론〉은 정치철학과 사회과학 연구에서도 중요한 역할을 합니다. 학자들은 그의 사상을 다양한 정치 이론과 비교하며 연구하고, 현대 정치 상황에 적용하는 연구를 계속하고 있습니다. 마키아벨리의 현실주의적 접근, 권력의 본질, 지도자의 덕목 등에 대한 논의는 정치철학의 중요한 주제로 남아 있습니다. 그의 사상은 정치 이론가들에게 새로운 통찰을 제공하며, 현대 사회의 복잡한 정치적 문제를 이해하고 해결하는 데 기여합니다. 〈군주론〉은 단순한 역사적 문헌을 넘어, 정치와 사회를 이해하는 데 필수적인 참고 자료로 자리 잡고 있습니다.

마키아벨리의 〈군주론〉은 역사적 사례와 현대적 적용 모두에서 깊은 영향을 미쳤습니다. 그의 현실주의적 정치 철학은 다양한 시대와 맥락에서 유의미하게 적용되었으며, 이는 오늘날에도 계속해서 중요한 통찰을 제공하고 있습니다. 〈군주론〉은 정치, 경영, 국제 관계 등 다양한 분야에서 유용한 지침을 제공하며, 마키아벨리의 혁신적이고 논쟁적인 사상은 앞으로도 계속해서 학문적 토론의 중심에 서 있을 것입니다.

부 록

- <군주론>에 관한 고찰
  (by W. K. Marriott)

- 마키아벨리 인물소개

- 알아두면 유익한 <군주론>
  배경지식 (인물편/용어,지명,사건편)

〈군주론〉에 관한 고찰
(by W. K. Marriott)

마키아벨리의 유명한 저서 〈군주론〉만큼 센세이션을 일으키고 큰 영향을 끼친 정치 작품은 없었습니다. 저자의 이름은 국가 저술에서도 흔히 사용되는 예술 용어인 "마키아벨리즘"이라는 이름을 통해 책 자체를 읽지 않은 많은 사람들에게도 알려지게 되었습니다. 그리고 많은 귀족들과 그들의 장관들 중 그에 따라 교육받은 사람들이 있었는데 그들은 때때로 자신들이 잘못된 순간에 행했던 일들, 또는 앞으로 하고자 하는 일들이 일관된 원칙에 의해 정당화된다고 믿었습니다. 이런 식으로 그것을 사용한 사람들은 종종 자신만 허용하고 싶은 모든 것이 공개된 규칙의 예외들을 통해 일반적인 교훈으로 명시되고 자신의 의도에 대한 의심을 불러 일으키는 것에 불만을 품었을 수 있습니다. 그래서 이 책은 〈군주론〉을 가장 많이 알고 있는 사람들에 의해 가장 크게 비난을 받았습니다. 다른 독자들은 이 책이 담고 있는 군주의 지혜와 일반적인 도덕과의 대립으로 인해 이 책이 진심으로 쓰였는지 다시 한번 생각하게 되었습니다. 그들은 저자의 통찰력 있는 관찰과 정치적 상황을 판단할 수 있는 능력에 대한 존경과 그의 원칙들이 이끄는 뻔뻔한 비도덕성에 대한 반감을 융화시키지 못했기 때문에, 마키아벨리가 독재자를 가장 혐오스러운 형태로 표현하려는 의도로 독재와 그 수단에 대한 완벽한 묘사를 했을 것이라고 믿었습니다.

이탈리아의 여러 작가들은 이 해석을 매우 이르게 만들어 작품이 공개된 후 바로 생겨난 소란에 맞서려 했습니다. 이 추측은 이 책에서 지배적인 의견들은 저자의 다른 저술들과 대조되어 보이며, 특히 〈군주론〉과 《리비우스에 관한 담론》이 그의 생애 중 비슷한 시기에 쓰인 것이 분명해 보이기 때문에 이 모순은 극명하게 드러납니다. 그는 각각에서 다른 것을 언급했고, 나중에는 동시에 다시 작업했습니다. 하지만 이 설명은 책을 편견 없이 읽는 사람에게는 전혀 수긍할 수 없습니다. 그것은 심각하게 쓰였고, 강조되며, 무엇보다도 매 페이지마다 많은 진실을 담고 있어서 전체를 풍자로 보기는 어렵습니다. 이렇게 뛰어난 교훈들은 독재에 대한 공화주의적 증오에서는 나올 수 없으며, 독재자가 파멸로 이끌리도록 하기 위한 목적이라면 그 목적은 확실히 실패했을 것입니다. 저자를 역사에서 알게 된 사람이라면 그가 단지 정치 세계의 냉담한 관찰자와 단순한 관찰자가 아니었다는 설명에 만족하지 않을 것입니다. 그의 모든 저술에서는 실용적인 정신이 보이며 그의 담론은 공화국의 보존과 위대함에 대한 가장 열정적인 관심을 보여주고 있고 그것들은 공화국을 설립하거나 강화하는 데 기여하고자 하는 사람의 어조로 작성되었습니다. 〈군주론〉에서도 정복한 위치에서 군주가 자리를 유지하기 위한 강력한 조언, 가장 효과적인 수단의 강력한 추천, 부적절한 것에 대한 생생한 경멸이 마찬가지로 발견됩니다.

이 수수께끼 같은 모순의 해결은 이탈리아의 상태와 저자의 생애 이야기에서 찾아야 합니다. 일반적으로 어떤 뛰어난 작가도 그의 국가와 시대에 대한 생생한 지식이 없이는 완전히 이해할 수 없으며, 그 시대의 감정을 더 섬세한 감각을 가진 현지 역사학자들로부터 얻어야 합니다. 이들은 자신들의 백성의 감정을 공유하고 있으며, 단지 인간의 행동만이 아니라 그들의 독특한 정서적 성향, 즉 그 근원까지 묘사합니다. 이러한 역사학자들로부터 얻은 통찰은 외국인의 가장 정확하고 세심한 서술보다도 사건의 연관성에 대해 전혀 다른 통찰을 제공합니다.

이탈리아인들은 모든 감정과 열정이 대단히 활발하여 꺼지지 않는 욕망의 불로 대상을 붙잡고 결코 놓아주지 않습니다. 프랑스인들이 모든 진지함을 농담으로 만든다고 흔히 말하는 것처럼 이탈리아인들은 모든 농담을 진지하게 만듭니다. 프랑스인의 모든 행동에는 미묘하고 끊임없이 활동하려는 명예의식이 지배적인 동기로 나타납니다. 이것은 국가의 최악의 개인부터 가장 뛰어난 개인까지 다양한 방식으로 나타나며 항상 비슷한 활력으로 나타납니다. 모든 프랑스적 윤리적 주제에 대한 논리는 이로 인해서 매우 독특한 색채를 지닙니다. 프랑스 역사에서는 이것이 주요 역할을 하는데 매우 극단적인 명예의식과 순간의 모든 편의를 섬세하게 관찰하는 능력이 결합되어, 프랑스인들이 다른 모든 사람들보다 우월한 것으로 나타납니다. 이탈리아인의 역사에서는 이러한 흔적을 찾을 수 없습니다. 이탈리아인에게는 항상 그들이 원하는 사물이 중요합니다. 이탈리아를 수세기 동안 분열시킨 내란은 단순한 사건이나 우연에 의해 그렇게 오래 지속될 수 없었을 것입니다. 그들의 성격은 프랑스 역사의 당파 정신과 본질적으로 다릅니다. 이탈리아인의 집요함과 깊은 호기심은 변덕스러운 사람의 거짓과는 전혀 닮지 않았으며, 그가 다른 사람들과 놀면서 그들을 흉내 내는 데서 즐거움을 찾고 그것으로 만족하는 것과는 전혀 관련이 없습니다. 세상의 어떤 것도 로마 궁정의 정치와 비교할 수 없으며, 지배의 목적을 달성하기 위한 일관된 체계인 영적 음모는 그 측면에서 인간 정신의 가장 완벽한 산물로 간주되어야 한다는 것은 잘 알려져 있습니다. 이 미묘하고 지속적인 조직의 걸작은 오직 이탈리아에서만 만들어질 수 있었으며, 그것은 다시 이탈리아의 정치가들의 사고 방식에도 큰 영향을 미쳤습니다. 그들은 기독교 교회를 지배하려는 노력과 동시에 이탈리아의 모든 세속적 분쟁에 관여하게 된 교황청에도 지속적인 관심을 가져야 했습니다.

공화주의 정신은 옛날부터 이 나라 전역에 널리 퍼져 있었으며, 수세기 동안 잘못 조직된 공동체의 내부 운동에서 일어날 수단을 찾은 개별 지도자들의 오만함과 끊임없는 투쟁을 벌여 왔습니다.

이탈리아 공화국 중에서도 베네치아만이 일찍이 안정된 헌법과 내부의 평화를 이룩했습니다. 다른 모든 곳에서는 정당들이 서로를 배척하고 추방했습니다. 마치 고대 그리스 자유국가에서 그랬듯이 각 집안과 그 추종자들, 최고위층, 백성들, 그리고 일부 백성의 파벌들이 서로 싸우며 교대로 추방당했습니다. 마키아벨리의 조국 이탈리아는 특히 이러한 내부 갈등이 심했으며, 역사상 가장 혼란스러운 공화국이었습니다.

1432년 코스모 데 메디치가 복귀하여 모든 공적 업무를 맡은 시점부터, 1536년 그의 친척 중 한 명인 코스모 1세가 공작으로 임명될 때까지 피렌체가 자유 국가로 존재했던 지난 100년의 역사는 전 세계 역사에서 가장 흥미로운 부분입니다. 특히 이 시기의 후반은 정치적 교훈에 대한 실제 경험의 예를 거의 모든 교리에 제공할 정도로 변화무쌍했습니다.

15세기 동안 피렌체는 메디치 가문의 두 남자, 코스모 대공과 그의 손자 로렌초로 인해 안정되었으며, 마키아벨리의 청년기에는 로렌초의 시대가 있었습니다. 코스모 대공과 로렌초는 단순한 백성으로서 그들의 조국의 사무를 관리했으며, 전체 이탈리아의 운명에 큰 영향을 미쳤습니다. 마키아벨리는 그들의 재능과 공로를 잘 알고 있었으며, 그들 덕분에 조국이 명예와 권력, 부를 얻었다는 만족감을 가지고 열정적으로 이야기했습니다. 그 중 마지막 위대한 인물의 위대함은 마키아벨리 자신이 직접 목격했습니다. 로렌초 데 메디치가 사망했을 때, 그는 스무 살이 조금 넘었는데 일반적으로 그의 죽음은 즐거움과 영광의 시대가 끝나고 끝없는 불안과 고난의 연속이 시작된 시점으로 여겨집니다. 이는 외국 군주들의 야심, 이해할 수 없고 열정적인 토착민들의 권력욕, 대담한 모험가들과 뻔뻔한 신예세력들의 억제할 수 없는 정신이 이탈리아에 가져온 것입니다.

"로렌초 데 메디치의 죽음으로 악의 씨앗이 자라기 시작했으며, 이를 뿌리 뽑을 사람이 더 이상 없어 이탈리아를 망쳤고 계속 망치고 있습니다."

이 말로 마키아벨리는 그의 피렌체 역사를 마칩니다. 귀차르디니는 이탈리아의 역사를 같은 주장으로 시작합니다. 모든 정당의 작가들도 이에 동의합니다. 위대한 사람(로렌초 데 메디치)이 죽은 이후, 그의 무능한 아들 피에로와 그의 주요 지지자들이 추방되었습니다. 18년 동안 피렌체는 공화적 혼란의 놀이터였습니다. 로렌초의 지휘 아래 유럽의 큰 권력들에게 종종 결정적인 영향을 미쳤던 공화국은 프랑스 군주들의 야망이 일으킨 일반적인 소용돌이에 모든 다른 이탈리아 국가들과 함께 휩쓸려 들어갔습니다. 샤를 8세와 루이 12세의 군사 행진은 마치 바다의 파도에 휩쓸리듯 전체 이탈리아를 삼켰습니다. 이 기간 동안 마키아벨리는 피렌체 공화국의 국무장관이었으며, 중요한 사안으로 크고 작은 궁정에 20번 이상 특사로 파견되었습니다.

이러한 임무를 통해 그는 당시 가장 강력한 인물들과 친밀한 관계를 맺었는데, 그 중에서도 시에나의 당 지도자에서 국가 수반으로 올라선 판돌포 페트루치는 1487년부터 1512년 사망할 때까지 마키아벨리가 가르친 것과 같은 방법을 통해 거의 독재적으로 통치했습니다. 페트루치는 반대파의 두 주요 인물을 제거함으로써 그의 위대함의 시작을 알렸으며, 이어서 그가 두려워한 영향력을 가진 자신의 장인, 학식이 뛰어나고 존경받는 조반니 보르게세를 살해했습니다. 그는 자신의 이익에 맞게 피렌체인들과 연합하는 것이 적절하다고 판단하고, 오랜 시간 시에나인들과 분쟁을 벌였던 몬테풀치아노를 그들에게 넘겼습니다. 당시 곤팔로니에레인 피에로 소데리니와의 정치적 우정 속에서, 마키아벨리는 단지 중개역할이 아닌 시에나의 폭군과도 긴밀한 관계와 우호적인 서신 교환을 유지했습니다. 역사학자가 명시한 것처럼, 메디치 가문은 1512년에 피렌체에 다시 들어섰습니다. 첫 해 메디치 가문에 대한 음모가 펼쳐졌고, 이 음모의 주요 인물들인 니콜로 발로리와 조반니 폴키는 목숨을 잃었습니다. 마키아벨리는 이 사건의 참여자로 조사를 받았으며 고문을 받고 추방당했지만, 메디치 가문에서 뛰어난 재능의 그를 다시 찾았습니다. 이후 불과 2년도 채 되지 않아 교황 레오 10세는 마키아벨리의 친구이자 로마에 있는 피렌체 특사였던 프란체스코 베토리를 통해, 그가 공화국의 국무장관 및 사절로서 잘 알고 있던 이탈리아의 복잡한 사안들과 외국 권력들과의 관계에 대해 자문을 구하게 되었습니다. 베토리의 편지에서 이러한 내용을 확인할 수 있습니다. 하지만 이 모든 것보다 더 큰 문제는 메디치 가문이 그들의 조국에서 다시 얻은 우위를 어떻게 활용할 것인지에 대한 것이었습니다.

앞서 언급했듯이 그들의 조상들은 더 높은 존엄성의 외양을 요구하지 않고 평범한 백성으로서 내각에서 가족의 공무를 수행했습니다. 하지만 시대는 변했고 프랑스, 스페인, 독일에서는 강력한 군주제가 등장했습니다. 반면 이탈리아는 내분으로 인해 분열된 상태였습니다. 특히 중부 이탈리아는 자신의 고향 도시와 주변 작은 지역들을 다스리기 위해 최선을 다하는 작은 영주들로 가득했습니다. 몇몇 교황은 존경받는 수장의 지도력 아래 이탈리아의 자유국가와 공작들을 연합하고 통합할 수 있는 지배권을 가문에 세우려고 노력했고, 어느 정도 성공을 거두었습니다. 이렇게 델라 로베레 가문은 식스투스 4세와 율리우스 2세, 두 교황을 통해 평범한 시민에서 우르비노의 공작 지위로 올라섰습니다. 알렉산데르 6세는 그의 아들 체사레 보르자를 로마냐에서 가장 두려워하는 군주로 만들었습니다. 레오 10세는 알렉산더가 그랬던 것보다 훨씬 더 강한 힘으로 그의 친척을 지원할 수 있었습니다. 왜냐하면 스페인 출신의 보르자가 교황의 위신만으로 이루어야 했던 일을 레오는 풍부하고 강력한 피렌체에서 깊은 뿌리를 내린 메디치 가문의 전폭적인 지원을 받아 수행했기 때문입니다. 당시의 어린아이였던 그는 조상들이 누렸던 조국의 지위를 자신의 가족을 위해 확보하는 데 만족하지 않았습니다. 위대한 로렌초는 이미 조금 다른 생활 방식을 취했는데, 그는 오르시니 공주와 결혼하고 자신의 부를 사용하여 사유 재산보다는 공화국의 기초가 될 토지를 구매했습니다. 레오 10세는 그의 조카 로렌초를 우르비노의 공작으로 만들고, 이와 함께 가문의 수장에게 피렌체 정부의 일부를 할당하는 것을 목표로 삼았습니다. 이는 로마에서 삼두정이 해체된 후 아우구스투스가 수행했던 통치와 어느 정도 유사했습니다.

로렌초는 군부의 수장이 되어 'Il Magnifico' (위대한 사람)라는 칭호를 받았습니다. 공공업무에서 그의 승인 없이는 아무것도 할 수 없었습니다. 그럼에도 모든 공화국 형식이 유지되었고, 그는 모든 관리 직위를 백성들에게 맡겼지만, 이들은 오직 그의 영향력 아래에서만 선출되었습니다. 본질적으로 이것은 그의 위대한 조상들이 통치하던 방식이었습니다. 기억하기도 힘든 옛날부터 공화주의자들의 질투로 인해 정부 권력은 몇 달에 한 번씩만 부여되었습니다. 수세기 동안 '예술의 선구자', '자유의 선구자', '실무의 8인' 또는 다른 이름으로 불리는 8명, 10명, 12명의 사람들이 공화국의 최고 의회를 형성했습니다. 곤팔로니에레의 의장은 대부분 두 달마다 변경되었으며 후임으로 들어설 사람들은 백성들로 구성된 위원회에 의해 수년 전에 미리 선출되었습니다. 이 위원회는 당시 가장 강력했던 정당이 발리아라는 이름으로 특별한 권력을 주장하며 구성했습니다.

이러한 정부 관리들의 지속적인 교체로 인해 비밀스러운 국정 방향이 필요하게 되었는데 이는 오랫동안 메디치 가문의 내각에서 이루어졌으며, 바로 이 끊임없는 외부 변화 속에서도 민주주의의 겉모습을 유지하면서, 부, 친족 관계, 몇몇 뛰어난 수장들의 지성과 정치적 지혜를 통해 큰 지지를 얻은 가문의 영향력을 강화하는 수단이 되었습니다.

메디치 가문은 잠깐의 망명 후 고향으로 돌아온 후에도 자신들에게 유리한 공화주의 형식을 지켜왔습니다. 레오 10세는 대략 같은 방식으로 그의 조국을 통치하고자 했던 것 같습니다. 하지만 야심차며 허영심 많은 조카는 더 많은 것을 요구했습니다. 그는 그의 현명한 할아버지 로렌초보다는 무모한 경솔함으로 추방된 아버지 피에로를 더 닮았습니다. 마키아벨리는 그를 막을 수 없었습니다. 그는 피렌체에서 공화국을 복원할 만큼 강력한 정당도 없었고, 교황에게 영향력을 행사하여 조국의 사안을 이끌 수도 없었습니다. 그래서 그는 우르비노의 새 공작에게 접근하여 그를 위해 특별히 쓴 책에서 어떻게 권력을 장악하고 유지할 수 있는지에 대한 조언을 제공했습니다. 그와 이 공작과의 개인적인 관계에 대해서는 구체적으로 알려진 것이 없습니다. 이 시기 그의 전체 생애는 거의 알려지지 않았습니다. 1519년 우르비노 공작의 조기 사망으로 마키아벨리가 진취적인 정신을 바탕으로 세웠던 계획이 중단되자, 그는 교황 레오와의 관계를 활용해 새로운 헌법을 통해 피렌체를 진정시키고 공화국에 대한 주민들의 사랑을 충족시키는 동시에 교황 레오가 평생 동안 지속적인 영향력을 행사할 수 있는 초안을 제시했습니다. 위대한 로렌초의 죽음 이후 피렌체의 역사, 공동체를 분열시킨 당사자들, 그들의 욕망과 국가의 필요를 출처에서 배운 사람이라면 누구나 이 초안을 걸작으로 인정할 것입니다. 그러나 저자는 자신의 아이디어가 실행되는 것을 보지 못했으며, 이는 아마도 메디치 가문의 야망에 충분히 부합하지 않았을 것입니다.

로렌초는 너무 젊은 나이에 사망했습니다! 교황 레오 역시 그의 전성기에 세상을 떠났습니다. 그럼에도 피렌체 국가의 상황에는 변화가 없었습니다. 여러 세대에 걸쳐 운명은 메디치 가문이 피렌체를 지배할 운명이기 때문이었는지 메디치 가문의 개별적인 수장들은 일찍이 물러났습니다. 위대한 코스무스 이후 50세까지 살았던 메디치 가문의 중요한 인물은 한 명도 없었지만, 한 사람이 세상을 떠나면 재능과 부의 정도는 달라도 항상 다른 사람이 다시 등장했습니다. 이제 차례는 율리우스에게 돌아갔는데 그는 추기경으로 먼저 가문의 수장이 되었고 얼마 지나지 않아 교황 클레멘스 7세가 되었습니다. 이제 공화국의 운명은 그에게 달려 있었습니다. 마키아벨리가 가장 친밀한 관계를 맺고 있던, 피렌체의 뛰어난 젊은이들로 구성된 한 클럽이 있었고, 그들을 가르치기 위해 리비우스에 대한 그의 담론을 썼으며, 이것은 자노비 부온델몬티와 코스모 루첼라이에게 헌정되었습니다. 이 클럽은 루첼라이의 정원에서 모임을 열었기 때문에 그 이름이 붙여졌습니다. 이들은 공화국을 재건할 계획을 세워 줄리오 추기경에게 제안했는데 겉으로 보이는 온건함을 바탕으로 세워진 희망은 좌절되었습니다. 여기서도 마키아벨리는 자신의 전 생애를 특징짓는 두려움과 비밀스러운 거짓을 드러냈습니다. 그는 결코 순응할 생각이 없었고, 자신에게 주어진 계획이 어디로 향할지 알았을 때 결심을 바꿨습니다. 하지만 자유를 사랑하는 그 친구들의 애국심은 진심이었습니다. 그들은 (1523년) 자신들의 계획을 강제로 실행하고, 방해가 되는 줄리오 추기경을 제거하려 했습니다. 음모는 발각되었고 루이지 알라마니와 야코포 다 디아체토는 처형대에서 목숨을 잃었습니다. 자노비 부온델몬티, 또 다른 루도비코 알라마니(마키아벨리가 그의 '카스트루치오 카스트라카니의 삶'을 헌정한 인물), 바티스타 델라 팔라, 안톤 브루치올리 및 일부 하급 지지자들은 추방되었습니다. 마키아벨리도 이 음모에 연루되어 도망쳤습니다. 메디치 가문은 아직 피렌체의 공화주의 정신을 억누를 수 있을만큼 강하지 않았기 때문에 가능한 한 빨리 최근의 사건을 잊게 함으로써 이를 잠재우려고 노력했습니다. 줄리오 추기경은 교황에 대한 야망이 있었으며 방해가 될 수 있는 쓴소리를 두려워했습니다. 그가 이듬해 실제로 클레멘스 7세 교황이 되자, 마키아벨리는 다시 그에게 접근하여 그와 피렌체 정부로부터 중요한 임무를 부여받았습니다. 몇 년 후 상황이 호전되자 공화국을 다시 복원하려는 또 다른 시도가 이루어졌습니다. 1527년에 메디치 가문은 다시 추방되었고 피렌체에는 자유가 선언되었습니다. 그러자 마키아벨리는 곧바로 고향에 나타났습니다. 그의 친구들인 자노비 부온델몬티와 루이지 알라마니가 그를 공적 사안을 관리할 10인 위원회의 일원으로 선출하려고했던 시도는 대중들의 반감 때문에 실패했습니다. 이 반감은 그가 메디치의 조언자이자 〈군주론〉의 저자라는 사실 때문에 생겼습니다. 다시 일어서려는 시도가 실패로 끝난 것에 대한 실망이 그의 죽음에 일부 기여했을 가능성이 있습니다.

백성들의 열정으로 유리한 상황에서 세워진 공화국은 2년만에 교황과 황제의 연합된 힘에 굴복했습니다. 클레멘스 7세가 샤를 5세의 지원으로 황제를 물리치고 마음대로 통치할 수 있게 되자, 마키아벨리의 친구들은 마지막으로 다시 힘을 모았습니다. 그들은 교황에게 마키아벨리가 이미 교황 레오 10세에게 권고했던 공화제 헌법의 주요 특징과 그의 조카 알레산드로에게 주고자 했던 공화정의 첫 번째 자리를 유지해 달라고 요청했습니다. 이 계획의 핵심적인 내용, 즉 백성들이 국가 운영에 실제적인 참여를 할 수 있게 하는 부분은 클레멘스에 의해 거부되었습니다. 처음에는 외형을 유지했지만, 곧 이 공화국의 그림자 같은 모습 마저도 제거했습니다. 알레산드로는 1531년에 절대군주가 되었으며, 재능이나 자신의 칭찬할 만하거나 비난할 만한 행위가 아닌 다른 이의 힘으로 승격된 진정한 운의 남자로서 위대함을 누렸습니다. 타키투스가 도미티아누스 황제에 대해 말한 것처럼, 그는 창기와 남색하는 자들과 함께 군주처럼 행세했으며, 연회와 가면무도회를 왕실의 업무보다 선호했는데, 그에게 기술보다는 즐거움이 부족했기 때문입니다. 그는 5년 후에 메디치 가문의 친척 로렌치노에 의해 살해당했지만, 이 살인이 피렌체 공화주의자들에게 이득이 되지는 않았습니다. 다른 메디치 가문 출신인 코스모가 1536년에 공작으로 선언되었고, 필리포 스트로치가 이끄는 공화당의 마지막 저항을 이긴 후 피렌체의 진정한 통치자가 되었습니다. 그는 결국 백성을 진정시켰습니다. 반항적인 자들을 억누르고, 사람들의 마음을 달래며, 위험한 모든 힘들을 무력화시켰습니다.

그는 재능을 아첨하고, 보상하며, 합법적이든 불법적이든 모든 요구를 들어주고, 존경을 표하며, 이로써 그의 시대까지 피렌체를 인류 정신 문화의 역사에서 가장 빛나는 별로 만들어 온 모든 뛰어난 인물들을 무력화시켰습니다.

이 기간의 중간에 마키아벨리의 생애가 있습니다(1469년부터 1527년까지). 모든 종류의 재능, 예술, 과학이 풍부한 도시에서, 생기 넘치는 지성과 격렬한 열정으로 두드러지는 백성 속에서, 불안정한 헌법과 빈번한 재난의 폭풍 속에서도 그는 끊임없이 활동했습니다. 비즈니스 세계가 그를 교육했고 자신의 경험 덕분에 고대의 위대한 작가들로부터 다른 사람들이 찾지 못한 것을 배울 수 있었습니다. 경험은 그가 이전의 역사와 그의 시대의 사건들에 대해 내린 판단에 날카로운 통찰력을 주었으며, 마키아벨리 사후 그의 주석을 조국에서 일어난 일들과 비교할수록 점점 더 많은 사람들이 이를 칭송하게 되었습니다. 그가 연루된 상황들은 그에게 공화국의 내부와 군주의 비밀을 드러냈습니다. 그는 각 정당의 정치에 능통했습니다. 그러나 그는 상반되는 여러 파벌에서도 발견됩니다.

마키아벨리는 자신이 태어나고 오랫동안 가장 빛나게 활동했던 헌법을 사랑했습니다. 하지만 어떤 순간에는 피렌체에서 지속적인 공화국을 세우는 것에 대해 절망했을 것입니다. 자신의 "디스코시"(리비우스에 관한 담론)의 세 번째 책 17장에서, 부패한 민족이 자유를 유지하기 어렵다고 직접 말하고, 다음 장에서는 잃어버린 자유를 되찾는 것 역시 어렵다고 말합니다. 그는 솔직히, 그러한 민족에게는 단일 권력자의 독재에 가까운 국가 체제가 더 낫다고 말합니다. 그리고 그의 조국에 대한 적용은 충분히 명확합니다!

그의 역사서 7권 시작 부분에서 내부 분열이 공화국의 생명을 구성하며, 그것이 개인의 우두머리나 가족에 대한 집착으로 타락하지 않는 한 공화국의 힘을 증가시킨다고 지적합니다. 그러나 이런 일이 발생하자마자 국가는 약화되고 공화국의 본질은 파괴될 것입니다. 피렌체에서 모든 내부 불화는 이러한 해로운 성격을 띠고 있다고 말했습니다.

"그러므로 피렌체 사람들은 자유를 주장하는 방법도 모르고 노예 제도도 견딜 수 없습니다."

사실 위에서 언급한 마지막 재앙인 피렌체의 내부 역사를 살펴보면, 공화국은 나쁜 시기에는 비참한 무정부 상태에 불과했고, 좋은 시기에는 가면을 쓴 군주제에 불과했다는 것을 알 수 있습니다.

마키아벨리는 자신의 역사서 세 번째 책 초반에서 초기 시대에 대해 이렇게 말합니다.

"로마에서는 내부 불화가 경쟁과 다툼을 일으켰지만, 피렌체에서는 매우 이른 시기에 파벌과 내전으로 변질되었습니다. 로마에서는 새로운 법률이 만들어져 문제를 해결하는 데 도움이 되었지만, 피렌체에서는 항상 저명한 인사들의 살인과 추방으로 끝났습니다. 로마에서는 개인이 위대한 지도자가 될 수도 있었습니다. 피렌체에서는 모든 것을 평등하게 했습니다. 로마에서 사람들은 귀족들과 가장 큰 영예를 나누고 싶어했습니다. 피렌체에서 그들은 독점적으로 통치하기를 원했습니다. 따라서 새로 시행된 법은 귀족들에게 불공평했습니다. 로마에서 하층민들은 점점 더 고귀해지고 노력에 따라 그들이 열망하는 지위도 차지할 수 있게 되었습니다. 그들의 힘과 재능이 커지면서 국가는 위대해졌습니다. 피렌체에서는 귀족들이 공직에서 쫓겨나고 낮은 계층의 사람들과 같아져야만 직책을 부여받을 수 있었습니다. 로마의 평민들이 귀족과 동등해지려고 했던 고귀한 자질들이 피렌체에서는 귀족들에게조차 사라졌습니다. 그 결과 국가는 점점 더 낮아지고 멸시받게 되었습니다. 로마가 백성들의 오만함으로 인해 군주 없이는 더 이상 존재할 수 없는 지경에 이른 것처럼, 피렌체에서도 모든 헌법이 숙련된 손길에 의해 시행될 수 있었습니다."

마키아벨리가 여기서 말하는 귀족과 백성 사이의 오래된 분쟁은 14세기 중반에 나폴리 군대가 피렌체에 강요한 아테네 공작의 폭정으로 끝났습니다. 하지만 그의 추방 이후 사람들은 다시 백성 파벌과 일반 군중으로 분열되었고, 이는 15세기 메디치 가문이 국가에 안정과 내적 평화를 제공할 만큼 강력해질 때까지 국가를 다시 한번 분열시켰습니다. 하지만 이 평화는 때때로 폭력적인 재앙으로 중단되었습니다. 이 상태는 1492년 로렌초 데 메디치가 사망하고 그의 가문이 추방될 때까지 계속되었고, 이후 민주적 정신이 다시 살아났습니다. 하지만 시민정신이 거의 없고 오히려 당파심이 더 강한 상황에서 지속 가능한 상태로 확립하는 것이 불가능했습니다. 메디치 가문은 1432년부터 1492년까지 60년 동안 자신들의 명성을 높이며 조국을 위대하고 명예롭고 평화롭게 유지했지만, 이는 공화주의 형태 뒤에 숨어 백성들에게 실제 행정 참여를 허용하지 않는 한 정당에 의한 국가 운영을 통해서 가능했습니다. 그들은 지속적으로 혁명적인 정부를 운영했다고 현대 용어로 표현된다면, 마키아벨리가 그들을 비난하는 바와 같이, 피렌체는 5년마다 반복되는 특별 조치("Ripigliar lo Stato"라고 불리는) 없이는 통치될 수 없다고 주장했습니다. 이 조치를 통해 위험한 백성들은 임의로 도시에서 추방되거나 공직에서 내려오게 되었고, 모든 규정된 절차를 무시하고 임의로 이들의 직위가 채워졌습니다.

마키아벨리는 "이것은 5년마다 한 번씩 공포와 두려움을 갱신하는 것과 같다"고 했습니다.

형식과 평등, 수많은 백성의 국정 참여를 가장하지만 실제로는 한 가문이 군주보다 더 무제한적으로 통치하는 아름다운 공화국, 이 가문은 공개적으로 인정된 권리를 가지고 있기 때문에 두려워할만한 주장을 하는 모든 사람들을 질투심에 가득 차서 제거합니다. 코스모는 위대한 인물이었고 로렌초는 그보다 더 위대한 인물이었습니다. 하지만 그런 인물들만 독점적으로 통치하는 국가를 자유롭다고 할 수 있을까요? 그리고 다른 옛날의 저명하고 부유한 백성 가문들이 자신들의 권리를 주장할 수 없다는 절망 속에서 반역적인 음모에 의지해야만 할까요? 소데리니 가문은 손님이 되어야 했고, 억압받던 경쟁자인 파치 가문은 자신들의 목소리를 내기 위해 암살이라는 극단적인 방법만 선택할 수 있었습니다. 그렇기에 심지어 로렌초 데 메디치와 같은 인물조차도 생명이 안전하지 않았습니다!

이것은 마키아벨리가 메디치 가문의 추방 전에 조국의 헌법에 대해 생각했던 것입니다. 그의 모든 저술의 논조에서 입증되며, 항상 그 집안의 위대한 사람들을 칭찬하지만, 그들의 라이벌과 권력, 메디치가에 대한 음모들 또한 비난하지 않습니다.

1494년에 이 집권당이 추방된 후 공화정이 수립되었지만, 백성이 한때 예언자로 숭배하다가 몇 가지 마음에 들지 않는 예언을 했다는 이유로 화형시킨 민주주의 광신자 사보나롤라나, 공화주의 평등과 보편적 정의의 성실한 친구인 피에로 소데리니는 몇 년 동안 곤팔로니에레로서 헌법을 공고히 하기 위해 노력을 기울였지만 지속적인 것을 이루어 내지는 못했습니다. 마키아벨리는 소데리니가 국가 내의 모든 소란을 인내와 선함으로 진정시키고 적대감을 선행으로 지워 공화국을 강화하려 했다는 헛된 희망을 품었다고 비난합니다. 그는 법을 절대 어기지 않음으로써 본인 스스로 모범을 보였습니다. 이런 성격은 반드시 가장 광범위한 존경을 받을 수밖에 없습니다. 심지어 공공의 평화를 적대시하는 이들로부터도 칭찬을 받지만, 그들에게는 사실 그의 미덕이 자신들의 행동을 수월하게 해주기 때문입니다. 마키아벨리는 더 강한 표현으로 자신의 판단을 한 농담처럼 쓴 시에서 이렇게 표현했습니다.

"피에로 소데리니가 죽은 밤, 가련한 영혼은 지옥으로 내려갔다. 어리석은 영혼이여, 플루토가 맞이하며 외쳤다, 네가 왜 지옥에 오려 하느냐? 너는 순진한 어린이들의 연못으로 가라!"

마키아벨리는 소데리니가 미래의 법치를 확립할 수 있도록 자신을 강화하기 위해 특별한 권력을 사용했어야 한다고 주장합니다, 그리고 그는 이렇게 말합니다.

"부패한 상태에서 아직 희망이 있다면, 그것은 강력한 사람이 일시적으로 권력을 잡고 자유로운 헌법을 제정함으로써 가능하다. 다른 방식으로는 불가능하다."

권력을 장악할 수 있는 자질을 소유한 사람은 그 자질을 그렇게 활용할 수 없을 것입니다. 마키아벨리 자신도 이를 잘 알고 있었습니다. 그는 당시 실패한 일을 다른 사람을 통해 다른 방식으로 수행하려는 계획을 세웠을 수도 있었습니다. 행동할 운명을 가진 사람은 그의 뛰어난 판단력, 완벽한 세계 지식, 더 이상 아무것도 성취할 수 없다는 생생한 확신에도 불구하고, 자신에게 헛된 것으로 보이는 시도를 중단할 수 없습니다. 그는 계획을 수행하는 도구가 좋지 않다면 모든 계획을 포기하는 것이 더 낫다고 생각합니다. 그는 아마도 약하고 어리석은 사람들로 힘, 지성, 인내가 필요한 일을 하려는 헛된 희망을 비웃을 것입니다. 그리고 그 순간에도 지성, 용기, 인내를 요구하는 계획을 다시 세우고 있습니다. 왜냐하면 강한 지성을 가진 사람은 좋은 나무가 좋은 열매를 맺듯이 무의식적으로 그러한 계획을 만들어내기 때문입니다.

이것은 시적인 상상이 아닙니다. 이러한 사람들이 존재하며, 가장 위대한 일들은 실행 가능성을 오래 고민하지 않고, 우연과 다른 사람들이 최선을 다할 때까지 기다리지 않고, 좋은 일에 대한 신뢰로 도전하고, 상황이 도움이 될 것이라고 희망하는 사람들에 의해 이루어집니다. 이러한 사람들은 종종 예상치 못한 지원을 받습니다. 왜냐하면 그들 자신이 다른 이들에게 활력을 주고, 원래 알려지지 않았던 힘을 깨우기 때문입니다.

하지만 이 모든 것이 마키아벨리에게는 정확히 적용되지 않을 수도 있습니다. 그는 항상 무엇이 어떻게 실행될 수 있는지를 주도면

밀하게 생각했습니다.

그러나 행복한 시대, 모든 계획의 기반이 되는 헌법을 유지하는 것이 절대적으로 불가능하고 새로운 조건에 복종해야 할 필요성이 명백해지면 시민평등을 옹호하는 정직한 친구라도 단순히 포기하는 것이 아니라 손을 빌려주고, 견딜 수 있는 것을 창조하여, 견딜 수 없는 일을 멍하니 겪지 않도록 설득할 수 있었습니다. 마찬가지로 피렌체에서도 필리포 스트로치의 몰락으로 공화국을 회복하기 위한 마지막 탈출구가 막히게 되었을 때, 과거에 의존했던 모든 것, 즉 정치가의 계획과 시민의 의무가 마치 꿈처럼 사라졌을 때, 더 이상 희망을 걸 수 있는 것이 존재하지 않았고, 카를 5세의 급격히 강화된 권세 아래 새로운 상황이 피렌체가 강력한 황제의 보호를 확실히 받을 수 있는 군주를 가져야 한다고 강력히 요구했을 때, 공화국의 가장 지적이고 존경받는 인물들이 그 공작들에게 충성을 맹세했습니다.

모든 상황 중에서도, 이러한 상황에서만 명예로운 남성들이 새로운 집권당에 합류할 수 있었습니다. 마키아벨리는 이 조치를 매우 빠르게 취했습니다. 하지만 알려져 있는 것처럼 너무 빨라서 적합하지 않았습니다.

그의 시대에 이미 이탈리아에서 큰 내부 변화를 초래할 수밖에 없는 여러 사건이 발생했습니다. 프랑스인, 스페인인, 독일인들이 이 아름다운 땅의 소유권을 두고 싸웠습니다. 내부 불화로 인해, 어느 외국 세력이 주인이 될 것인지가 문제였습니다. 백성들은 이 모든 외국인들을 남부 사람들이 미워하는 것과 같은 정도로, 그리고 억압받고 학대받는 사람들이 미워하는 것과 같은 정도로 미워했습니다. 그러나 이탈리아인들이 독특한 사고방식, 풍습, 언어, 법률 및 헌법을 가진 모든 민족에게 최고의 선이자 모든 행복의 조건인 독립을 어떻게 되찾을 수 있었을까요? 이를 위해서는 국가의 모든 힘을 결합하고 하나의 방향으로 향하게 해야 했습니다. 그 당시에는 메디치 외에는 누구도 이 일을 할 수 없었습니다.

'이탈리아가 다른 어떤 방법으로도 야만인의 지배에서 벗어날 수 없고 피렌체가 항복하는 경우 외에는 조국을 되찾고 싶지 않다면 로렌초가 피렌체와 이탈리아를 통치하게 하십시오. 그가 나라를 해방시켰을 때, 피렌체 사람들이 폭군들로부터 스스로를 해방시키고 공화국을 세우도록 하십시오.'

마키아벨리는 로렌초에게 통치의 길을 보여주었을 때 그렇게 생각했을 것입니다. 많은 이탈리아인들도 이에 동의했을 것입니다.

이러한 포기는 다른 공화국의 지지자들보다 그에게 덜 고통스러웠을 것입니다. 그의 공화국에 대한 사랑은 진지했지만, 그것은 평등을 최고의 선으로 여기고 누구라도 자신 위에 있는 것을 견딜 수 없는 백성의 깊은 감정에서 비롯된 것이 아니었습니다. 그것은 아버지의 관습과 유산을 흔들리지 않게 따르는 데서 비롯된 것도 아니었습니다. 과거 시대에 대한 고찰과 새로운 시대에 대한 관찰을 통해 그는 공화국에서는 지적인 사람들의 열정이 가장 큰 활동 범위를 얻는다는 것을 배웠습니다. 이러한 관점에서 그는 그의 저서 《리비우스에 관한 담론》에서 로마 공화국을 평가합니다. 그는 기존의 것을 유지하는 데 관심이 거의 없었습니다. 그저 자신의 불안정한 활동 욕구를 만족시키는 데 집중했습니다. 그의 고국에서 자신이 선호했던 헌법이 더 이상 존재하지 않는다면 이탈리아식 "Virtù단지 활동력과 그것을 이끌 지성을 의미할 뿐이라는 것을 깨달았습니다. 그래서 그는 새로운 상황과 강력한 자들의 의향에 적합한 아이디어를 활기차게 받아들이고, 그것을 신속히 실행에 옮겼습니다. 마키아벨리는 큰 재앙 속에서 자신의 원칙을 바꾸고 한 번에 반대파로 넘어간 것이 아니라, 때로는 한쪽, 때로는 다른 쪽에 순응하며 당일의 상황에서 실행 가능한 것으로 보이는 결정을 내리는 데 집중했습니다. 그는 당시 피렌체가 복종하는 것이 불가피하다고 생각했기 때문에, 로렌초에게 권력을 이양하기 위한 조언을 주었으며, 적어도 부분적으로 새로운 군주가 그에게 감사하도록 했습니다.

이러한 선택을 하기 위해서 수단의 선택에 대해 많은 고민을 할 여유가 없었고, 당시의 모든 일들은 마키아벨리보다 더 엄격한 도덕성을 가진 사람조차도 인류에 대한 감정, 양심적 정직성, 도덕적 규범에 대한 두려움을 저버리고 백성을 위한 위대한 계획을 실행하는 것에 빠져들 수 있었습니다. 그러한 사람들은 이렇게 말할 수 있었을 것입니다. 결국 누군가는 통치해야 하며, 그것이 백성이 자신들의 소망을 실현하고 행복해질 수 있게 해줍니다. 후자는 마키아벨리와 그의 동시대인들의 의미에서 다시 말하면, 정치적 열정을 만족시키는 것을 의미합니다. 그러나 사람들은 도덕적 우월성을 통해 그들 위에서서 통치할 자격이 있는 사람에게 복종하지 않습니다. 따라서 권력을 잡을 수 있고 잡을 줄 아는 사람은 어떤 방법으로든 그것을 잡아야 합니다.

당시의 역사에는 살인, 배신, 반역, 고용된 전사들의 폭력 외에는 아무것도 없습니다. 권력에 이르는 것은 좋은 것이라는 것이 일반적인 모토입니다. 모든 사람들에게 그 길을 닦을 수 있는 모든 것을 허용했습니다. 그러나 그들은 모두 올바른 수단을 선택할 만큼 분별력이 없었고, 위험한 일에서 권력자에게는 매우 어렵지만 반드시 추구해야 할 자제력이 부족했기 때문에 목적달성에 실패했습니다. 따라서 모든 통치자는 멸망했고, 국가 전체가 외국 정복자들의 먹잇감이 되었습니다. 마키아벨리는 우르비노의 새 공작이 많은 이들이 실패한 같은 길을 걷게 될 것임을 보았습니다. 마키아벨리는 권력을 얻고자 범죄를 저지르는 데 주저함이 없다면, 권력을 열망하는 자에게 오직 그 악행이 정말로 끝을 맺을 수 있는 방식으로만 저지르도록 하라고 말합니다.

마키아벨리가 여기서 제공한 교훈들은 현실에서 생성된 것이기에 모든 것을 특징짓는 독특한 성격을 가집니다. 그것들은 단순한 사색의 산물이나 일반적인 관찰의 결과가 아닙니다. 아무리 뛰어난 재능을 가진 사람이라도 실제 관찰을 통해 생동감을 불어넣지 않고는 만들어낼 수 없는 진실이 담겨 있습니다. 이탈리아에서는 법, 도덕적 감각, 인간적 감정의 모든 제한을 넘어서 권력을 향한 열정적인 추구에 몰두하는 위대한 인물들이 자주 등장했습니다. 그러나 그들 중 누구도 비도덕성이 스스로를 파멸시키는 것을 막을 정도의 지성을 가진 이는 없었습니다. 마키아벨리는 조국 문제 협상을 통해 친분을 쌓은 체사레 보르자에게서 많은 사람이 헛되이 추구했던 것을 진정으로 성취할 수 있는 완벽한 이상을 발견했다고 믿었습니다. 이러한 생각에 사로잡힌 그는 권력욕을 충족시킬 수 있는 감정과 재능에 관한 모든 것을 그와 같은 사악한 인물의 이미지로 표현했습니다. 그는 지성의 예리함과 정신의 결단력이 다른 나쁜 사람들보다 월등히 뛰어났습니다.

로렌초 데 메디치는 이와 비슷한 성취를 이룬 사람이 아니었습니다. 그는 그의 삼촌인 교황 레오의 영향으로 우르비노의 공작이 될 수 있었지만, 피렌체의 군주는 아니었고, 이탈리아 연합의 수장이 될 수도 없었습니다. 마키아벨리가 그를 충분히 이해하지 못했을까요? 아니면 그가 《리비우스에 관한 담론》의 세 번째 책 35장에서 말한 대로, 위대한 자들에게 조언하는 방식으로 그에게 권력을 잡을 것을 조언했을까요? 그는 이렇게 말합니다.

"공화국이나 군주에게 조언하는 사람들은 다른 모든 고려 없이 국가나 군주에게 가장 유용하다고 생각되는 조언을 하지 않으면 의무를 위반하여 곤경에 처하게 됩니다. 그러나 그들이 실제로 그런 조언을 제시할 때마다, 그 결과가 좋지 않으면 그들의 생명이나 위치 또한 잃을 위험에 처하게 됩니다. 왜냐하면 모든 사람들은 좋은 계획이든 나쁜 계획이든 결과에 따라 그것을 평가하기 때문입니다. 나는 열정이 없이 절제된 의견을 제시하는 것 외에는 다른 방법이 없으므로 군주가 그것을 따를 때 그것이 자신의 의지인 것처럼 느끼고, 조언자가 성급하게 유혹하는 것처럼 보이지 않게 하는 것입니다. 이런 식으로 당신의 조언을 제공하면, 군주나 백성이 당신을 원망할 가능성은 낮습니다. 왜냐하면 당신의 조언이 다른 사람들의 의지에 반해 강요된 것이 아니기 때문입니다. 문제는 많은 사람들이 반대할 때 생기는데, 만약 사태가 나빠진다면, 그들은 조언자를 축출하기 위해 연합할 것입니다. 이러한 접근 방식에서는 많은 사람들의 의지에 반해 조언을 관철시키고 사태가 잘 풀릴 때 얻을 수 있는 명성은 사라지지만, 두 가지 이점이 있습니다. 첫째, 위험을 피할 수 있고 둘째, 당신이 절제를 가지고 조언을 제공했을 때 군주가 그것을 다른 사람들의 반대와 조언 때문에 따르지 않아 문제가 발생하면 오히려 큰 명예를 얻을 수도 있습니다."

　마키아벨리는 로렌초 데 메디치에게 이러한 의미에서 권력을 얻기 위한 계획을 제안했을까요? 로렌초는 그것을 완전히 이해할 수 있었을까요? 판단력이 충분하여 올바르게 적용할 수 있었을까요? 대담함과 인내심으로 그것을 실행할 수 있었을까요? 만약 모든 것이 성공했다면, 그는 그의 위대함은 가르침 덕분이고, 조언자는 그것에 대한 모든 보상을 요구할 수 있었습니다. 어느 한 부분이라도 부족했다면, 그것은 로렌초의 잘못으로 실패한 것입니다. 그는 제대로 이해하지 못했거나, 올바르게 적용하지 못했거나, 실행이 불완전했던 것입니다. 그는 자신이 감당할 수 없는 그렇게 어려운 일을 왜 시작했을까요? 마키아벨리가 생생하게 그 어려움을 보여줬는데도 말입니다. 샤를 2세에게 조언을 준 샤프테스베리 백작처럼 그에게는 여전히 그렇게 할 일이 남아 있었습니다. 그는 영국 국가의 자유를 훼손했으며, 자신의 대의를 망쳤기 때문에 국가에 대한 이러한 배신에 대해 의회에서 이 오만하고 부주의하며 기만적인 군주를 비난했습니다. 왜 마키아벨리는 자신이 가르친 대로 군주가 다른 사람들을 도구로 사용하는 것처럼 군주를 대하는 것을 주저했어야 했을까요? 우리 앞에 있는 인물은 티몰레온도, 유니우스 브루투스도, 햄든도, 빌헬름 텔도 아닙니다. 대신, 우리는 프랑스 궁정의 교활한 외교관, 시에나의 폭군의 친구, 그 시대의 모든 악마의 왕인 체사레 보르자에게 경의를 표하는 인물을 보고 있습니다.

정치가는 이러한 사람들과도 교류할 줄 알아야 합니다. 그는 그들을 다루는 방법을 이해해야 하며, 불가피한 상황을 이용하거나 최소한 해를 입히지 않기 위해 자신의 감정을 숨길 수 있어야 합니다. 그러나 이러한 관계에서 끊임없이 활동하는 것은 항상 위험합니다. 그 과정에서 자신의 마음을 더럽히지 않는 것은 매우 어렵습니다. 감정을 부정하는 습관은 감정을 무디게 하며 결국 사람은 가장 자연스러운 관점과 가장 단순한 진리를 잊어버리고, 자신의 지능이 만들어낸 술책에 의해 진정한 성격에서 벗어나게 됩니다. 어떻게 그렇게 되는지도 모르게 말입니다. 〈군주론〉과 같은 작품을 위대한 군주에게 제출하고, 그러한 조언을 하고 있다는 사실을 알리는 것은 대담한 일이었습니다. 하지만 마키아벨리는 자신에 대한 완벽한 자신감으로 정치적 음모에 몰두했습니다. 그는 자신의 지능, 판단의 정확성, 대담한 결단력을 믿었습니다. 이런 장점을 인정하지 않을 사람들조차 그를 본받고자 할 것입니다! 자신의 약점, 허영심, 경솔함을 '마키아벨리즘'이라고 부르는 머리의 유연함으로 포장하려는 이들은 그들이 추정한 본보기가 겪은 일을 경고로 삼아야 합니다.

우르비노 공작의 죽음이 공화국을 복원하기 위한 새로운 시도의 기회를 제공했고, 그 중 하나가 마침내 성공했을 때, 그것은 〈군주론〉이라는 책과 어떤 추악한 대조를 이루었습니다! 그는 자신의 펜의 걸작을 억제하고 싶어했을 것입니다. 그러나 그가 그것을 내놓자마자, 너무 많은 사람들이 그것에 감탄했습니다. 그래서 그는 그렇게 많은 위험한 일들과 심한 고통으로 인해 쓰라린 사업들의 궁극적인 보상을 잃어버렸습니다. 왜냐하면 그는 한 정당에 굳건하게 충성하며, 운명이 그들에게 다시 일어설 기회를 허락할 것인지 끈기 있게 기다릴 수 없었기 때문입니다.

모든 상황에서 중요하게 여겨지기를 원하는 사람, 어떤 주인이나 목적을 위해 봉사하기만 하려는 사람은 자신이 너무 강렬하게 원하는 목표를 놓치게 됩니다. 지능과 재능을 쏟아부어도 진정으로 위대한 역할을 수행하기에는 부족합니다. 그러기 위해서는 위대한 성격이 필요합니다. 지나친 허영심은 가장 날카로운 판단을 흐리게 하며, 사고의 대담함은 종종 파괴적인 계획에 빠지게 하는 추가적인 유혹일 뿐입니다. 일반적으로 신중한 절제를 통해 외부 재화를 소유하려고 노력하는 사람은 어떤 대가를 치르더라도 너무 소중하고 모든 조건에서 소유하려는 사람보다 그것을 얻을 가능성이 훨씬 더 높습니다. 끊임없는 욕망의 고집은 보통 스스로 극복할 수 없는 어려움을 일으킵니다. 심지어 대중의 존경, 즉 가장 고귀한 욕구의 대상조차도 너무 열망해서는 안 됩니다. 그것은 사람들의 자유로운 마음에 달려 있으며, 그들의 기분에 좌우됩니다. 존경은 강요할 수 없으며, 그것을 받을 자격이 있는 사람을 자발적으로 따릅니다. 사람들은 당신이 그들의 박수를 갈구하는 것을 알게 되면, 그들의 이기심이 반발합니다. 질투는 단지 야망과 권력욕을 충족시키려는 것이라는 핑계 뒤에 숨어버립니다. 자신의 노력을 사람들의 박수를 받을 만한 목적을 위해 사용하면서 외부 보상의 즐거움에 현혹되지 않고, 결코 자신의 양심을 남의 찬사보다 우선시하지 않는 사람에게는 그 마지막 보상까지 주어질 것입니다.

〈군주론〉을 올바르게 평가하려면, 저자가 역사에서 주인공으로 나타나지 않고 항상 보조적인 역할을 한다는 사실을 잊지 말아야 합니다. 그것은 행동하는 세계에 개입했지만, 자신의 교훈을 직접 실행하는 소명을 느끼지 않은 뛰어난 관찰자로부터 나온 것입니다. 자신의 행동에서 확립한 원칙을 취하는 그러한 사람들의 글은 성격이 매우 다릅니다. 위대한 업적을 이룬 사람이 세상에 자신의 의식과 다소 다르게 보이려는 욕망 없이 자신의 이야기를 쓴 경우는 거의 없기 때문에 단순한 관찰자의 이야기에는 더 많은 진실이 있을 수 있습니다 그러나 반대로 자신의 행동에 대해 말하는 사람들의 작품에서는 그 감정이 더 생생하게 드러납니다. 직접 한 일을 말하거나, 진지하게 할 준비가 되어 있을 때, 또는 다른 사람이 수행해야 할 계획을 제시하는 것은 전혀 다릅니다. 이러한 마음에서는 모든 것을 초월하지만, 직접 행동해야 할 때는 상황이 전혀 달라 보이고, 그때는 양심의 반대를 무시하기 힘듭니다. 정치적 이유로 그를 싫어하지 않은 작가들에 따르면 마키아벨리가 사생활에서 "나쁜 사람"이었지만 공작이 되지 않을 것이라는 것을 잘 알고 있는 그가 공작을 열망하는 사람들에게 조언한 모든 일을 할 수 있었는지는 여전히 의문입니다.

머릿속에는 모든 능력이 있고, 가장 예리한 지성으로 모든 것을 꿰뚫어보고, 가능한 모든 목적에 가장 적합한 수단을 제시하는 방법을 알고 있지만, 자신의 상상력이나 타인의 가식에 의해 목적에 대한 판단이 쉽게 오도되는 사람들이 있습니다. 이런 사람들은 조언자로서 빛날 수 있습니다. 그들은 사람들이 선호하는 목적에 반대하지 않고 그 목적을 달성하는 방법을 잘 알고 있기 때문에 조언자의 말을 기꺼이 듣습니다. 그러나 그들은 위험한 조언자들입니다. 왜냐하면 모든 수단의 적절성에 더 많은 관심을 두기 때문에, 목적의 본질을 간과하고 대담하게 모든 지적 조합에 몰두하기 때문입니다. 특히 그들이 직접 실행하지 않고 단지 생각만 할 경우에는 더 그렇습니다. 그들에게는 놀라운 지성과 함께 원칙과 의도에서 보이는 변덕스러움을 발견할 수 있는데, 이는 그들이 사물 자체에서 즐거움을 찾는 것이 아니라 어느 경우에나 단지 지성의 놀이에 관심이 있기 때문입니다. 특히 연설가나 작가의 재능이 그러한 장점과 결합되어 있을 때, 가장 고귀한 신념과 가장 위대한 아이디어조차도 순간적인 계획을 수행하는 수단으로만 여겨지고, 그 표현이 청중이나 독자에게 미치는 효과에 따라 평가됩니다.

마키아벨리가 그의 문필 재능 덕분에 동시대 사람들로부터 큰 존경을 받았다는 사실은 매우 중요합니다. 그가 어떻게 그런 책을 쓸 수 있었는지 지금까지의 일을 보면 분명하지만, 그가 그것을 알렸다는 사실에는 여전히 이해할 수 없는 것이 있습니다. 자신의 말을 어기라는 권고를 받고 이 권고를 따를 것이라고 인정하는 사람은 거의 믿음을 얻어내기가 어렵습니다. 〈군주론〉은 이러한 계략으로 가득차 있으며, 그러한 계략들은 일단 알려지면 좌절됩니다. 그러나 마키아벨리는 자신의 정신의 애정 어린 작품, 그의 지성과 비교할 수 없는 필력의 걸작을 찬사를 받기 위해 내놓는 것을 자제할 수 없었습니다. 그리고 그것은 위대한 사람들의 일반적인 사고 방식에 너무

적합했기 때문에 처음에 의도 한 사람들조차도 그것이 그들을 해칠 수 있다는 주장이 없었습니다. 그래서 그 책은 손에서 손으로 넘어 갔습니다.

그러나 책은 작가의 사후에야 출판되었습니다. 로렌초에게 헌정된 그 책에 대해 클레멘스 7세 교황, 메디치 가문의 일원이자 로렌초의 친척이 공개적인 출판을 망설임 없이 허락했습니다. 이는 그 책에 나타난 정신이 국가의 일반적인 사고방식과 얼마나 잘 일치하는지를 매우 분명하게 보여줍니다. 마찬가지로 그레고리 13세가 파리 대학살에 대한 그의 승인이 기독교 세계에 어떤 영향을 미칠지를 의식하지 않았습니다. 두 경우 모두 교황청은 일반적인 목소리에 의해 공개적인 조치를 취해야 했으며, 스캔들을 제거하기 위해 노력했습니다. 마키아벨리의 〈군주론〉에 대한 소란이 커졌을 때, 바오로 4세는 1559년에 그 책을 금지했습니다. 스캔들은 계속되어 그 심각성이 커졌고, 1592년에는 마키아벨리의 손자 니콜로 마키아벨리와 그의 조카 줄리아노 데 리치에게 책에서 비난받을 만한 내용을 제거하라는 명령이 내려졌습니다. 그러나 아무도 그들이 발표한 목적을 달성하기 위한 작업을 추진할 이해관계가 없었기 때문에 그 작업은 이루어지지 않았고, 책은 여기에 제시된 것처럼 오늘날까지 많이 변하지 않고 출판되었습니다.

마키아벨리 인물소개

마키아벨리의 집필모습

니콜로 마키아벨리는 1469년 5월 3일 이탈리아 피렌체에서 태어나 1527년 6월 21일에 사망한 외교관, 철학자, 역사학자, 군사 이론가이자 작가입니다. 그는 〈군주론〉으로 잘 알려져 있으며, 이는 그의 사후에 출판되었습니다.

마키아벨리는 중산층 가정에서 태어나 라틴어와 고전 문학을 배우며 인문주의 교육을 받았습니다. 1498년에 피렌체 공화국의 제2서기로 임명되어 외교관으로 활동했으며, 프랑스, 독일, 교황청 등 여러 유럽 국가들과 교류하며 국제 정치의 복잡성을 이해하게 되었습니다. 특히 체사레 보르자(Cesare Borgia)의 냉혹한 정치 전략은 마키아벨리에게 큰 영향을 미쳤습니다.

1512년 피렌체 공화국이 메디치 가문에 의해 무너지고, 마키아벨리는 반역 혐의로 투옥되어 고문을 당한 후 추방되었습니다. 이 시기에 그는 〈군주론〉을 비롯한 주요 저서들을 집필하게 되었습니다. 〈군주론〉은 군주가 권력을 유지하고 강화하기 위한 현실적이고 냉정한 조언을 제공하며, 마키아벨리의 생전에는 출판되지 않았지만, 그의 사후 1532년에 출판되었습니다. 이 책은 로렌초에게 헌정되었고, 클레멘스 7세 교황, 메디치 가문의 일원이자 로렌초의 친척이 공개적인 출판을 허락했습니다. 이는 〈군주론〉의 정신이 당시 국가의 일반적인 사고방식과 얼마나 잘 일치하는지를 보여줍니다.

마키아벨리는 또한 《전쟁의 기술》(Dell'arte della Guerra), 《리비우스에 관한 담론》(Discourses on the First Ten Books of Titus Livy), 《피렌체의 역사》(History of Florence) 등 많은 저서들을 남겼습니다. 그의 저서들은 정치 이론, 역사, 군사 전략 등에 대한 깊이 있는 통찰을 제공하며, 이후 많은 정치 철학자들과 사상가들에게 큰 영향을 미쳤습니다.

그의 사상은 '마키아벨리즘(Machiavellianism)'이라는 용어로 표현되며, 이는 정치적 현실주의와 기회주의를 의미합니다. 그는 도덕과 윤리보다는 현실적이고 실용적인 정치 행위를 중시했습니다. 이러한 접근 방식은 많은 논쟁을 불러일으켰지만, 그의 현실적인 통찰력과 분석 능력은 높이 평가받고 있습니다.

1559년, 마키아벨리의 〈군주론〉은 바오로 4세에 의해 금지되었습니다. 1592년에는 마키아벨리의 손자 니콜로 마키아벨리와 그의 조카 줄리아노 데 리치에게 책에서 비난받을 만한 내용을 제거하라는 명령이 내려졌지만, 이 작업은 이루어지지 않았습니다. 그 결과

〈군주론〉은 오늘날까지도 변하지 않은 형태로 출판되었습니다.

마키아벨리는 권력의 본질과 그 유지를 위한 냉철한 현실주의를 강조한 인물로, 그의 사상과 저서는 현대 정치 이론의 중요한 기초를 제공하며 여전히 많은 학자들과 정치인들에게 영향을 미치고 있습니다.

알아두면 유익한 〈군주론〉 배경지식
(인물편)

델라 로베레 가문의 교황

식스투스 4세(좌), 율리우스 2세(우)

델라 로베레 가문 : 이탈리아의 귀족 가문, 두 명의 교황 배출

델라 로베레 가문(Della Rovere)은 이탈리아의 중요한 귀족 가문으로, 특히 교황 식스투스 4세와 교황 율리우스 2세가 이 가문 출신입니다. 델라 로베레 가문은 15세기와 16세기에 걸쳐 이탈리아 정치와 교회 역사에 큰 영향을 미쳤습니다.

-교황 식스투스 4세 (Sixtus IV)

본명: 프란체스코 델라 로베레(Francesco della Rovere)

재위: 1471년 - 1484년

시스티나 성당의 건축을 시작하고, 많은 예술가들을 후원했습니다. 교황청의
재정을 강화하고, 로마의 도시 환경을 개선하는 데 기여했습니다. 교황 선출
과정에서 자신의 조카들을 포함한 친척들을 중요한 직위에 임명하여, 가문의
권력을 강화했습니다.

-교황 율리우스 2세 (Julius II)

본명: 줄리아노 델라 로베레(Giuliano della Rovere)

재위: 1503년 - 1513년

성 베드로 대성당의 재건을 시작하고, 미켈란젤로에게 시스티나 성당의 천장
화를 그리도록 의뢰했습니다. "전사 교황"이라는 별명을 얻을 정도로 군사적
활동에 적극적이었습니다. 이탈리아 반도의 여러 전쟁에 개입하여 교황령의
영토를 확장하고 강화했습니다. 교황청의 개혁과 정치를 안정시키기 위해 노
력했습니다.

델라 로베레 가문은 두 명의 교황을 배출함으로써 교회 내에서 막대한 영향
력을 행사했습니다. 이들은 교황청의 권위를 높이고, 예술과 건축의 르네상스
를 촉진하는 데 중요한 역할을 했습니다. 특히, 시스티나 성당과 성 베드로 대
성당은 델라 로베레 가문의 후원 덕분에 오늘날까지도 중요한 예술적 유산으
로 남아 있습니다. 단순히 교회 내에서만 영향력을 행사한 것이 아니라, 이탈
리아 정치에서도 중요한 역할을 했습니다. 이들은 여러가지 동맹을 맺고, 전
쟁에 개입하며, 로마와 이탈리아 반도의 권력 균형을 조정하는 데 적극적이었
습니다.

16세기 중반 이후, 델라 로베레 가문은 점차 그 영향력을 잃기 시작했습니다. 그러나 그들이 남긴 예술적, 건축적 유산은 여전히 남아 있으며, 이탈리아와 로마의 역사에서 중요한 부분을 차지하고 있습니다. 델라 로베레 가문은 이탈리아 르네상스 시대의 중요한 귀족 가문으로, 특히 두 명의 교황을 배출함으로써 교회와 정치에서 큰 영향력을 행사했습니다. 그들의 후원 덕분에 많은 예술적 걸작과 건축물이 탄생했으며, 오늘날까지도 이들의 유산은 이탈리아와 전 세계에 큰 영향을 미치고 있습니다.

레오 10세 : 1513년~1521년까지 재임한 교황, 면죄부 판매 확대

레오 10세(좌) 마르틴 루터와 95개조 반박문(우)

교황 레오 10세(Pope Leo X)는 르네상스 시대의 중요한 교황 중 한 명으로, 재위 기간 동안 교회의 정치적, 문화적 영향력이 크게 강화되었습니다. 본명은 조반니 디 로렌초 데 메디치(Giovanni di Lorenzo de Medici)입니다. 그는 피렌체의 유력한 메디치 가문에서 태어났습니다. 아버지 로렌초 데 메디치(Lorenzo de Medici)는 피렌체의 지배자이자 르네상스 문화의 후원자로 유명했습니다. 조반니는 어릴 때부터 교회에서 중요한 직책을 맡으며 성장했습니다. 레오 10세는 1513년 3월 9일 교황으로 선출되었습니다. 재위 기간은 르네상스 문화의 절정기였으며, 교회와 유럽 정치에 큰 영향을 미쳤습니다. 르네상스 예술과 문화를 적극적으로 지원했으며 라파엘로, 미켈란젤로 등 당대 최고의 예술가들을 후원하여 성 베드로 대성당과 시스티나 성당의 예술 작품을 완성하도록 했습니다.

재위 기간 동안 마르틴 루터(Martin Luther)가 95개조 반박문(95 Theses)을 발표하며 종교 개혁이 시작되었습니다. 루터는 교회의 부패와 면죄부 판매를 비판하며 개혁을 요구했습니다. 처음에는 루터를 무시했으나, 루터의 영향력이 커지자 1520년 루터를 파문했습니다. 이는 교회 개혁의 확산을 막지 못했고, 유럽 전역에서 개신교가 등장하는 계기가 되었습니다.

레오 10세는 이탈리아와 유럽의 정치적 세력 균형을 유지하기 위해 적극적으로 외교와 군사 활동을 펼쳤습니다. 그는 프랑스, 신성 로마 제국, 스페인 등 강대국들과 복잡한 외교 관계를 유지했습니다. 프랑스의 프랑수아 1세와 신성 로마 제국의 카를 5세 사이의 경쟁을 이용하여 교황령의 권위를 강화하려 했습니다. 재임시 성 베드로 대성당의 재건을 포함한 여러 대규모 건축 프로젝트를 추진하면서 많은 재정을 필요로 했습니다.

이를 위해 면죄부 판매를 적극적으로 장려했으나, 이는 교회 부패의 상징으로 여겨지며 큰 비판을 받았습니다. 하지만 르네상스 시대의 예술과 문화를 크게 발전시킨 교황으로 평가받습니다. 그의 후원 덕분에 많은 예술 작품과 건축물들이 탄생하였으며, 로마는 문화적 중심지로 성장했습니다. 그러나 재위 기간 동안 교회의 부패와 재정 문제는 심화되었으며, 이는 종교 개혁의 발단이 되었습니다. 정치적, 외교적 노력은 일시적으로 교황령의 권위를 강화하는 데 기여했으나, 장기적으로는 교회의 분열과 혼란을 초래했습니다. 그의 면죄부 판매 정책은 마르틴 루터의 종교 개혁을 촉발시켰고, 이는 유럽 전역에 걸쳐 개신교의 확산을 가져왔습니다. 레오 10세는 르네상스 예술의 후원자로서 큰 공헌을 했지만, 재정 정책과 교회의 부패 문제는 종교 개혁을 초래한 주요 원인이 되었습니다.

루이 12세 : 1498년~1515년까지 프랑스 통치, 이탈리아 전쟁 참여

루이 12세(Louis XII)는 1498년부터 1515년까지 프랑스를 통치한 왕으로, 발루아-오를레앙 가문 출신의 인물입니다. 그는 프랑스 왕국을 이탈리아 전쟁에 깊이 개입시키며, 국내적으로는 여러 개혁을 추진한 왕으로 널리 알려져 있습니다. 루이 12세는 샤를 오를레앙(Charles, Duke of Orléans)과 그의 세 번째 아내 마리 드 클레베스(Marie of Cleves) 사이에서 태어났습니다. 어린 시절부터 그는 발루아 가문의 내분과 권력 투쟁 속에서 성장하였으며, 이러한 경험이 샤를 8세의 후계자로 자리 잡는 데 중요한 역할을 했습니다.

1498년, 샤를 8세가 후계 없이 갑작스럽게 사망하자 루이 12세는 프랑스 왕위에 올랐습니다. 샤를 8세의 미망인인 앤 브리타니(Anne of Brittany)와 결혼하여 브리타니 공국을 프랑스 왕국에 합병하는 데 성공하였으며 이를 통해 프랑스의 영토 확장과 통합을 이끌었습니다. 또한, 루이 12세는 발루아 가문의 상속권을 주장하며 1499년에 밀라노를 정복하는 데 성공하였습니다. 1500년에는 제노바를 점령하였고, 1501년에는 나폴리를 스페인과 분할하여 통치권을 나눴습니다. 1509년에는 캉브레 동맹에 참여하여 베네치아 공화국과 전쟁을 벌였는데, 이 동맹에는 교황 율리우스 2세, 신성 로마 제국 황제 막시밀리안 1세, 스페인의 페르디난도 2세가 포함되었습니다. 이탈리아 전쟁에서 초기에는 성공을 거두었으나, 결국 프랑스는 재정적 부담이 커졌고 군사적으로도 패배하게 되었습니다. 1512년 라벤나 전투에서 승리했지만, 이후 스위스 군대에 의해 밀라노에서 축출되는 결과를 맞이했습니다.

루이 12세는 법률 체계를 정비하고 행정 구조를 개혁하는 데 많은 노력을 기울였습니다. 그는 "좋은 왕 루이(Le Père du Peuple)"라는 별명으로 백성들에게 인기가 많았습니다. 그의 세금 정책 개혁은 불필요한 세금을 철폐하고, 세금 징수의 공정성을 강화하며, 농업을 장려하고 경제를 활성화하기 위한 다양한 정책을 시행한 것으로 평가받고 있습니다. 또한 영국, 스페인, 신성 로마 제국과 복잡한 외교 관계를 유지하면서, 때로는 동맹을 맺고 때로는 전쟁을 벌이며 프랑스의 이익을 최우선으로 추구했습니다.

루이 12세는 프랑스 역사에서 중요한 왕으로 평가받습니다. 그는 이탈리아 전쟁에 깊이 개입하면서 프랑스의 군사적 영향력을 확장하려 했지만, 결과적으로는 프랑스에 큰 재정적 부담과 군사적 패배를 안겨주었습니다. 그럼에도 불구하고, 내정 개혁과 백성에 대한 배려는 후대에 긍정적으로 평가받고 있으며, 그의 통치는 프랑스 왕권을 강화하는 중요한 시기로 여겨집니다. 그의 정책들은 후에 프랑수아 1세(Francis I)의 통치에 큰 영향을 미쳤습니다. 그의 개혁은 프랑스가 중세에서 근대 국가로 전환하는 데 중요한 역할을 했습니다. 그는 프랑스의 정치적, 군사적, 경제적 발전에 중요한 기여를 한 왕이었으며, 그의 통치는 프랑스 역사에서 매우 중요한 전환점으로 기록되고 있습니다.

막시밀리안 황제 : 1493년~1519년까지 신성 로마 제국 황제 재임

막시밀리안 1세(Maximilian I)는 1493년부터 1519년까지 신성 로마 제국의 황제로 재임한 인물로, 합스부르크 가문의 세력을 확장하고 강화하는 데 중요한 역할을 했습니다. 그는 다양한 외교적, 군사적 전략을 통해 합스부르크 가문의 영향력을 유럽 전역으로 넓혔습니다. 막시밀리안의 아들 펠리페(Felipe, 후에 스페인의 펠리페 1세)는 아라곤의 후아나(Juana of Aragon)와 결혼하여, 합스부르크 가문이 스페인의 왕위를 계승하게 되었습니다. 이는 후에 카를 5세(Charles V)가 신성 로마 황제와 스페인 왕을 겸하게 되는 기초가 되었습니다.

그는 이탈리아 전쟁에 개입하여 북부 이탈리아 지역에 대한 영향력을 확대하려 했습니다. 프랑스와 여러 차례 전투를 벌였고, 이탈리아 반도의 정치적 세력 균형을 조정하려 했습니다. 신성 로마 제국의 행정과 군사 구조를 개혁하려 했습니다. 제국의 통치를 강화하기 위해 제국의회(Reichstag)를 활성화하고, 새로운 법률과 규제를 도입했습니다. 르네상스 예술과 문화를 위해 여러 예술가와 학자들을 후원하며, 자신의 통치 기간 동안 문화적 발전을 촉진했습니다.

막시밀리안 1세는 합스부르크 가문의 세력을 유럽 전역으로 확장하고 강화한 인물로 평가받습니다. 그의 정략 결혼과 외교적 전략은 합스부르크 가문의 세력 확장에 중요한 기여를 했으며, 이는 후에 합스부르크 가문이 유럽의 주요 강대국 중 하나로 자리 잡는 기초가 되었습니다. 그러나 군사적 시도는 항상 성공적이지는 않았으며, 특히 이탈리아 전쟁에서의 성과는 제한적이었습니다. 많은 전쟁을 치렀으나, 그 결과는 항상 합스부르크 가문에게 유리하지는 않았습니다. 통치는 신성 로마 제국의 구조적 개혁을 시도한 중요한 시기로, 개혁은 후에 제국의 통치 체계를 강화하는 데 기여했습니다. 또한, 문화적 후원은 르네상스 예술과 학문의 전에 중요한 영향을 미쳤습니다.

메디치 가문의 주요인물

메디치 가문의 주요인물, 좌측부터 로렌초, 줄리아노, 카타리나

-로렌초 데 메디치 : 15세기 피렌체 통치자이자 예술 후원자

로렌초 데 메디치(Lorenzo de' Medici)는 15세기 이탈리아 르네상스 시대의 중요한 정치가이자 메디치 가문의 수장이었습니다. 그는 1449년 1월 1일 피렌체에서 태어났으며, 그의 부모는 피에로 디 코시모 데 메디치(Piero di Cosimo de' Medici)와 루크레치아 토르나부오니(Lucrezia Tornabuoni)입니다.

어린 시절, 로렌초는 메디치 가문의 중심 인물로서 정치와 문화에 대한 교육을 받았습니다. 그는 피렌체에서 자라며 인문주의적 교육을 받았고, 이는 그의 정치적, 문화적 견해에 큰 영향을 미쳤습니다. 1469년, 아버지 피에로가 사망한 후 로렌초는 메디치 가문의 수장이 되어 피렌체 공화국의 사실상의 통치자가 되었습니다. 그는 공식적인 직책 없이도 피렌체의 정치와 경제를 조정하며 강력한 영향력을 행사했습니다. 그의 통치는 피렌체를 르네상스 문화의 중심지로 발전시키는 데 중요한 역할을 했습니다.

로렌초는 예술과 학문을 적극적으로 후원하였습니다. 그는 미켈란젤로, 보티첼리, 레오나르도 다 빈치 등 많은 예술가와 학자들을 지원하여 르네상스 예술과 문화를 꽃피우게 했습니다. 그는 또한 피렌체 대학을 재정적으로 지원하고, 인문주의 학문을 장려했습니다. 그의 후원 덕분에 피렌체는 예술과 학문의 중심지로 번영했습니다.

로렌초는 피렌체를 둘러싼 여러 강대국들과의 외교적 관계를 유지하며, 피렌체의 독립과 번영을 위해 노력했습니다. 그는 나폴리 왕국, 밀라노 공국, 교황령 등과 복잡한 외교 관계를 맺으며, 때로는 갈등을 겪기도 했습니다. 1478년, 파치 음모(Pazzi Conspiracy)라는 암살 시도에서 살아남았으며, 이는 그의 정치적 위기를 극복하고 더욱 강력한 지도자로 자리매김하는 계기가 되었습니다.

로렌초는 1492년 4월 8일 사망했습니다. 그의 사망 이후에도 그의 문화적, 정치적 유산은 계속 이어졌습니다. 로렌초의 후원 덕분에 피렌체는 르네상스 예술과 문화의 중심지로 성장했으며, 그의 정치적 지혜와 외교적 노력은 피렌체의 번영을 가져왔습니다.

-줄리아노 데 메디치 : 피에로 데 메디치의 아들, 로렌초 데 메디치의 동생

줄리아노 데 메디치(1453~1478)는 르네상스 시대 피렌체의 유력 가문인 메디치 가문의 일원으로, 그의 생애와 업적은 그 시대의 정치적, 문화적 맥락에서 중요한 의미를 지닙니다. 피에로 데 메디치와 루크레치아 토르나부오니의 아들로 태어났습니다.

그는 1478년 4월 26일, 피렌체의 두오모(산타 마리아 델 피오레 대성당)에서 벌어진 파치 음모 사건(La Congiura dei Pazzi)에서 암살당했습니다. 이 음모는 메디치 가문을 제거하고 피렌체의 통치권을 장악하려는 경쟁 가문인 파치 가문(Pazzi family)과 교황 식스투스 4세(Sixtus IV)의 지원으로 벌어졌습니다. 파치 음모는 줄리아노의 죽음과 그의 형 로렌초의 부상을 초래했지만, 로렌초는 이 사건에서 살아남아 메디치 가문의 권력을 더욱 공고히 했습니다. 줄리아노는 메디치 가문의 전통을 이어받아 예술과 문화를 후원했습니다. 그는 피렌체의 르네상스 예술가들과 학자들을 지원하며, 피렌체가 문화적 중심지로 발전하는 데 기여했습니다.

줄리아노 데 메디치는 그의 짧은 생애에도 불구하고 메디치 가문과 피렌체의 역사에 중요한 영향을 미쳤습니다. 그의 죽음은 피렌체의 정치적 동요를 일으켰지만, 형 로렌초의 강력한 지도력으로 인해 메디치 가문은 더욱 강력해졌습니다. 파치 음모 사건은 메디치 가문의 역사에서 중요한 전환점이 되었으며, 줄리아노의 죽음은 메디치 가문을 중심으로 피렌체의 정치적 결속을 강화하는 계기가 되었습니다.

-줄리아노 데 메디치 : 로렌초 데 메디치 아들, 교황 클레멘스 7세의 아버지

줄리아노 데 메디치(1479-1516)는 르네상스 시대의 이탈리아 정치인으로, 메디치 가문의 중요한 인물입니다. 1479년 3월 12일 피렌체에서 로렌초 데 메디치(일 마니피코)와 클라리체 오르시니의 아들로 태어났습니다. 그는 메디치 가문의 권력과 영향력 속에서 자라났으며, 그의 아버지 로렌초는 피렌체의 사실상 통치자였습니다.

줄리아노는 메디치 가문의 정치적 유산을 이어받아 피렌체의 정치적 안정과 가문의 권력을 유지하는 데 중요한 역할을 했습니다. 1512년, 메디치 가문이 피렌체로 복귀할 때 줄리아노는 주요 인물로 활동했습니다. 그는 프랑스 왕 프랑수아 1세의 후원 아래 프랑스의 노블과 가까운 관계를 유지하며, 프랑스 왕국에서 귀족 칭호를 받아 메디치 가문의 국제적 위상을 높였습니다.

줄리아노는 필리베르트 드 사부아와 결혼했으며, 이 결혼은 정치적 동맹의 일환이었습니다. 그들의 결혼은 자녀를 낳지 못했지만, 줄리아노는 메디치 가문의 정치적 연합을 강화하는 데 중요한 역할을 했습니다. 줄리아노의 서자로 알려진 줄리오 데 메디치는 교황 클레멘스 7세가 되어 그의 정치적 유산을 이어받았습니다.

1516년 3월 17일, 줄리아노는 이탈리아 페사로에서 사망했습니다. 그는 피렌체와 메디치 가문의 역사에서 중요한 인물로 남아 있으며, 그의 정치적 활동과 프랑스와의 관계는 메디치 가문의 국제적 위상을 높이는 데 기여했습니다. 그의 아들 줄리오 데 메디치(교황 클레멘스 7세)는 메디치 가문의 종교적 영향력을 강화했습니다.

-카타리나 데 메디치 : 16세기 프랑스 왕비, 강한 영향력 행사

카타리나 데 메디치(Catherine de' Medici)는 16세기 프랑스의 왕비이자 왕태후로서 중요한 역할을 한 인물입니다. 그녀는 1519년 4월 13일 이탈리아 피렌체에서 태어났으며, 피렌체의 유력한 가문인 메디치 가문 출신입니다. 그녀의 부모는 로렌초 2세 데 메디치(Lorenzo II de' Medici)와 프랑스의 마들렌 드 라 투르 다베르뉴(Madeleine de La Tour d'Auvergne)였습니다.

어린 시절, 카타리나는 부모를 일찍 잃고 피렌체에서 메디치 가문에 의해 양육되었습니다. 그녀는 어린 시절부터 유럽의 정치적 계산의 중심에 있었습니다. 1533년, 카타리나는 프랑스 왕 프랑수아 1세(Francis I)의 둘째 아들 앙리(후일의 앙리 2세)와 결혼하였습니다. 이 결혼은 프랑스와 메디치 가문의 정치적 동맹을 강화하는 역할을 했습니다.

카타리나는 1547년 남편 앙리 2세가 왕위에 오르면서 프랑스의 왕비가 되었습니다. 앙리 2세의 재위 기간 동안 카타리나는 정치적으로 큰 영향력을 행사하지 않았지만, 남편의 죽음 이후 그녀의 역할은 급격히 증가했습니다.

앙리 2세가 1559년 사망한 후, 카타리나는 세 명의 아들 프랑수아 2세, 샤를 9세, 앙리 3세가 차례로 프랑스 왕위에 오르면서 실질적인 권력을 쥐게 되었습니다. 그녀는 섭정으로서 프랑스의 정치를 주도하며, 특히 종교 전쟁 기간 동안 중요한 결정을 내렸습니다.

카타리나의 정치적 업적 중 하나는 바르톨로메오의 학살(Night of St. Bartholomew's Massacre)로, 1572년 8월 24일 개신교도와 가톨릭교도 사이의 갈등이 폭력적으로 분출된 사건입니다. 이 사건은 수천 명의 위그노(프랑스의 개신교도)들이 파리와 다른 도시들에서 학살당한 비극적인 사건으로, 카타리나는 이를 지지하거나 묵인한 것으로 알려져 있습니다.

카타리나는 또한 프랑스 궁정의 문화를 장려하고, 예술과 과학을 후원했습니다. 그녀는 여러 건축 프로젝트를 추진하고, 예술가와 학자들을 후원하여 프랑스 르네상스를 촉진시켰습니다. 그녀는 궁정에서 이탈리아식 궁정 생활을 도입하고, 요리와 의상에 있어서도 혁신을 가져왔습니다.

카타리나는 1589년 1월 5일 사망했습니다. 그녀의 사망 이후에도 그녀의 정치적 유산은 계속 이어졌습니다. 그녀의 외교적 노력과 정치적 결단력은 프랑스의 복잡한 종교적, 정치적 갈등을 조정하는 데 중요한 역할을 했습니다. 그러나 그녀의 통치 기간 동안의 종교적 갈등과 폭력 사태는 그녀의 평판에 부정적인 영향을 미쳤습니다.

사보나롤라 : 15세기 피렌체의 개혁가이자 도미니코회 수도사

사보나롤라의 화형장면

지롤라모 사보나롤라(Girolamo Savonarola, 1452-1498)는 15세기 말 이탈리아에서 활동한 도미니코회 수사이자 종교 개혁가로, 피렌체에서 중요한 정치적, 종교적 인물로 활약했습니다. 사보나롤라는 피렌체에서 종교적, 정치적 지도자로서 큰 영향력을 행사했습니다. 강력한 설교와 카리스마를 바탕으로 시민들을 설득하고, 메디치 가문의 몰락 후 공화정 체제를 확립했습니다. 개혁은 부패한 관행과 사치를 비판하고, 도덕적 생활을 강조하는 방향으로 이루어졌습니다.

1497년, 사보나롤라는 '허영의 불'로 알려진 사건을 주도했습니다. 시민들은 사치품, 예술품, 책 등을 광장에 모아 불태웠습니다. 이는 사보나롤라의 도덕적, 종교적 개혁의 상징적인 행위였습니다.그는 교황 알렉산데르 6세와 갈등을 빚었습니다. 교회의 부패를 강력히 비판하며, 교황의 사면령을 거부했습니다. 이러한 갈등은 결국 그의 몰락으로 이어졌습니다. 1498년, 사보나롤라는 피렌체 시민들에 의해 체포되어 이단 혐의로 재판을 받았습니다. 1498년 5월 23일, 그는 두 명의 추종자와 함께 처형당했습니다. 사보나롤라는 교수형 후 화형당했으며, 그의 유해는 아르노 강에 던져졌습니다.

사보나롤라의 사상과 개혁 운동은 후대의 종교 개혁가들에게 큰 영향을 미쳤습니다. 도덕적 열정과 교회 개혁에 대한 요구는 종교 개혁 시대의 중요한 사상적 기초가 되었습니다. 사보나롤라의 실패는 정치적 현실과 도덕적 이상 간의 갈등을 보여줍니다. 마키아벨리의 〈군주론〉에서는 그를 이상주의적이지만 현실 정치에서 실패한 예로 들며, 정치적 권력과 무력의 중요성을 강조합니다. 사보나롤라는 그의 생애 동안 도덕적 열정과 종교적 신념으로 피렌체를 변화시키려 했지만, 현실 정치의 복잡성과 냉혹함을 극복하지 못한 비극적인 인물로 기억됩니다.

샤를 5세 : 1519년~1556년까지 신성 로마 제국 황제, 유럽 대제국 통치

샤를 5세(Charles V)는 16세기 유럽의 가장 중요한 군주 중 한 명으로, 그의 통치 기간 동안 유럽은 큰 변화를 겪었습니다. 그는 신성 로마 제국 황제, 스페인 왕, 네덜란드 군주 등 다양한 타이틀을 보유한 강력한 군주였습니다. 펠리페 1세(Felipe I)와 후아나 1세(Juana I)의 아들로 태어났습니다. 아버지 펠리페 1세는 신성 로마 제국 황제 막시밀리안 1세의 아들이며, 어머니 후아나는 카스티야와 아라곤의 여왕 이사벨라 1세와 페르난도 2세의 딸입니다. 따라서 샤를 5세는 유럽의 여러 강력한 가문과 연결된 인물이었습니다. 1516년, 샤를은 스페인의 공동 군주가 되었으며, 1519년에는 신성 로마 제국 황제로 선출되었습니다. 이를 통해 그는 광대한 영토를 지배하게 되었으며, 스페인, 네덜란드, 독일, 오스트리아, 이탈리아 일부, 그리고 아메리카 대륙의 식민지까지 포괄하는 거대한 제국을 형성했습니다. 그의 통치는 "해가 지지 않는 제국"이라는 표현으로 설명될 정도로 넓은 영토를 포함했습니다.

샤를 5세의 재위 기간 동안 마르틴 루터(Martin Luther)에 의해 시작된 종교 개혁이 유럽을 강타했습니다. 1521년, 샤를은 보름스 회의(Diet of Worms)를 소집하여 루터에게 자신의 주장을 철회하도록 요구했으나, 루터는 이를 거부했습니다. 이로 인해 샤를 5세는 프로테스탄트와의 지속적인 갈등을 겪게 되었으며, 이는 그의 통치 기간 동안 큰 문제로 남았습니다. 이탈리아에서 프랑스와의 여러 전쟁에 참여했습니다. 1525년 파비아 전투(Battle of Pavia)에서 프랑수아 1세(Francis I)를 격파하고, 이탈리아 북부에 대한 합스부르크의 지배를 강화했습니다. 1527년에는 그의 군대가 로마를 약탈하는 사건이 발생했으며, 이는 교황과의 관계에 큰 영향을 미쳤습니다.

그의 통치 동안 스페인은 아메리카 대륙에서 식민지 확장을 계속했습니다. 에르난 코르테스(Hernán Cortés)는 아즈텍 제국을 정복하였고, 프란시스코 피사로(Francisco Pizarro)는 잉카 제국을 정복했습니다. 이러한 식민지 확장은 스페인의 부와 권력을 크게 증대시켰습니다. 1556년, 샤를 5세는 건강 악화와 지속적인 종교 갈등에 지쳐 황제직을 포함한 여러 직위를 사임했습니다. 동생 페르디난트 1세에게 신성 로마 제국 황제직을, 아들 펠리페 2세에게 스페인 왕국과 네덜란드 등을 물려주었습니다. 이를 통해 합스부르크 가문은 오스트리아-합스부르크 가문과 스페인-합스부르크 가문으로 나뉘게 되었습니다.

샤를 5세는 유럽 역사에서 가장 영향력 있는 군주 중 한 명으로 평가받습니다. 그의 통치는 유럽의 정치적 지형을 크게 변화시켰으며, 특히 종교 개혁과의 갈등은 이후 유럽의 종교와 정치에 큰 영향을 미쳤습니다. 광대한 영토를 통합하고, 이를 효과적으로 통치하려 했으나, 끊임없는 전쟁과 종교 갈등으로 인해 많은 어려움을 겪었습니다. 통치는 또한 신대륙의 식민지 확장을 통해 스페인의 부와 권력을 증대시키는 데 중요한 역할을 했습니다.

샤를 8세 : 15세기 프랑스 왕, 이탈리아 전쟁을 일으킴

샤를 8세(Charles VIII)는 1470년 6월 30일 프랑스 앙부아즈에서 태어나 1498년 4월 7일 사망한 프랑스의 국왕으로, 1483년부터 1498년까지 재위했습니다. 발루아 왕가 출신으로, 루이 11세와 샤를로트 드 사부아의 아들입니다. 샤를 8세는 주로 이탈리아 전쟁으로 기억되며, 그의 군사 원정이 유럽 역사에 중요한 영향을 미쳤습니다. 샤를 8세는 어린 나이에 즉위했기 때문에, 초기 통치 기간 동안 실제 권력은 섭정인 여왕 안느 드 보주(Charles VIII의 누나)와 루이 12세가 행사했습니다. 이들은 국내의 안정과 통합을 위해 노력하며 왕권을 강화했습니다.

그의 주요 업적 중 하나는 이탈리아 전쟁의 시작입니다. 1494년 나폴리 왕국에 대한 계승권을 주장하며 이탈리아 원정을 시작했습니다. 이 원정은 프랑스와 이탈리아 도시 국가들, 스페인, 신성 로마 제국, 교황령 간의 복잡한 군사적, 정치적 연합과 대립을 불러일으켰습니다.

이탈리아 원정 (1494-1495): 샤를 8세는 피렌체, 로마, 나폴리를 포함한 여러 이탈리아 도시들을 점령했습니다. 그러나 이탈리아의 다른 강국들과 스페인, 신성 로마 제국이 이와 맞서 동맹을 결성하여 샤를을 반격했습니다.

포르노보 전투 (1495): 샤를 8세는 이탈리아 반도에서 철수하던 중 포르노보 전투에서 이탈리아 동맹군과 교전했으며, 이는 그의 원정이 끝나게 된 중요한 사건입니다.

샤를 8세는 1491년 브르타뉴 공작부인 안 드 브르타뉴와 결혼했습니다. 이 결혼은 브르타뉴 공국을 프랑스 왕국에 통합시키는 중요한 사건이었습니다. 브르타뉴는 당시 독립된 공국이었고, 이를 통합함으로써 프랑스의 영토적 통합을 이루었습니다. 그는 1498년 앙부아즈 성에서 갑작스럽게 사망했습니다. 후계자를 남기지 못했고, 그의 사망으로 발루아 왕가의 직계 혈통은 단절되었습니다. 이후 프랑스 왕위는 그의 친척인 오를레앙 공작 루이가 계승하여 루이 12세로 즉위했습니다. 샤를 8세의 이탈리아 전쟁은 이후 수십 년간 이어진 프랑스와 이탈리아 간의 전쟁의 서막을 열었습니다. 이는 프랑스의 군사적 능력을 시험했으며, 유럽의 정치 지형을 변화시키는 데 중요한 역할을 했습니다.

아가토클레스 : BC 4세기 시칠리아 참주, 폭력과 기만 권력획득

아가토클레스(Agathocles)는 기원전 361년경에 태어나 기원전 289년에 사망한 시칠리아의 시라쿠사(Syracuse)의 참주(tyrant)였습니다. 자신의 야망과 잔혹한 통치 방식으로 유명했으며, 시라쿠사를 강력한 국가로 만들기 위해 여러 전쟁을 벌였습니다. 시라쿠사 내부의 정치적 반대파를 제거하고 강력한 중앙집권적 정부를 구축했습니다. 시칠리아 전체와 그 외의 지역들을 정복하려는 야망을 가지고 여러 차례 전쟁을 벌였습니다. 그의 주요 적수는 북아프리카의 카르타고였습니다. 기원전 311년, 아가토클레스는 카르타고와의 전쟁을 시작했습니다. 이 전쟁에서 그는 카르타고 군대에게 패배했으나, 시라쿠사에서 패배를 면하기 위해 기습적으로 북아프리카로 군대를 이동시키는 대담한 전략을 펼쳤습니다. 이 작전으로 카르타고를 공격하여 일시적으로 전세를 역전시키는 데 성공했습니다. 기원전 306년, 아가토클레스는 카르타고와 강화 조약을 체결하였고, 시라쿠사는 독립을 유지하는 대신 카르타고에 일정한 공물을 바치기로 했습니다.

그는 뛰어난 군사 전략가로 인정받고 있으며, 통치는 시라쿠사의 역사에서 중요한 전환점이 되었습니다. 통치 기간 동안 시라쿠사는 시칠리아와 지중해 지역에서 중요한 정치적, 군사적 세력으로 자리매김했습니다. 정책과 전쟁은 후에 시라쿠사와 카르타고 간의 관계에 큰 영향을 미쳤습니다. 아가토클레스는 낮은 신분에서 시작하여 시칠리아의 강력한 통치자가 된 인물로, 그의 생애는 야망과 잔인함, 그리고 군사적 천재성을 보여줍니다.

알렉산데르 6세와 그의 아들 체사레 보르자

보르자 가문 주요인물, 체사레 보르자(좌), 교황 알렉산데르 6세(우)

-알렉산데르 6세 : 1492년~1503년까지 재임, 르네상스 시대의 교황

교황 알렉산데르 6세(Pope Alexander VI)는 르네상스 시대의 교황 중 가장 논란이 많았던 인물입니다. 그의 본명은 로드리고 보르자(Rodrigo Borgia)이며, 보르자 가문 출신으로 유명합니다.

로드리고 보르자는 스페인 발렌시아의 유력한 가문에서 태어났으며, 그의 삼촌인 알폰소 보르자가 교황 칼릭스투스 3세로 즉위하면서 교황청 내에서 그의 입지가 강화되었습니다. 로드리고는 25세의 젊은 나이에 추기경이 되었고, 이후 여러 중요한 직책을 맡아 영향력을 키웠습니다.

알렉산데르 6세는 1492년 교황으로 선출되었습니다. 그의 재위 기간은 정치적 음모와 권력 남용, 그리고 이탈리아 반도의 복잡한 정치적 상황 속에서 이뤄졌습니다. 그는 자녀들을 통해 가문의 권력을 확장하려 했습니다. 특히, 아들 체사레 보르자(Cesare Borgia)는 교황령의 군사적 확장을 통해 중요한 역할을 했습니다. 이탈리아의 여러 강국들과의 복잡한 정치적 관계를 조정하면서 교황령의 세력을 확장했습니다. 그는 나폴리 왕국, 프랑스, 밀라노, 베네치아 등과의 동맹과 전쟁을 통해 교황청의 권위를 강화하려 했습니다.

재위 기간 동안 교황청은 부패와 방탕의 이미지로 크게 비난받았습니다. 성직 매매와 같은 부패한 행위를 통해 교황청의 재정을 확보하려 했습니다. 이러한 부패는 후에 종교 개혁의 원인이 되었습니다. 그는 예술과 문화의 후원자로서도 알려져 있습니다. 로마의 성 베드로 대성당 건축을 추진했고, 르네상스 예술가들에게 후원을 아끼지 않았지만 부패와 권력 남용으로 인해 역사적으로 많은 비판을 받았습니다.

그는 교황의 도덕적 권위를 심각하게 훼손시켰다는 평가를 받으며, 재위 기간 동안의 부패와 방탕은 후에 마르틴 루터(Martin Luther)의 종교 개혁을 촉발하는 데 기여했습니다. 그러나 동시에, 알렉산데르 6세는 르네상스 시대의 정치적 복잡성을 이해하는 데 중요한 인물로, 교황 재위 기간 동안 이탈리아 반도의 정치적 역학은 크게 변화했습니다. 그의 자녀들인 체사레와 루크레치아 보르자는 당대의 중요한 정치적 인물로, 보르자 가문은 여전히 역사적으로 중요한 연구 대상입니다.

-체사레 보르자 : 이탈리아의 군사 지도자, 알렉산데르 6세의 아들

체사레 보르자(Cesare Borgia)는 르네상스 시대 이탈리아의 정치적, 군사적 인물로, 그의 야망과 권력 추구는 많은 논란을 불러일으켰습니다. 교황 알렉산데르 6세(Alexander VI)의 아들로, 교황청의 권력을 강화하고 자신의 독립된 영토를 구축하기 위해 노력했습니다. 그는 교황 알렉산데르 6세와 그의 애인 반노차 데이 카타네이(Vannozza dei Cattanei) 사이에서 태어났습니다. 그는 초기에는 교회의 성직자로서 경력을 시작했으나, 곧 세속적 권력을 추구하기 시작했습니다.

체사레 보르자는 1493년 18세의 나이에 추기경에 임명되었습니다. 그러나 그는 성직자의 길보다는 세속적 권력과 군사적 성공을 추구했습니다. 1498년, 체사레는 교회 직위를 포기하고 군사 지도자로 변신했습니다. 아버지 교황 알렉산데르 6세는 그의 군사적 야망을 지원했습니다. 그는 프랑스의 샤를 8세와 루이 12세와 동맹을 맺어 군사적 지원을 받았습니다. 프랑스 왕 루이 12세는 체사레를 발렌티노 공작(Duke of Valentinois)으로 임명했습니다. 1499년부터 1503년까지 로마냐 지역의 도시국가들을 정복하며 자신의 권력을 확장했습니다. 이탈리아 중부의 여러 도시를 정복하고 통합하여 자신의 영토를 형성했습니다. 그의 군사적 성공은 그의 지능과 잔인함, 그리고 뛰어난 전략 덕분이었습니다. 그는 정치 철학자 니콜로 마키아벨리(Niccolò Machiavelli)의 주목을 받았습니다. 마키아벨리는 체사레의 정치적 능력과 군사적 전략을 높이 평가하며, 그의 저서 "〈군주론〉(IL Principe)"에서 체사레를 이상적인 군주의 모델로 언급했습니다. 1503년, 아버지 교황 알렉산데르 6세가 사망하자 체사레의 권력도 급격히 쇠퇴했습니다. 새 교황 율리우스

2세(Pope Julius II)는 체사레를 견제하고 그의 영토를 탈환했습니다. 체사레는 스페인으로 망명했으나, 결국 1507년 나바라에서 전투 중 사망했습니다.

체사레 보르자는 르네상스 시대의 복잡한 정치적 환경 속에서 강력한 야망을 가진 군사 지도자이자 정치가로 기억됩니다. 군사적 재능과 정치적 전략은 당대의 많은 인물들에게 깊은 인상을 남겼습니다. 그러나 잔인함과 권력 남용은 많은 비판을 받기도 했습니다. 마키아벨리의 〈군주론〉에서 체사레 보르자는 권력을 유지하고 확장하는 군주의 모델로 제시되었으며, 이는 그의 역사적 이미지에 큰 영향을 미쳤습니다. 마키아벨리는 체사레의 결단력과 실용주의를 높이 평가하며, 그의 실패를 그의 통제 밖의 요인으로 돌렸습니다.

알레산드로 : 16세기 피렌체의 공작, 클레멘스 7세의 조카

클레멘스 7세(Pope Clement VII)의 조카인 알레산드로 데 메디치(Alessandro de Medici)는 피렌체 공화국의 첫 번째 공작(Duke of Florence)이자, 메디치 가문의 중요한 인물입니다. 그의 삶과 정치적 활동은 피렌체의 역사에서 중요한 장을 차지합니다. 알레산드로 데 메디치는 로렌초 2세 데 메디치(Lorenzo II de Medici)와 아프리카계 하녀 사이에서 태어났다고 알려져 있습니다. 출생과 가계는 약간의 논란이 있지만, 메디치 가문의 일원으로 성장했습니다. 어머니는 아프리카 출신의 하녀로, 알레산드로는 때때로 "일 모로(Il Moro, 즉 '검은 사람')"라는 별명으로 불렸습니다.

1532년, 피렌체 공화국은 메디치 가문의 통치 아래 다시 조직되었으며, 알레산드로는 피렌체의 첫 번째 공작으로 즉위했습니다. 이는 피렌체의 공화정이 사실상 끝나고 군주정이 시작된 것을 의미했습니다. 알레산드로는 공작으로서 피렌체를 통치하며 메디치 가문의 권력을 강화했습니다. 그는 피렌체의 정치적 안정과 번영을 도모했으며, 메디치 가문의 적들을 제거하고 권력을 공고히 했습니다. 그의 삼촌인 교황 클레멘스 7세는 알레산드로의 권력 강화를 지원했습니다. 클레멘스 7세는 피렌체의 정치적 불안정과 외부의 위협에 대처하기 위해 알레산드로를 적극 후원했습니다.

알레산드로는 1536년 신성 로마 제국 황제 카를 5세(Charles V)의 딸 마르가리타(Margaret of Parma)와 결혼했습니다. 이 결혼은 피렌체와 신성 로마 제국 간의 동맹을 강화하는 중요한 정치적 결혼이었습니다. 1537년 1월 6일, 알레산드로는 그의 사촌 로렌치노 데 메디치(Lorenzino de Medici)에 의해 암살당했습니다. 로렌치노는 알레산드로를 피렌체의 폭군으로 여겨 암살을 결심했다고 주장했으나, 암살의 동기는 여전히 논란이 있습니다. 알레산드로의 죽음 이후, 코스모 1세 데 메디치(Cosimo I de Medici)가 피렌체의 통치자로 임명되었습니다. 코스모 1세는 메디치 가문의 권력을 더욱 강화하고 피렌체 대공국(Grand Duchy of Tuscany)을 설립했습니다.

알레산드로 데 메디치는 피렌체의 역사에서 중요한 인물로, 그의 통치는 메디치 가문의 권력 회복과 공화국에서 군주제로의 전환을 상징합니다. 피렌체의 정치적 안정과 번영에 기여했으나, 동시에 폭력적이고 독재적인 면모도 지니고 있었습니다. 그의 암살은 피렌체의 정치적 불안정을 촉발했지만, 메디치 가문은 이후 코스모 1세의 지도 아래 다시 강력한 통치 체제를 확립했습니다.

안티오코스 (Antiochus)와 필립 (Philip)

-안티오코스 3세 : BC 3세기 셀레우코스 제국의 왕

기원전 222년부터 기원전 187년까지 셀레우코스 제국을 다스린 왕이었습니다. 자신의 영토를 확장하고 헬레니즘 문화를 퍼뜨리는 데 큰 역할을 했습니다. 그러나 로마 공화국과의 충돌에서 패배한 후, 안티오코스 3세는 그리스에서 추방되었습니다. 이로 인해 셀레우코스 제국은 점점 약해졌습니다.

-필립 5세 : BC 3세기 마케도니아 왕, 로마와 전쟁

기원전 221년부터 기원전 179년까지 마케도니아 왕국을 통치한 왕이었습니다. 필립 5세는 로마 공화국과 여러 차례 전쟁을 벌였으며, 결국 로마에 패배하여 마케도니아의 영향력을 상실하게 되었습니다. 그의 치세 동안 로마와의 갈등은 마케도니아의 쇠퇴를 초래했습니다.

이 두 인물은 각각 셀레우코스 제국과 마케도니아 왕국의 주요 지도자로서 로마 공화국과의 갈등에서 중요한 역할을 했습니다. 로마는 이들을 제압하고 그리스와 주변 지역에서 자신의 영향력을 확대해 나갔습니다.

올리베로토 디 페르모 : 군사 지도자, 배신과 폭력으로 페르모 장악

올리베로토 디 페르모(Oliverotto da Fermo)는 이탈리아 르네상스 시대의 군인 겸 정치인으로, 그의 잔인한 권력 장악 방식으로 유명합니다. 본명은 올리베로토 에우발디(Oliverotto Eufreducci)이며, 1475년 이탈리아 페르모에서 태어났습니다.

어린 시절 부모를 잃고 삼촌 조반니 포글리아니(Giovanni Fogliani)의 보호 아래 자랐습니다. 그는 젊은 시절부터 군사적 재능을 보였고, 나폴리의 군대에 입대하여 훈련을 받았습니다. 이후 체사레 보르자(Cesare Borgia) 휘하에서 복무하며 경험을 쌓았습니다.

1502년, 올리베로토는 페르모를 장악할 계획을 세웠습니다. 그는 삼촌 조반니 포글리아니를 비롯한 주요 인사들을 만찬에 초대하여 신뢰를 얻은 뒤, 만찬 중에 그들을 암살하고 도시를 장악했습니다. 이 사건은 마키아벨리의 〈군주론〉에서 교활한 권력 장악의 예시로 언급되었습니다.

페르모를 장악한 후, 올리베로토는 자신의 권력을 공고히 하기 위해 노력했습니다. 그는 체사레 보르자의 지원을 받았으나, 보르자의 정치적 계산에 의해 배신당할 위험도 있었습니다. 결국 1502년 말, 체사레 보르자는 시뇨리아(Senigallia)에서 올리베로토와 그의 동맹자들을 초대하여 그들을 체포하고 처형했습니다.

율리우스 2세 : 1503년~1513년까지 교황재임, 미켈란젤로 작품 후원

교황 율리우스 2세(Pope Julius II)는 16세기 초에 재임했던 교황으로, 교회의 군사적 및 정치적 역할을 강화한 인물로 유명합니다. 그의 본명은 줄리아노 델라 로베레(Giuliano della Rovere)입니다. 그는 강력하고 결단력 있는 지도자로서 교황청의 권위를 높이는 데 중요한 역할을 했습니다. 그는 이탈리아의 귀족 가문 출신으로, 삼촌 프란체스코 델라 로베레(Francesco della Rovere)가 교황 식스투스 4세(Sixtus IV)로 즉위하면서 입지가 강화되었습니다다. 줄리아노는 삼촌의 후원으로 추기경이 되었으며, 다양한 교회 직책을 맡아 영향력을 키웠습니다. 율리우스 2세는 1503년 교황으로 선출되었습니다. 재위 기간 동안 교회의 권위를 강화하고 이탈리아 반도에서 교황령의 세력을 확장하기 위해 많은 노력을 기울였습니다.

"전사 교황(Warrior Pope)"이라는 별명을 가질 만큼 군사적 활동에 적극적이었습니다. 그는 교황령의 영토를 확장하고 강화하기 위해 여러 전쟁을 벌였습니다. 1506년에는 볼로냐를 정복하고, 1509년에는 페라라를 공격했습니다. 또한 프랑스군을 이탈리아에서 몰아내기 위해 신성 동맹(Holy League)을 결성했습니다. 율리우스 2세는 성 베드로 대성당의 재건을 시작한 교황으로도 유명합니다. 미켈란젤로를 비롯한 르네상스 예술가들을 후원하며 대성당의 건축을 추진했습니다. 미켈란젤로에게 시스티나 성당 천장의 프레스코화를 그리도록 의뢰한 것도 율리우스 2세였습니다. 교회의 부패를 척결하고 교황청의 행정적 효율성을 높이기 위해 여러 가지 개혁을 추진했습니다. 또한 교황청의 재정을 강화하기 위해 새로운 세금 제도를 도입했습니다. 르네상스 예술과 문화를 적극적으로 후원했습니다. 그의 후원 덕분에 로마는 르네상스 예술의 중심지로 발전했습니다. 라파엘로, 미켈란젤로, 브라만테 등 많은 예술가들이 후원을 받아 중요한 작품들을 남겼습니다.

율리우스 2세는 강력한 지도력과 결단력으로 교황청의 권위를 높인 교황으로 평가받습니다. 군사적 활동과 정치적 개혁은 교황령의 세력을 강화하는 데 기여했으며, 문화적 후원은 르네상스 예술의 발전에 큰 영향을 미쳤습니다. 그러나 그의 군사적 정책과 전쟁은 많은 비판을 받기도 했습니다. 특히, 교황으로서의 종교적 역할보다는 정치적, 군사적 역할에 더 집중했다는 점에서 논란이 있었습니다. 율리우스 2세의 유산은 그의 예술 후원과 성 베드로 대성당의 재건으로 가장 잘 기억됩니다.

카르마뇰라 장군 : 15세기 이탈리아의 유명한 용병대장

카르마뇰라 장군(General Carmagnola), 본명 프란체스코 부소네(Francesco Bussone)는 14세기 말과 15세기 초 이탈리아의 중요한 군사 지도자 중 한 명입니다. 북부 이탈리아에서 주로 활동하며, 밀라노 공국과 베네치아 공화국을 위해 싸웠습니다. 프란체스코 부소네는 피에몬테의 작은 마을 카르마뇰라에서 태어났으며, 이후 그 마을의 이름을 따서 카르마뇰라로 알려지게 되었습니다. 카르마뇰라는 군사 경력을 시작하면서 밀라노 공작 조반니 갈레아초 비스콘티(Giovanni Galeazzo Visconti)에게 고용되었습니다. 비스콘티 가문의 봉신으로 여러 전투에서 뛰어난 전술적 능력을 발휘했습니다. 능력 덕분에 그는 밀라노 공국의 주요 지휘관으로 빠르게 승진했습니다. 그는 비스콘티 가문의 확장을 도왔으며, 이탈리아 북부의 여러 지역에서 성공적인 군사 작전을 수행했습니다. 그러나 카르마뇰라는 비스콘티 가문 내에서 정치적 음모와 갈등에 휘말리게 되었고, 결국 1425년에 밀라노 공국과 결별하게 되었습니다.

밀라노에서 떠난 후, 카르마뇰라는 베네치아 공화국에 합류하게 되었습니다. 베네치아는 그를 고용하여 그들의 군사력을 강화하려 했습니다. 베네치아를 위해 싸우는 동안, 카르마뇰라는 밀라노와의 전투에서 여러 차례 승리를 거두며 베네치아의 영토 확장에 기여했습니다. 특히 1427년 마체라타 전투(Battle of Maclodio)에서 결정적인 승리를 거두어 베네치아의 영향력을 강화했습니다. 베네치아 공화국 내에서도 카르마뇰라는 불신과 갈등을 겪었습니다. 군사적 성공에도 불구하고, 베네치아 지도자들은 그를 점점 더 의심하게 되었습니다. 특히, 밀라노와의 평화 협상을 추구한 것이 문제로 작용했습니다. 베네치아의 지도자들은 그가 밀라노와 공모하고 있다고 의심했습니다. 1432년, 카르마뇰라는 베네치아 당국에 의해 체포되었습니다. 밀라노와의 반역 혐의로 기소되었으며, 베네치아에서 재판을 받았습니다. 재판에서 유죄 판결을 받은 카르마뇰라는 1432년 5월 5일에 처형되었습니다. 그의 처형은 베네치아의 정치적 음모와 불신이 극에 달했음을 보여주는 사건이었습니다.

카타리나 스포르차 : 이탈리아 여군주, 용맹과 정치적 재능

카타리나 스포르차(Caterina Sforza)는 이탈리아 르네상스 시대의 중요한 인물 중 하나로, 그녀의 강력한 성격과 정치적, 군사적 능력으로 잘 알려져 있습니다. 그녀는 스포르차 가문 출신으로, 로마냐 지역에서 중요한 정치적 역할을 수행했습니다. 카타리나 스포르차는 밀라노의 군주 프란체스코 스포르차(Francesco Sforza)와 그의 두 번째 부인 비앙카 마리아 비스콘티(Bianca Maria Visconti)의 딸로 태어났습니다. 스포르차 가문은 이탈리아 북부에서 강력한 권력을 가진 귀족 가문이었습니다. 1473년, 10살의 나이에 카타리나는 로마냐 지역의 이몰라(Imola)와 포를리(Forlì) 지역을 지배하는 교황청의 콘도티에로(용병 대장)인 지롤라모 리아리오(Girolamo Riario)와 혼인했습니다. 이 결혼은 정치적 동맹을 강화하기 위한 목적이 있었습니다. 지롤라모 리아리오와의 혼인으로 카타리나는 이몰라와 포를리의 지배자가 되었습니다.

1488년, 남편 지롤라모가 암살당한 후, 카타리나는 과부가 되어 어린 아들들을 대신하여 포를리와 이몰라의 통치권을 장악했습니다. 그녀는 남편의 암살자들을 철저히 처벌하고 자신의 권력을 공고히 했습니다. 카타리나는 여러 차례의 군사적 위협에 직면했으며, 특히 체사레 보르자(Cesare Borgia)의 공격에 맞서 싸웠습니다. 그녀는 자신의 성채인 라베르나(Ravaldino) 요새에서 저항하며 강한 의지를 보였습니다. 1499년, 체사레 보르자에게 포로로 잡혔지만, 그녀의 저항은 여전히 기억됩니다. 결국 포를리와 이몰라는 보르자에게 넘어갔습니다. 카타리나는 과학과 의학에 깊은 관심을 가지고 있었으며, 특히 약초학에 대한 지식을 쌓았습니다. 그녀는 여러 종류의 약초와 치료법을 연구하고 기록으로 남겼습니다.

카타리나 스포르차는 강력한 여성 지도자로, 그녀의 용기와 결단력으로 인해 "이탈리아의 아마조네스"로 불리기도 했습니다. 그녀는 어려운 상황에서도 권력을 유지하며, 자신의 영토를 방어하고 통치하는 데 뛰어난 능력을 발휘했습니다.

클레멘스 7세 : 1523년~1534년까지 교황, 종교개혁 초래

교황 클레멘스 7세(Pope Clement VII)는 이탈리아 르네상스 시대의 중요한 교황 중 한 명으로, 그의 본명은 줄리오 디 줄리아노 데 메디치(Giulio di Giuliano de Medici)입니다. 그는 1523년부터 1534년까지 교황으로 재위하며, 많은 정치적, 종교적 사건에 중요한 영향을 미쳤습니다. 줄리오 디 줄리아노 데 메디치는 피렌체의 유력 가문인 메디치 가문 출신으로, 그의 아버지 줄리아노 데 메디치(Giuliano de Medici)는 파치 음모 사건에서 암살당한 인물입니다. 줄리오는 로렌초 데 메디치(Lorenzo de Medici)의 후원 아래 성장하며, 교회에서 중요한 직책을 맡게 되었습니다.

클레멘스 7세는 1523년 11월 19일에 교황으로 선출되었습니다. 재위 기간은 많은 정치적, 종교적 도전과 변화로 특징지어집니다. 재위 기간 중 가장 중요한 사건은 1527년 신성 로마 제국의 군대가 로마를 약탈한 사건입니다. 이 사건으로 인해 교황청은 큰 충격을 받았고, 클레멘스 7세는 약탈 동안 성 안젤로 성(Castel Sant'Angelo)으로 피신해야 했습니다. 이 사건은 교황의 정치적 입지와 교황청의 권위에 큰 타격을 입혔습니다. 헨리 8세가 캐서린 아라곤과의 결혼을 무효화하고 앤 불린과 결혼하려 했을 때, 클레멘스 7세는 이를 거부했습니다. 이로 인해 헨리 8세는 잉글랜드 교회를 로마 가톨릭 교회에서 분리하고 영국 성공회를 설립하게 되었습니다. 이는 유럽 종교사에서 중요한 전환점이 되었으며, 교황청의 권위에 도전하는 사건이었습니다.

클레멘스 7세는 이탈리아 반도 내의 정치적 균형을 유지하기 위해 노력했습니다. 프랑스와 신성 로마 제국 사이의 갈등을 조정하려 했으며, 이를 통해 교황령의 독립성을 유지하고자 했습니다. 그러나 그의 외교 정책은 종종 실패로 끝났으며, 이는 교황청의 권위 약화로 이어졌습니다. 그는 르네상스 예술과 문화를 적극적으로 후원했습니다. 라파엘로, 미켈란젤로 등 당대의 위대한 예술가들을 후원하며, 바티칸과 로마의 예술적 유산을 풍부하게 했습니다. 미켈란젤로는 클레멘스 7세의 요청으로 메디치 예배당(Sagrestia Nuova)의 무덤 조각을 완성했습니다.

클레멘스 7세는 그의 재위 기간 동안 많은 어려움을 겪었으며, 그의 결정들은 교황청과 유럽 정치에 큰 영향을 미쳤습니다. 로마 약탈과 헨리 8세와의 갈등은 그의 재위 기간 동안 가장 중요한 사건으로, 이들은 교황청의 권위에 심각한 타격을 입혔습니다. 그러나 예술과 문화를 후원하며 르네상스 예술의 발전에 기여했습니다. 그의 후원 덕분에 많은 예술 작품과 건축물이 탄생했으며, 이는 오늘날까지도 중요한 문화적 유산으로 남아 있습니다. 클레멘스 7세는 르네상스 시대의 복잡한 정치적, 종교적 환경 속에서 중요한 역할을 했던 교황입니다.

판돌포 페트루치 : 시에나의 독재자, 1487년~1512년까지 통치

판돌포 페트루치 (Pandolfo Petrucci)는 15세기와 16세기 초 이탈리아의 중요한 정치 지도자 중 한 명으로, 시에나 공화국의 지배자로서 그의 권력과 영향력은 상당했습니다. 그는 시에나의 귀족 가문에서 태어났습니다. 젊은 시절부터 정치에 참여하며 점차 시에나의 권력 구조 내에서 중요한 인물로 부상했습니다. 판돌포는 1487년 시에나에서 발생한 내란을 계기로 권력을 잡게 되었습니다. 공화국 내의 다양한 파벌 간의 분쟁을 이용해 자신의 정치적 입지를 강화했습니다. 시에나의 군사적, 정치적 통제권을 확보하고, 사실상의 독재자로 군림하게 되었으며 주변 강대국들과 복잡한 외교 관계를 유지하고 시에나의 독립을 지키고자 했습니다. 특히 피렌체, 밀라노, 교황청 등과의 관계를 조정하면서 시에나의 이익을 최대화하려 했습니다.

그는 프랑스 왕 루이 12세와 좋은 관계를 유지하여 프랑스의 지원을 받기도 했습니다. 시에나 내부의 질서를 유지하고 경제적 번영을 도모하기 위해 여러 가지 개혁을 추진했습니다. 특히, 시에나의 재정을 안정시키고 군사력을 강화하는 데 주력했습니다. 그는 법률과 행정 구조를 정비하여 보다 효율적인 통치를 구현하려 했습니다. 판돌포는 자신의 권력을 강화하기 위해 가족 구성원들을 중요한 위치에 배치했습니다. 그의 아들인 보르고냐치노(Borghognone Petrucci)와 카를로(Carolo Petrucci)도 중요한 정치적 역할을 맡았습니다. 딸의 결혼을 통해 강력한 동맹을 구축하기도 했습니다.

판돌포 페트루치는 시에나를 강력하게 통치하며 그 도시의 정치적 독립을 유지한 지도자로 평가받습니다. 재위 기간 동안 시에나는 비교적 안정된 시기를 보냈으며, 그의 통치는 시에나의 경제적 번영과 군사적 강화에 기여했습니다. 그러나 독재적 통치 방식과 잔인한 정치적 숙청은 많은 비판을 받았습니다. 그의 사후 시에나는 다시 불안정한 시기를 맞이하게 되었으며, 결국 메디치 가문과 스페인 제국의 영향 아래 놓이게 되었습니다.

페르디난드 2세 : 아라곤 왕, 이사벨 1세와 함께 스페인 통일

페르디난드 2세(Ferdinand II)는 스페인 역사에서 중요한 군주 중 한 명으로, 아라곤 왕국의 왕이자 카스티야 왕국의 왕비 이사벨 1세와 함께 스페인 통일의 기초를 마련했습니다. 그는 1452년 3월 10일 아라곤 왕국 소시아달에서 태어났으며, 아라곤의 왕 후안 2세와 후안의 두 번째 부인 후아나 엔리케스의 아들이었습니다.

1469년, 페르디난드는 카스티야 여왕 이사벨 1세(Isabella I of Castile)와 결혼하였습니다. 이 결혼은 아라곤과 카스티야 두 왕국의 연합을 의미했으며, 스페인 통일의 중요한 기초가 되었습니다. 두 사람은 '가톨릭 군주'라는 칭호를 받게 되었습니다.

페르디난드와 이사벨은 1492년 그라나다를 정복하여 700년 이상 지속된 레

콩키스타(무슬림으로부터의 재정복)를 완수했습니다. 또한 1492년에는 크리스토퍼 콜럼버스의 첫 번째 항해를 적극 후원하여 신대륙 발견을 가능하게 했습니다. 이는 스페인이 유럽의 강대국으로 부상하게 되는 중요한 계기가 되었습니다.

페르디난드는 중앙 집권화를 통해 왕권을 강화하고 귀족의 권한을 제한했습니다. 이사벨과 함께 발행한 법률과 정책들을 통해 스페인의 정치적 통일을 이끌었습니다. 종교적으로는 1478년 스페인 종교재판소를 설립하여 유대인과 무슬림에 대한 강압적 개종 정책을 촉진하고, 이단을 단속했습니다.

외교와 군사 활동 면에서도 페르디난드는 나폴리 왕국, 밀라노 공국 등 이탈리아 내 여러 지역을 정복하고 통치했습니다. 이를 통해 스페인의 영향력을 유럽 전역으로 확장했습니다.

페르디난드는 1516년 1월 23일 사망했습니다. 그의 사망 이후, 그의 손자인 카를로스 1세(Charles I)가 스페인의 왕위를 계승하여 카를 5세(Charles V)로서 신성 로마 제국 황제로 즉위하게 되었습니다. 페르디난드의 통치 기간 동안 이루어진 스페인 왕국의 통합과 확장은 현대 스페인의 기초를 닦는 데 중요한 역할을 했습니다.

프란체스코 베토리 : 피렌체 공화국의 정치가이자 외교관

니콜로 마키아벨리의 〈군주론〉에서 프란체스코 베토리(Francesco Vettori)는 중요한 인물 중 하나로, 마키아벨리와 깊은 친분을 가진 피렌체의 정치가이자 외교관입니다. 프란체스코 베토리는 실제 역사적 인물로, 마키아벨리와 동시대에 활동했으며, 두 사람은 서로 서신을 주고받으며 정치적 문제를 논의하기도 했습니다. 프란체스코 베토리는 1474년에 태어나 피렌체 공화국에서 중요한 정치적 역할을 수행했습니다. 그는 메디치 가문과의 긴밀한 관계를 유지하면서 외교적 임무를 맡아 다양한 유럽 국가들과의 협상에 참여했습니다. 마키아벨리와 베토리는 오랜 친구이자 동료로, 두 사람은 종종 서신을 통해 정치적, 철학적 문제를 논의했습니다. 마키아벨리의 〈군주론〉에서도 베토리는 자주 언급되며, 그의 정치적 견해와 조언은 마키아벨리의 사상에 중요한 영향을 미쳤습니다. 베토리는 여러 차례 외교 사절로 임명되어 피렌체 공화국을 대표하여 프랑스, 신성 로마 제국 등 주요 유럽 국가들과의 외교 업무를 수행했습니다. 그의 외교적 능력은 피렌체의 정치적 안정과 번영에 기여했습니다.

히에로 2세 : 고대 시라쿠사의 왕, 로마와 동맹 맺고 통치

히에로 2세는 기원전 3세기 시라쿠사의 왕이자 참주였습니다. 그의 통치 시기는 기원전 275년부터 기원전 215년까지였습니다. 히에로 2세는 시라쿠사의 군사 지도자로 시작했습니다. 그는 기원전 275년에 시라쿠사 시민들에 의해 왕으로 추대되었습니다. 그는 시라쿠사의 경제적 번영과 정치적 안정에 큰 기여를 했습니다. 그는 농업과 상업을 장려하고, 공공 건축물과 방어 시설을 강화했습니다.

기원전 1차 포에니 전쟁 기간 동안 카르타고와 동맹을 맺었지만, 이후 로마와 평화 조약을 체결하고 로마의 동맹국이 되었습니다. 이는 시라쿠사의 안정과 번영을 보장하는 데 중요한 역할을 했습니다. 학문과 예술의 후원자였습니다. 그는 수학자 아르키메데스를 후원했으며, 아르키메데스는 히에로 2세를 위해 여러 군사적, 과학적 발명을 했습니다. 히에로 2세는 기원전 215년에 사망했습니다. 그의 사망 이후 시라쿠사는 다시 정치적 불안에 빠졌고, 결국 로마 공화국에 의해 정복되었습니다. 그러나 히에로 2세의 통치 기간 동안 시라쿠사는 경제적 번영과 정치적 안정, 문화적 발전을 이루었습니다.

알아두면 유익한 〈군주론〉 배경지식
(용어, 지명, 사건편)

곤팔로니에레

곤팔로니에레(Gonfaloniere)는 이탈리아 르네상스 시대에 특히 피렌체와 같은 공화국에서 중요한 정치적 직위를 가리키는 용어입니다. 이 용어는 '곤팔로네(Gonfalone)'라는 기를 들고 다니는 기수에서 유래했으며, 원래는 도시나 길드의 상징을 들고 행진하는 사람을 의미했습니다. 시간이 지나면서 곤팔로니에레는 특정한 정치적 직위를 가리키게 되었습니다.

곤팔로니에레는 이탈리아 르네상스 시대의 중요한 정치적 직위로, 특히 피렌체 공화국에서 중요한 역할을 했습니다. 이 직위는 도시의 행정과 법률 집행을 담당하며, 공공 질서와 치안을 유지하는 중요한 책임을 맡았습니다. 또한, 곤팔로니에레는 도시의 상징적 지도자로서, 시민과 공화국의 일치를 상징하는 역할을 했습니다.

루카

루카(Lucca)는 이탈리아 중부 토스카나 지방에 위치한 도시국가를 의미합니다. 루카는 중세와 르네상스 시기에 중요한 독립 도시국가로, 그 지역의 정치적, 경제적, 군사적 활동에서 중요한 역할을 했습니다.

루카는 12세기부터 18세기까지 독립된 공화국으로 존재했으며, 주로 상업과 무역을 통해 번영했습니다. 이 도시는 강력한 요새와 성벽으로 잘 알려져 있으며, 경제적으로도 부유한 도시 중 하나였습니다. 루카는 종종 이탈리아 내의 여러 강대국들 사이에서 중립적인 입장을 취하며 정치적 생존을 도모했습니다. 이는 강대국들 간의 갈등에서 살아남기 위한 전략으로, 루카는 주로 경제적 번영과 정치적 안정성을 유지하려 노력했습니다. 강력한 성벽과 요새를 통해 외부의 침략으로부터 도시를 방어했습니다. 이러한 방어 체계는 루카의 독립성을 유지하는 데 중요한 역할을 했습니다.

마키아벨리는 〈군주론〉에서 루카를 언급하며, 주로 작은 도시국가가 어떻게 강대국들 사이에서 생존하고 독립성을 유지할 수 있는지를 설명하는 맥락에서 사용합니다. 그는 루카의 정치적, 군사적 전략을 통해 독립성과 정치적 생존을 유지하는 방법을 분석합니다. 루카의 사례를 통해 작은 국가나 도시가 강대국들 사이에서 정치적 생존을 유지하기 위해 어떤 전략을 사용해야 하는지를 설명합니다. 이는 특히 약소국이 강대국의 영향력 아래에서 어떻게 독립성을 유지할 수 있는지를 이해하는 데 중요한 교훈을 제공합니다. 루카의 강력한 요새와 성벽은 작은 국가가 외부의 위협으로부터 자신을 방어하는 방법을 보여줍니다. 이는 마키아벨리가 군사적 방어와 정치적 생존을 논의할 때 중요한 사례로 사용됩니다. 또한 상업과 무역을 통해 번영한 도시로, 경제적 자립과 번영이 정치적 독립성과 밀접하게 연결되어 있음을 보여줍니다. 이는 마키아벨리가 경제적 안정을 정치적 독립의 중요한 요소로 보는 시각을 반영합니다.

루이 12세와 루도비코 스포르차 사이에 있었던 일

루이 12세(Louis XII)와 루도비코 스포르차(Ludovico Sforza) 사이에는 이탈리아 전쟁(Italian Wars) 중 밀라노 공국의 통제권을 놓고 벌어진 중요한 사건이 있었습니다. 이 사건은 프랑스와 이탈리아 북부의 주요 강국들 사이의 복잡한 정치적, 군사적 갈등을 반영합니다.

루이 12세는 1498년부터 1515년까지 프랑스 왕으로 재위했습니다. 그는 발루아-오를레앙 가문 출신으로, 밀라노 공국에 대한 상속권을 주장했습니다. 그의 할머니 발렌티나 비스콘티(Valentina Visconti)는 밀라노의 비스콘티 가문 출신이었습니다. 루도비코 스포르차(Ludovico Sforza), 별명 "일 모로(Il Moro)"는 밀라노 공국의 통치자였습니다. 그는 스포르차 가문 출신으로, 밀라노를 강력한 르네상스 중심지로 발전시켰습니다.

루이 12세는 밀라노 공국에 대한 상속권을 주장하며 1499년에 군대를 이끌고 이탈리아를 침공했습니다. 그는 자신의 주장에 정당성을 부여하기 위해 밀라노의 상속권을 강조했습니다. 프랑스군은 강력한 군사력을 바탕으로 밀라노를 공격했습니다. 루도비코 스포르차는 프랑스의 군사적 압력에 직면하게 되었습니다. 1499년, 루도비코 스포르차는 프랑스군에 의해 밀라노에서 축출되었습니다. 그는 신성 로마 제국으로 망명하여 황제 막시밀리안 1세(Maximilian I)의 지원을 요청했습니다. 1500년, 루도비코는 신성 로마 제국의 군사 지원을 받아 밀라노를 되찾으려 했으나, 프랑스군에게 다시 패배했습니다. 루도비코 스포르차는 1500년 4월, 노바라 전투(Battle of Novara)에서 프랑스군에게 패배하고 체포되었습니다. 그는 프랑스로 보내져 감금되었으며, 1508년 죽을 때까지 프랑스의 루아르 계곡에 있는 롱고레 성(Château de Loches)에 감금되어 있었습니다.

루이 12세는 루도비코의 패배 후 밀라노 공국을 점령하고 통치하게 되었습니다. 이는 프랑스의 이탈리아 북부에 대한 영향력을 강화하는 계기가 되었습니다. 그러나 밀라노의 통치는 계속해서 도전받았으며, 이탈리아 전쟁은 지속되었습니다. 루이 12세의 밀라노 점령은 이탈리아 반도에서의 정치적 불안정을 증폭시켰습니다. 다른 이탈리아 국가들과 강대국들 사이의 갈등이 계속되었습니다. 특히, 스페인과 신성 로마 제국은 프랑스의 이탈리아 내 영향력 확대를 견제하려 했습니다. 루도비코 스포르차는 밀라노를 르네상스 예술과 학문의 중심지로 발전시키는 데 중요한 역할을 했습니다. 그의 패배와 체포는 밀라노의 문화적 후원에 일시적 영향을 미쳤지만, 도시의 르네상스 유산은 지속되었습니다.

루이 12세와 루도비코 스포르차 사이의 갈등은 이탈리아 전쟁의 중요한 부분으로, 밀라노 공국의 통제권을 둘러싼 정치적, 군사적 갈등을 반영합니다. 루이 12세의 승리는 프랑스의 이탈리아 북부에 대한 영향력을 강화했지만, 이는 이탈리아 반도의 지속적인 불안정과 전쟁으로 이어졌습니다. 이러한 사건들은 이탈리아 역사와 르네상스 시대의 복잡한 정치적 역학을 이해하는 데 중요한 요소입니다.

마키아벨리의 "Virtù"

마키아벨리가 말하는 "virtù"는 그의 정치 철학에서 중요한 개념으로, 단순히 미덕이나 도덕적 덕목을 의미하지 않습니다. "Virtù"는 군주와 정치 지도자들이 권력을 획득하고 유지하며, 효과적으로 통치하기 위해 필요한 자질과 능력을 의미합니다. 이 개념은 마키아벨리의 대표작 〈군주론〉과 《리비우스에 관한 담론》에서 중요한 역할을 합니다.

"Virtù"는 정치적 지도자가 상황을 효과적으로 분석하고, 이에 맞춰 행동할 수 있는 실용적 지혜와 능력을 의미합니다. 이것은 단순한 도덕적 덕목을 넘어선 것으로, 현실 정치에서 성공하기 위해서 필요한 실질적인 자질을 포함합니다.

마키아벨리는 결단력과 대담함을 "virtù"의 중요한 요소로 봅니다. 지도자는 때로는 과감한 결정을 내리고, 필요한 경우 비도덕적인 행동도 취할 수 있어야 한다고 주장합니다. 이는 군주가 자신의 목표를 달성하기 위해 어떠한 수단도 사용할 수 있다는 마키아벨리의 현실주의적 접근을 반영합니다.

마키아벨리는 "fortuna"(운명)와 "virtù"의 상호작용을 강조합니다. "Fortuna"는 예측 불가능한 외부 환경이나 운명을 의미하며, "virtù"는 이를 통제하거나 극복하는 능력을 의미합니다. 성공적인 군주는 "fortuna"에 좌우되지 않고, 자신의 "virtù"를 통해 운명을 극복할 수 있어야 한다고 봅니다.

상황에 맞춰 유연하게 대응하는 능력도 "virtù"의 중요한 요소입니다. 마키아벨리는 지도자가 다양한 상황에서 적절하게 대응할 수 있는 적응력과 유연성을 갖추어야 한다고 주장합니다.

"Virtù"는 전통적인 도덕적 덕목과는 다릅니다. 마키아벨리는 때로는 비도덕적 행위도 정당화될 수 있다고 주장하며, 지도자가 필요에 따라 도덕적 제약을 넘어설 수 있어야 한다고 봅니다. 이는 "목적이 수단을 정당화한다"는 그의 유명한 명제와 연결됩니다.

마키아벨리는 역사적인 인물들을 통해 "virtù"의 개념을 설명합니다. 예를 들어, 그는 체사레 보르자(Cesare Borgia)를 "virtù"의 전형적인 예로 들며, 그의 결단력과 정치적 능력을 칭찬합니다. 보르자는 어려운 상황에서도 자신의 목표를 달성하기 위해 과감한 결단을 내렸고, 이는 마키아벨리가 말하는 "virtù"의 본보기로 사용되었습니다.

마키아벨리의 "virtù"는 단순한 도덕적 덕목을 넘어서는 개념으로, 지도자가 현실 정치에서 성공하기 위해 필요한 실용적 지혜, 결단력, 유연성, 그리고 도덕적 양면성을 포함합니다. 이는 군주나 정치 지도자가 권력을 획득하고 유지하며 효과적으로 통치하는 데 필요한 자질과 능력을 강조합니다. 마키아벨리는 이러한 "virtù"를 통해 지도자가 운명을 극복하고, 자신의 목표를 달성할 수 있다고 믿었습니다.

바일라 전투

바일라 전투(Battle of Agnadello), 또는 바일라 전투는 1509년 5월 14일 이탈리아 북부 롬바르디아의 바일라(Agnadello) 근처에서 벌어진 중요한 전투로, 캉브레 동맹 전쟁(War of the League of Cambrai)의 주요 전투 중 하나입니다. 이 전투는 프랑스와 베네치아 공화국 간의 충돌로, 프랑스의 결정적인 승리로 끝났습니다. 1508년, 프랑스의 루이 12세(Louis XII), 신성 로마 제국 황제 막시밀리안 1세(Maximilian I), 스페인의 페르디난도 2세(Ferdinand II), 교황 율리우스 2세(Pope Julius II) 등 여러 유럽 강대국들이 베네치아 공화국의 확장과 힘을 견제하기 위해 캉브레 동맹을 결성했습니다. 이 동맹의 목표는 베네치아의 세력을 약화시키고, 이탈리아 반도의 영토 균형을 재조정하는 것이었습니다.

롬바르디아 아냐델로 평원의 평온한 이미지(좌) 바일라 전투 이미지(우)

베네치아는 북부 이탈리아의 중요한 도시들을 지배하며, 경제적 번영과 군사적 힘을 과시했습니다. 이에 대해 유럽의 다른 강대국들은 불안을 느끼고 있었습니다. 루이 12세는 베네치아가 통제하던 롬바르디아 지역을 공격하기로 결정하고, 대규모 군대를 이끌고 이탈리아로 진격했습니다. 프랑스군은 루이 12세의 지휘 아래 30,000명 이상의 병력을 동원했습니다. 이들은 롬바르디아 평야를 가로질러 베네치아군을 향해 진격했습니다.

베네치아군은 약 30,000명으로, 안드레아 기리오 델 몬테산토(Andrea Gritti)의 지휘 아래 방어 태세를 갖추고 있었습니다. 1509년 5월 14일, 바일라 근처에서 양군이 충돌했습니다. 프랑스군은 기동성과 중장기병의 우월성을 활용하여 베네치아군의 방어선을 돌파하려 했습니다. 베네치아군은 처음에는 잘 방어했으나, 프랑스군의 압도적인 공격에 점차 밀리기 시작했습니다.

프랑스군의 중기병이 베네치아군의 측면을 공격하며 전세가 프랑스에게 유리하게 돌아갔습니다. 베네치아군은 후퇴하기 시작했고, 이는 곧 대규모 패주로 이어졌습니다. 프랑스군은 베네치아군을 추격하여 많은 병력을 사로잡거나 전사시켰습니다. 이 전투에서 베네치아군은 큰 손실을 입었습니다. 바일라 전투에서 프랑스는 결정적인 승리를 거두었고, 이는 베네치아 공화국의 군사적 힘을 크게 약화시켰습니다. 베네치아는 롬바르디아와 베네토 지역의 많은 영토를 상실하게 되었습니다.

전투 후, 베네치아는 북부 이탈리아의 많은 영토를 포기해야 했습니다. 이는 베네치아 공화국의 경제와 군사적 위상에 큰 타격을 주었습니다. 베네치아는 이후 캉브레 동맹의 다른 회원국들과 별도로 평화 협정을 체결하려 했습니다.바일라 전투 이후, 이탈리아 반도의 정치적 지형은 크게 변화했습니다. 프랑스는 북부 이탈리아에서의 지배력을 강화했고, 다른 유럽 강대국들도 이탈리아 내에서의 영향력을 재조정하게 되었습니다. 이 전투는 캉브레 동맹 전쟁의 중요한 전환점이 되었으며, 이탈리아 전쟁의 연속적인 전투와 갈등으로 이어졌습니다.

바일라 전투는 1509년 프랑스와 베네치아 공화국 간의 결정적인 충돌로, 프랑스의 큰 승리로 끝난 중요한 전투입니다. 이 전투는 베네치아 공화국의 군사적 힘을 약화시키고, 이탈리아 반도의 정치적 지형을 재편하는 계기가 되었습니다. 프랑스는 이 승리를 통해 이탈리아 내에서의 지배력을 강화했으며, 이는 이후의 여러 전쟁과 갈등으로 이어졌습니다.

발리아 (로렌초 시대의 임시행정기관)

로렌초 데 메디치(Lorenzo de Medici)의 시대에 "발리아(Balia)"는 피렌체 공화국의 정치 제도와 관련된 중요한 기관 중 하나였습니다. 발리아는 특별 위원회 혹은 행정위원회로, 특정 임무나 위기 상황에 대응하기 위해 구성된 임시 기관이었습니다.

발리아는 주로 특정한 정치적, 군사적, 재정적 문제를 해결하기 위해 설립되었습니다. 예를 들어, 전쟁 시기의 군사 지휘, 경제 위기 시의 재정 관리, 또는 내부 반란 진압 등이 발리아의 임무에 포함될 수 있었습니다. 피렌체의 중요한 정치적 결정을 내리는 역할을 했습니다. 이는 특히 메디치 가문이 피렌체를 통치하는 동안, 발리아를 통해 권력을 집중시키고 중요한 결정을 신속하게 내릴 수 있었습니다. 구성원은 주로 피렌체의 유력한 정치가들로 이루어졌으며, 메디치 가문과 가까운 인물들이 포함되는 경우가 많았습니다. 임기는 보통 일시적이었으며, 특정 문제를 해결한 후 해산되었습니다. 그러나 메디치 가문의 통치 기간 동안 발리아는 반복적으로 구성되어, 실질적으로 지속적인 권력 기구로 작동하기도 했습니다.

발리아는 로렌초 데 메디치 시대에 피렌체의 정치적, 군사적, 경제적 문제를 해결하기 위해 구성된 특별 위원회로, 피렌체 공화국의 중요한 정치적 기관이었습니다. 발리아는 메디치 가문이 피렌체를 효과적으로 통치하고, 정치적 안정을 유지하는 데 중요한 도구로 사용되었습니다. 이를 통해 피렌체는 르네상스 시대의 문화적 중심지로 번영할 수 있었습니다.

"손에 분필을 들고"의 의미

샤를 8세의 진군이 마치 지도 위에 분필로 경로를 그리는 것처럼 수월했다는 것을 의미합니다. 이는 거의 저항 없이 이탈리아를 점령할 수 있었음을 강조하는 표현입니다. 이는 알렉산데르 6세가 샤를 8세의 진군이 매우 쉽게 이루어졌다는 것을 인정한 것으로 해석될 수 있습니다. 또한 이탈리아 도시국가들이 얼마나 분열되어 있었는지를 상징합니다. 당시 이탈리아는 여러 작은 국가들로 나뉘어 있었고, 이들은 서로 간의 경쟁과 갈등으로 인해 외부의 침공에 효과적으로 대처하지 못했습니다. 샤를 8세는 이러한 분열을 이용하여 쉽게 진군할 수 있었습니다.

올리가르키정부

올리가르키(Oligarchy)는 소수의 사람들이 권력을 독점하여 지배하는 정치체제를 의미합니다. 이 용어는 그리스어 "oligos"(적은 수)와 "arkhein"(통치하다)에서 유래했습니다. 올리가르키 정부는 다양한 형태로 나타날 수 있으며, 구성원들은 대개 경제적, 군사적, 종교적, 또는 정치적 엘리트들입니다.

올리가르키는 소수의 사람들이 국가의 주요 의사 결정을 내립니다. 이 소수의 사람들은 대개 같은 사회적 계층이나 집단에 속합니다. 권력은 소수의 사람들에게 집중되어 있으며, 이들은 정치, 경제, 군사 등 다양한 분야에서 영향력을 행사합니다. 올리가르키 통치자들은 종종 가족이나 집단 내에서 권력을 세습하거나, 내부 임명을 통해 권력을 유지합니다. 또한 공식적인 법과 제도를 통해 권력을 행사하는 것보다 비공식적이고 비공개적인 방법을 통해 영향력을 행사하는 경우가 많습니다. 일반 대중은 정치적 의사 결정 과정에서 거의 참여할 수 없으며, 권력은 소수의 손에 집중되어 있습니다.

올리가르키는 역사적으로 그리고 현대에도 다양한 형태로 존재해 왔으며, 그 특성과 영향은 매우 다양합니다. 이 체제는 특정 상황에서 효율적일 수 있지만, 대중의 정치적 참여를 제한하고 불평등을 심화시킬 수 있는 위험도 가지고 있습니다.

캉브레동맹

캉브레 동맹 조약체결장면

캉브레 동맹(League of Cambrai)은 1508년에 결성된 군사 동맹으로, 주로 베네치아 공화국의 세력 확장을 저지하기 위해 형성되었습니다. 이 동맹은 유럽의 주요 강대국들이 참여하여 베네치아에 맞서는 전쟁을 벌였으며, 이로 인해 이탈리아 반도의 정치적 지형이 크게 변하게 되었습니다. 캉브레 동맹의 배경, 결성, 주요 사건, 결과 및 영향에 대해 상세히 알아보겠습니다.

15세기 말과 16세기 초, 베네치아 공화국은 이탈리아 북부와 아드리아 해 연안에서 세력을 확장하며 강력한 해양 국가로 성장했습니다. 베네치아의 확장은 이탈리아 내 다른 국가들과 유럽의 강대국들에게 위협으로 인식되었으며, 이로 인해 베네치아를 견제하기 위한 동맹이 필요하게 되었습니다. 캉브레 동맹은 1508년 12월 10일 캉브레에서 비밀리에 체결된 조약으로 시작되었습니다. 이 동맹에는 다음과 같은 주요 국가들이 참여했습니다:

프랑스 왕국: 루이 12세(Louis XII)

신성 로마 제국: 막시밀리안 1세(Maximilian I)

스페인: 페르디난도 2세(Ferdinand II)

교황청: 교황 율리우스 2세(Pope Julius II)

동맹의 주요 목표는 베네치아의 영토 확장을 저지하고, 각국의 이익을 지키는 것이었습니다.

페라라의 공작과 베네치아와 전투

페라라 공작과 베네치아 공화국 간의 전투는 역사적으로 중요한 사건으로, 특히 1482년에서 1484년까지 벌어진 "페라라 전쟁(War of Ferrara)"이 가장 유명합니다. 이 전쟁은 페라라 공국과 베네치아 공화국 간의 갈등에서 비롯되었으며, 여러 이탈리아 국가들이 개입한 복잡한 전쟁이었습니다.

페라라는 소금 생산지로 유명한 코마키오(Comacchio) 지역을 통제하고 있었습니다. 베네치아는 소금 무역에서 강력한 위치를 차지하고 있었기 때문에, 페라라와의 경쟁이 불가피했습니다. 페라라 공작 에르콜레 1세 데스테(Ercole I d'Este)는 코마키오의 소금 생산을 확대하여 베네치아의 경제적 이익을 위협했습니다. 에스테 가문과 베네치아 공화국 간의 오래된 정치적 긴장이 있었으며, 베네치아는 페라라의 영향력을 억제하고자 했습니다.

페라라의 요새가 베네치아군에게 함락되는 모습

1482년, 베네치아는 페라라를 공격하기로 결정하고 군사 행동을 시작했습니다. 이 전쟁은 "페라라 전쟁"으로 알려지게 되었습니다. 베네치아는 밀라노 공국, 볼로냐, 만토바 등과 동맹을 맺어 페라라를 공격했습니다. 페라라 공작

에르콜레 1세는 나폴리 왕국과 피렌체 공화국의 지원을 받았습니다. 또한, 교황 식스투스 4세(Sixtus IV)도 처음에는 에르콜레를 지원했습니다. 베네치아는 강력한 군사력을 동원하여 페라라 영토를 침략했습니다. 페라라의 요새들이 베네치아군에게 함락되었고, 페라라는 어려운 상황에 처하게 되었습니다. 베네치아 해군은 페라라의 해상 무역을 봉쇄하며 경제적으로도 압박했습니다.

전쟁 중 교황 식스투스 4세는 정치적 이익을 위해 입장을 바꿨습니다. 그는 베네치아와 동맹을 맺고, 페라라를 압박했습니다. 교황의 배신은 페라라의 상황을 더욱 어렵게 만들었습니다. 전쟁은 양측 모두 큰 손실을 입으며 교착 상태에 빠졌습니다. 결국 1484년 바뇰로 조약(Peace of Bagnolo)이 체결되어 전쟁이 끝났습니다. 조약에 따라 페라라는 코마키오를 포함한 일부 영토를 베네치아에 양도해야 했습니다. 그러나 페라라는 독립을 유지했고, 에스테 가문은 계속해서 페라라를 통치했습니다.

페라라와 베네치아 모두 전쟁으로 인해 큰 경제적 손실을 입었습니다. 특히 페라라는 주요 소금 생산지인 코마키오를 잃어 경제적 타격을 받았습니다. 페라라는 전쟁에서 살아남았지만, 에스테 가문의 정치적 입지는 약화되었습니다. 반면 베네치아는 이탈리아 북부에서의 영향력을 강화했습니다. 교황의 배신은 이탈리아 내 정치적 불신을 심화시켰습니다. 전쟁 후에도 페라라는 르네상스 문화의 중심지로 남아 있었으며, 에스테 가문의 후원으로 예술과 학문이 계속 번영했습니다.

페라라 전쟁은 15세기 이탈리아의 복잡한 정치적, 경제적 갈등을 잘 보여주는 사례입니다. 이 전쟁은 페라라와 베네치아 간의 경쟁에서 비롯된 것이지만, 여러 이탈리아 국가들이 개입하면서 큰 규모의 전쟁으로 확대되었습니다. 전쟁의 결과는 페라라 공국의 경제적, 정치적 입지를 약화시켰지만, 에스테 가문은 여전히 문화와 예술의 후원자로서 중요한 역할을 계속했습니다.

페트라르카의 예언

페트라르카의 예언(Petrarch's Prophecy)은 이탈리아 르네상스 시기의 저명한 시인 및 인문주의자 프란체스코 페트라르카(Francesco Petrarca, 1304-1374)가 남긴 예언적 글과 시들을 의미합니다. 페트라르카는 주로 그의 소네트와 라틴어 산문으로 유명하지만, 그는 또한 예언적 성격의 글을 남겨 후대에 큰 영향을 미쳤습니다.

페트라르카는 1304년 7월 20일 아레초에서 태어났습니다. 그는 초기 인문주의 운동의 선구자 중 한 명으로 평가받고 있으며, 그의 작품들은 르네상스 문학과 철학에 큰 영향을 미쳤습니다. 그는 '인간의 성찰'과 '고전 문학의 재발견'을 강조하며 르네상스 인문주의의 기반을 마련했습니다.

그의 예언적 글들은 정치적, 사회적 비전을 담고 있습니다. 그는 당시의 이탈리아와 유럽의 정치적 혼란과 도덕적 타락을 비판하며, 더 나은 미래를 예언했습니다. 그의 예언적 작품 중 대표적인 것은 다음과 같습니다:

다양한 서신을 통해 자신의 예언적 견해를 피력했습니다. 그는 종종 라틴어로 서신을 작성하여, 이탈리아와 유럽의 지식인들과 소통했습니다. 그의 서신들에서는 고대 로마의 미덕을 회복하고, 도덕적 가치와 학문적 열정을 중시하는 사회를 예언했습니다.

페트라르카의 서사시 '아프리카'는 로마의 장군 스키피오 아프리카누스의 업적을 기리며, 로마 제국의 부흥을 예언하는 내용을 담고 있습니다. 이 작품은 과거의 영광을 되찾고자 하는 그의 열망을 반영하며, 르네상스 인문주의의 고전 부흥 정신을 상징합니다.

그의 작품인 '비밀 서한'은 자아 성찰과 도덕적 고뇌를 담은 작품으로, 자신의 내면 세계를 탐구하며 더 나은 인간이 되기 위한 과정을 기록했습니다. 이 작품에서 그는 인류의 도덕적 갱신과 정신적 각성을 예언했습니다.

페트라르카의 예언은 단순한 미래 예측이 아니라, 그의 시대를 넘어 인류의 도덕적, 지적 성장을 촉구하는 메시지로 이해될 수 있습니다. 그는 인문주의적 이상을 통해 더 나은 사회를 꿈꾸었으며, 그의 예언적 글들은 후대의 르네상스 사상가들에게 큰 영향을 미쳤습니다.

그는 1374년 7월 19일 아르쿠아에서 사망했습니다. 그의 사망 이후에도 그의 예언적 글들은 계속해서 읽히고 연구되었으며, 르네상스와 그 이후의 인문주의 발전에 중요한 기여를 했습니다. 그의 작품들은 오늘날에도 여전히 중요한 문학적, 철학적 유산으로 남아 있습니다.

페트라르카의 예언은 그의 시대를 넘어 인류의 도덕적, 지적 성장과 고전 문학의 부흥을 촉구하는 중요한 메시지를 담고 있습니다. 그의 예언적 글들은 르네상스 인문주의의 기반을 마련했으며, 후대의 사상가들에게 큰 영향을 미쳤습니다.

프랑스가 밀라노를 정복하기 위해서 했던 전투

프랑스의 밀라노 정복전쟁 밀라노 전투(좌), 노바라 전투(우)

프랑스가 밀라노를 정복하기 위해 벌인 주요 전투는 1499년의 밀라노 전투와 1500년의 노바라 전투입니다. 이 전투들은 프랑스 왕 루이 12세가 밀라노 공국을 차지하기 위해 벌인 군사적 충돌입니다.

-1499년 밀라노 전투

루이 12세는 자신의 할머니가 밀라노의 비스콘티 가문 출신이었기 때문에 밀라노 공국에 대한 상속권을 주장했습니다. 그는 이를 명분으로 밀라노를 정복하기 위해 군사 원정을 벌였습니다. 1499년 프랑스군은 밀라노를 침공했습니다. 루도비코 스포르차는 프랑스군의 압도적인 군사력에 밀려 피신했습니다. 프랑스군은 밀라노를 점령했고, 루이 12세는 밀라노 공국의 통치자로서 자리 잡았습니다. 루도비코는 신성 로마 제국으로 망명했습니다.

-1500년 노바라 전투

밀라노를 잃은 루도비코 스포르차는 신성 로마 제국 황제 막시밀리안 1세의 지원을 받아 밀라노를 되찾으려 했습니다. 그는 용병 군대를 이끌고 밀라노로 돌아왔습니다. 1500년 4월, 루도비코 스포르차는 노바라에서 프랑스군과 맞붙었습니다. 그러나 그의 군대는 프랑스군에게 패배하였고, 루도비코는 체포되었습니다. 루도비코 스포르차는 프랑스로 보내져 감금되었고, 결국 1508년 사망할 때까지 감금 생활을 했습니다. 프랑스는 밀라노에 대한 지배를 확고히 하였고, 루이 12세는 밀라노 공국을 계속 통치했습니다.

프랑스의 승리로 루이 12세는 밀라노 공국을 장악하게 되었고, 이는 프랑스의 이탈리아 내 영향력을 강화하는 계기가 되었습니다. 이탈리아 내의 불안정은 계속되었으며, 다른 강대국들도 이탈리아 반도에서 영향력을 확대하기 위해 계속해서 갈등을 벌였습니다. 이는 이탈리아 전쟁(Italian Wars)의 연장선상에서 계속된 것입니다. 밀라노 공국의 통치는 여러 차례 도전받았으며, 프랑스는 이탈리아 반도에서의 지배를 확고히 하기 위해 지속적으로 싸워야 했습니다. 특히, 스페인과 신성 로마 제국은 프랑스의 이탈리아 내 영향력 확대를 견제하려 했습니다.

프랑스의 루이 12세가 밀라노를 두번이나 뺏긴 이유

프랑스의 루이 12세는 밀라노를 두 번 빼앗겼습니다. 첫 번째는 1512년에, 두 번째는 1515년에 발생했습니다. 각각의 사건은 이탈리아 전쟁(Italian Wars) 중에 벌어진 주요 전투들과 관련이 있습니다.

-첫 번째 상실 (1512년)

1508년, 캉브레 동맹(League of Cambrai)이 결성되어 베네치아 공화국을 상대로 전쟁을 벌였습니다. 루이 12세는 이 동맹에 참여했으나, 이후 베네치아와 동맹을 맺고 동맹에서 탈퇴한 교황 율리우스 2세(Pope Julius II)와 갈등하게 되었습니다.

교황 율리우스 2세는 1511년 신성 동맹(Holy League)을 결성하여 프랑스를 이탈리아에서 몰아내고자 했습니다. 이 동맹에는 스페인, 신성 로마 제국, 잉글랜드 등이 참여했습니다.

1512년 4월 11일, 프랑스군은 라벤나 전투에서 승리를 거두었지만, 이 전투는 프랑스에게 심각한 인명 피해를 입혔습니다. 이로 인해 프랑스군은 약화되었고, 이탈리아 반도 내에서의 전략적 위치가 흔들리게 되었습니다. 1512년 6월, 신성 동맹의 군대가 밀라노를 공격했고, 프랑스군은 철수할 수밖에 없었습니다. 이로 인해 스위스 용병들이 밀라노를 점령하였고, 밀라노는 스포르차 가문의 마시밀리아노 스포르차(Massimiliano Sforza)에게 반환되었습니다.

-두 번째 상실 (1515년)

1513년, 교황 율리우스 2세의 사망과 함께 이탈리아 반도의 정치적 상황이 변했습니다. 프랑스의 프랑수아 1세(Francis I)가 1515년에 왕위에 올랐고, 그는 이탈리아에서 프랑스의 영토를 회복하고자 했습니다. 1515년 9월 13일에서 14일에 걸쳐, 프랑수아 1세는 마리냐노 전투에서 스위스 용병들을 상대로 결정적인 승리를 거두었습니다. 이 승리로 프랑스는 밀라노를 다시 차지할 수 있게 되었습니다. 마리냐노 전투 후, 밀라노는 다시 프랑스의 통치 아래 놓이게 되었습니다. 마시밀리아노 스포르차는 프랑스에 항복하고 밀라노를 떠나게 되었습니다.

루이 12세는 밀라노를 1512년에 신성 동맹의 군대에 의해 빼앗겼습니다. 이후 프랑스는 1515년 프랑수아 1세의 마리냐노 전투 승리를 통해 밀라노를 회복할 수 있었습니다.

군주는 백성들에게 사랑받기 보다는

두려운 존재가 되는게 낫고

군주에게 다가오는 멸시와 증오는

반드시 피해야만 한다

- 마키아벨리 -

마키아벨리가 바라보는 권력의 본질과 기술

군주론

초판 1쇄 발행 2024년 9월 4일

지은이 니콜로 마키아벨리
옮긴이 랭브릿지
엮은이 리프레시 기획팀
발행인 박용범
펴낸곳 리프레시

출판등록 제 2015-000024호 (2015년 11월 19일)
주소 경기 의정부시 서광로 135, 405호
전화 031-876-9574
팩스 031-879-9574
이메일 mydtp@naver.com

편집책임 박용범
디자인 리프레시 디자인 팀
마케팅 JH커뮤니케이션
ISBN 979-11-979516-2-6